[MIRROR]

理想国译丛

026

imaginist

想象另一种可能

理
想
国
imaginist

[荷] 伊恩·布鲁玛 著　　倪韬 译

# 日本之镜
## 日本文化中的英雄与恶人

IAN BURUMA

A JAPANESE MIRROR :
HEROES AND VILLAINS OF JAPANESE CULTURE

上海三联书店

**A Japanese Mirror: Heroes and Villains of Japanese Culture**

Copyright © 2006, Ian Buruma

Simplified Chinese translation copyright © 2018

By Beijing Imaginist Time Culture Co., Ltd.

All Rights Reserved

著作权合同登记图字：09-2017-1054

图书在版编目（CIP）数据

日本之镜：日本文化中的英雄与恶人 /（荷）伊恩·布鲁玛著；倪韬译 .
—上海：上海三联书店，2018.1（2021.12 重印）（理想国译丛）

ISBN 978-7-5426-6201-9

Ⅰ.①日… Ⅱ.①伊… ②倪… Ⅲ.①文化研究—日本 Ⅳ.① G131.3

中国版本图书馆 CIP 数据核字 (2018) 第 010144 号

日本之镜
日本文化中的英雄与恶人

[荷] 伊恩·布鲁玛 著　　倪韬 译

责任编辑 / 殷亚平

特邀编辑 / 梅心怡

装帧设计 / 陆智昌

内文制作 / 陈基胜

监　　制 / 姚　军

责任校对 / 张大伟

出版发行 / 上海三联书店

　　　　（200030）上海市漕溪北路331号A座6楼

邮购电话 / 021-22895540

印　　刷 / 山东临沂新华印刷物流集团有限责任公司

版　　次 / 2018 年 4 月第 1 版

印　　次 / 2021 年 12 月第 6 次印刷

开　　本 / 965mm×635mm　1/16

字　　数 / 245千字

图　　片 / 35幅

印　　张 / 19.5

书　　号 / ISBN　978-7-5426-6201--9/G·1484

定　　价 / 69.00元

如发现印装质量问题，影响阅读，请与印刷厂联系：0539-2925659

# 日本：有容乃大的"亚"文化与社会

内藤康

　　本书作于 20 世纪 80 年代前期。笔者是 1966 年生人，少年时期正值 70 年代二战后日本经济高速成长后期，80 年代泡沫盛宴初期进入大学，80 年代末期入职日本媒体业至今。本书描绘了三十年前的日本文化、社会万象等，令人甚是怀念。

　　本书触及的至 80 年代为止的日本亚文化实际如何，姑且先放一放，在此笔者想先就本书中尚未登场、后来对日本乃至世界亚文化都具有重大影响的人物谈一谈，他就是北野武（艺名彼得武 [ BEAT TAKESHI ]）。

　　众所周知，北野武是世界知名电影导演，同时也以画家等不同艺术身份活跃于世。他在 1997 年的威尼斯电影节凭借电影《花火》摘得金狮奖，最近还获得了法国政府授予的"法国荣誉军团勋章"。

　　然而在我看来，北野武的原点应该是名为"彼得武"的搞笑艺人，在这方面他的魅力从未减弱。

　　彼得武在 80 年代初期，凭借日本富士电视台制作的搞笑节目"THE MANZAI"（日本漫才比赛）一跃成名。在此之前，他只是一名活跃于东京浅草地区的无名漫才师。他和搭档"BEAT KIYOSHI"一起参加了这个节目，融合诸如"红灯，大家一起过就不可怕"等黑色幽默元素的快节奏漫才作品使他们人气急升。他们还出演了富士电视台的节目《我们滑稽一族》（'オレたちひょうきん族'，1981—1989年播出），参演人员还有同为人气艺人的明石家秋刀鱼等人。当时还是高中生的我每周心心念念，他们胡闹式的表演每次都让我笑到捧腹流泪。对于他们的搞笑手法，也有来自成人社会的"不道德"的指责声。在他们之前，70年代知名搞笑组合"漂流者"的热门节目《八点全员集合》（'8時だョ！全員集合'，1969—1985年播出）也曾受到类似的指责，PTA（日本家长教师联合会）称其为"不想给孩子看的节目"、"不良节目"等。但当时，包括我在内的年轻人和孩子们都狂热地支持着这些节目。

这之后，彼得武通过参演电影《战场上的圣诞快乐》（'戦場のメリークリスマス'，1983）等，作为演员也开始活跃起来，1989年发布导演处女作《凶暴的男人》（'その男、凶暴につき'），以暴力为主题的独特视点获得了极高的评价。

虽然持续得到国际性的高度评价，彼得武并没有远离自己的原点——搞笑艺人。1997年在威尼斯电影节上获得金狮奖之后，因厌烦被捧上世界级大师的高位，他策划并出演了一个非常白痴的日本电视搞笑节目"Brief 4"。节目内容极具冲击性，包括他在内的四个搞笑艺人仅着短内裤出没于东京各地，白痴般吵吵闹闹，这至今仍是日本搞笑界的传说节目，视频网站中可以找到部分节目内容。

"暴发户"彼得武秉持"钟摆原理"这一搞笑理论，即"社会地位提高了，就要做相同分量白痴的事情来取得平衡"，这一点在他年近 70 岁、已经获得世界性声誉的今天也不曾改变。他在搞笑节目中总以异想天开、时而全裸的扮相逗得观众爆笑不止，这样以艺人的姿态出现在世人面前，就是包括我在内的众多日本人喜爱他的理由吧。

　　像他这样兼具艺术家的高尚性与搞笑艺人庸俗性的人物在世界上也是极少见的吧。如本书中所指出的，可以说这种特性也是日本亚文化的特征之一，这是我读过本书后的一点感悟。

　　本书的日文译名"日本のサブカルチャー"中，サブカルチャー即中文的"亚文化"。"亚"的意思是"第二位、略逊一筹、非主流"，笔者也曾听一位中国出身的大学教授说过，过去"很大一部分中国人认为日本文化是中国文化的'亚流（模仿者）'"。就是说比起本源的中国文化要稍逊一筹，当时虽略有些不是滋味，但最近笔者也开始思考，日本文化的特质正是建立在这个"亚"的基准上。

　　显然，日本古时引进中国文化，并以此为基础发展出了自身的文化。明治维新以后日本积极吸收西方文化，并用汉字诠释了众多西方的概念。"文化、文明、民族、思想、法律、经济、资本、阶级、分配、宗教、哲学、理性、意识、主管、客观、科学、物理、化学、质量、固体、时间、空间、理论、文学、电话、美术、喜剧、悲剧、社会主义、共产主义"等"和制汉语"举不胜举，其中很多为中文所采用，这一点的知晓度已经很高了。

　　日本虽倚仗近代化的成功进入过列强盟友之列，并在 20 世纪某个时期觊觎亚洲盟主之位，但结果是迎来了第二次世界大战战败的悲剧性结局。二战后日本被编入以美国为主导的国际体制之中，推进国家重建，重建过程中也吸收了诸多美国文化。

　　20 世纪 50 年代，日本依然处于贫乏时期，人们观看从美国引进的电视节目，憧憬美国丰富多彩的生活。70 年代笔者童年时期，电视上也播出了很多美国制作的动画和电视剧。如今除了电影作品外，这类内容几乎不会在电视上播出，但日本的动画作家、电影导演都是在美国等外国文化的晕染中成长起来的。

日本文化就是这样，历史上总是在大国文化的影响中持续扮演着"亚流"，并从中创造出了属于自己的文化。谓之"亚"绝非羞耻之事，模仿是通往创造的阶梯，大量地吸收外来文化并创造出属于自己的文化能量，可以说是日本文化的一大特征吧。

近年来，这样的日本亚文化正受到来自世界的关注，前面提到的北野武作品当然也是其中之一。此外，日本创造的动画、电视剧、音乐、时尚等各种流行文化也正席卷欧美亚。

本书写成的 20 世纪 80 年代，对日本流行文化的关注度与评价绝对称不上高。当时的日本人都抱持着这样的想法：迄今为止的日本流行文化都是欧美的"亚流"，绝不是值得骄傲的东西。

不过要说这种自卑情结是何时慢慢产生变化的，还要追溯至 90 年代后期。笔者 1999 年前往台湾采访时，看到蔓延在年轻人为主的人群中对日本流行文化的强烈关注，确实非常惊奇。台北的街道上张贴着当时流行的滨崎步的大幅海报，书店里摆放着各种"哈日族"所写的介绍日本的书。这之后，这股热潮逐渐向亚洲各国、欧美等国蔓延开来。

如此日本文化，当然绝对称不上高尚，换言之，并不能称之为优秀文化。曾被视为下流之物的浮世绘春宫图都得到高度评价，并在大英博物馆举办了展览等事实也是很好的例证。

日本文化，如前面提到的北野武，也如现今的流行文化，其源泉就是"有容乃大"的强大核心。也是如本书所述的欲望的开放、能够说出"喜欢所喜之物"的自由氛围。

但如果就此认为笔者百分百赞同本书内容的话，也不尽然。例如本书在讲述日本亚文化时，关注点在"性"和"暴力"。作者有着这样的论断，日本人虽表面礼数周全而温顺，但其内心隐藏着对"性"、"暴力"的过激冲动，这是压抑现实的副作用。这种说法在中国的日本论中也屡屡被提起：日本人虽然表面礼数周全但内心深处是残酷而好色的，这样充斥刻板印象的日本人论一直在不断蔓延。笔者想在此强调，现实中的我们绝没有如此好色或残忍。

笔者在本书中感觉到些许差异感的部分还包括，现在距离本书出版发行的 80 年代前期已经有三十年以上，这期间日本社会也发生了巨大的变化。特别是经济方面，泡沫经济的崩溃使得终身雇佣制度、年功序列型薪资制度逐渐崩溃，导致人们几乎丧失了对公司等自己从属的组织机构的忠诚之心。过去，作为中文所称的"饭碗"得到保障的代价，他们被要求对组织保持忠诚之心并作出全身心的奉献。这一点体现在家庭中，即为奉献型的妻子、母亲等女性支撑起来的社会模型。而这几乎已经成为过去的历史了。

本书日文译本出版于 1986 年，当时《男女雇佣机会均等法》颁布，规定禁止职场中对男女的区别对待，在录用、晋升、教育培训、退休、辞职、解雇等方面平等对待男女。这推动了女性踏入社会，社会中男女角色的分配也随之发生了巨大变化。如本书所描述的那样，曾几何时，过了二十五岁左右"适龄期"还没有结婚的女性会成为批判的对象，而如今四十岁前后的"アラフォー"（Around 40）也没有结婚的女性大幅增多。她们绝没有为自己的处境感到羞耻，而是讴歌单身生活。书中对日本人的女性观的描绘也与现实有一定距离。日本女性如今是既不神圣也非不洁的存在，她们作为独立思考和生活的个体，在社会里努力寻找着能发挥自己力量的舞台。

本书提到的"黑帮电影"也是如此，虽然在 20 世纪 60—70 年代流行过，但现在以暴力团为主题的作品如北野武的《极恶非道》等，有些还处于制作阶段，几乎不会在电视等公共媒体中播出。1992 年颁布的《暴力团对策法》对此影响极大。当时普通市民被卷入暴力团之间的斗争，暴力团伙以兴奋剂等药物为资金来源，暴力团伙插手民事纠纷的"民暴"引发了极大问题。这些事促成了该法的出台。如此一来，"黑道电影"也逐渐成为过去式。如今的人们正面临核武器、恐怖袭击等新的暴力，暴露于福岛核爆事故等全新的威胁之中。象征着人们对于这些新时代暴力的不安的电影，大概就是 2016 年上映的《新哥斯拉》（'シン・ゴジラ'）吧。

除了这些受到时代限制的内容外，本书还指出了日本社会一成不变的一面。例如笔者至今依然没有感到些许变化的是个人在日本社会中的存在状态。书中提到："在日本，个体永远都是某个大团体的一分子……事实上，他们不能脱离团体而存在。这些团体当中的人际关系并不一定建立在友情之上。无论摩托车公司、剧团，还是黑帮，日本的团体更像是一个个大家庭。"这样的倾向，不仅在要求对组织忠诚的过去存在，现今依然存在，实际上在笔者所属的组织中也能感受到。

如上所述，提到日本社会、文化的现有状态，必须要考虑时代的限制。不过本书中指出的"静谧、沉稳同时庸俗、下流"的日本文化的侧面，窃以为是至今为止日本能量的源泉。笔者身为一名日本人，希望日本能继续展现这种"亚"文化魅力。

鲁兴刚　译

徐心　校

# 目 录

# 新版序言

    很少有事物像流行文化那样日新月异，也很少有某种文化像日本文化那样对新浪潮、新时尚、新俚语或任何新兴事物持如此开放的态度。鉴于当代大众传媒的特点——电视、因特网、手机蔚然成风——这一新旧迭代的进程正愈发加快。现如今，人们读的最多的日本小说——尽管读者几乎仅限于年轻女性——是通俗的言情文学，差不多每小时在手机上连载。日活曾出品大量"浪漫"色情片，诸如此类的电影一度风靡大街小巷，如今却已销声匿迹。黄色影视作品基本上完全转战互联网，内容较过去露骨得多，这在多数国家也是常态。

    我在 20 世纪 80 年代初撰写《日本之镜》一书时，这一切都还无从想象。这部书首版于 1983 年，书中介绍的许多人物和故事，从黑帮英雄到少女漫画里的绝世美男子，对于当年出生的日本人而言恐怕是闻所未闻。

    当然，还是有人——甚至是年轻人——喜欢读谷崎润一郎的小说，看小津安二郎、黑泽明和沟口健二的电影。有些人没准还会去收集旧漫画。但好这一口的人已经凤毛麟角，这些爱好也无法再被归入流行文化的范畴。

日本时尚品牌——比如高田贤三[*]、山本宽斋[†]和森英惠[‡]——早在 20 世纪 70 年代就已蜚声海外，特别是在巴黎。而在较大的欧美城市，还有观众去艺术电影院（还记得这些地方吧？）观看日本文艺片。但即便到了 80 年代早期，日本在多数人眼中依然是个洋溢着异国情调的国度。日本动画片尚未风靡全球，两位村上（一位是作家村上春树，另一位是艺术家村上隆）也还没有享誉盛名，寿司则要假以时日才会走出国门，走向世界。事实上，村上的小说之所以不分国界，人人均能读懂，恰恰因为其不具异域色彩。同样的话大概也可以用来形容村上隆的"可爱文化"（cult of cute）。全球食客对金枪鱼刺身的饕餮胃口意味着这些大鱼不久后势必将从海洋中消失。

对于当代读者，《日本之镜》如今覆上了一层岁月的痕迹。1983 年写作此书时，书中提到的并非尽是新鲜事物，恰恰相反；我试图照亮的部分文化最早可追溯至 11 世纪。但即使是历史描述也具有时代性。因此，本书的氛围同当下的日本可谓截然不同。

当然，今天的时代和 20 世纪 70 年代的流行文化之间存在关联，另外，要是仔细观察的话，会发现其同 11 世纪的流行文化也有共鸣。村上隆时髦的现代艺术取材自漫画和动画片，他作品中的甜美和残忍之风均可在日本古代的文娱作品中觅得踪迹。无独有偶，如今被搬上互联网的一些性幻想无疑也反映在本书介绍的电影、漫画和 18 世纪的浮世绘中，只是形式不同。通常，如果你对一个古老国度的

---

[*]　高田贤三（1939—），日本时尚设计师，著名时尚品牌 Kenzo（包括香水、化妆品及时装）的创始人。——本书脚注如无特别说明皆为译注
[†]　山本宽斋（1944—），日本第一位在巴黎举行个人时装秀的服装设计师。
[‡]　森英惠（1926—），出生于日本，巴黎高级时装设计师。

艺术表达有研究的话，会发现不断变化的表象背后总潜藏着延续性。我猜，这应该就是我们所说的"民族身份认同"吧。

我写这本书的目的之一就是探讨这种身份认同，这种日本性，因而也就有了现代脱衣舞馆和远古神道教生育仪式、少女漫画年轻主人公和 11 世纪紫式部《源氏物语》*中的老淫棍，以及 18 世纪日本浪人侠客和当代黑帮片之间的对比。诸如此类，不一而足。

这一求知过程中隐含一丝风险，因为一种文化若是过于纷繁、易变，那么想要抓住其本质，归纳出某种特性，结果很可能是竹篮打水一场空。某些日本知识分子积极地突出并赞美日本人气质中的独特之处，他们这么做的用意或许是批判一百年来急促且间或无情的西化趋势。这套说辞可以为粗鄙的沙文主义思想背书。"日本人論"曾经风靡一时，尤其是 17、18 世纪，以至于不少西方访客都将其误认为日本的真实写照。诸如此类的理论不仅将日本描绘得独一无二，而且还是独一无二中的独一无二。

实际上，理论家们口中唯日本人独有的那些特点，纯粹是人类共性，在远离日本的许多地方都可以见到。日本文化研究领域的大家伊凡·莫里斯（Ivan Morris）著有《失败的高雅》（*The Nobility of Failure*）一书，这部以日本历史英雄为题材的作品妙趣横生；在创作本书的过程中，他的许多洞见令我受益匪浅。但他同样过分抬高了独特性。莫里斯笔下的那些"高贵的失败"——为无望之事业战死的武士，前有 4 世纪的大和武，后有二战期间的神风队员——见诸各国史籍。举例而言，回想一下阿拉莫（Alamo）要塞保卫战†

---

\* 本书中日本书籍、剧作、电影等作品，日文名称为汉字者，或日文假名仅"の"（即"的"之意）者，不另附原文。——编注

† 1836 年，墨西哥统治者安东尼奥·洛佩兹·德·圣塔安（Antonio López de Santa Anna）率领数千名精兵围攻德克萨斯的军事要塞阿拉莫。人数不到两百名的德克萨斯平民殊死抵抗，经过十三天的战斗，全部阵亡，由此，阿拉莫之战载入美国史册，成为勇气的象征。

和犹太人在马萨达（Masada）的背水一战 *：多数国家都经历过属于
自己的"无望之事业"和"高贵的失败"。

我尝试游走在文化独特性和乏味普世论这两股矛盾的思潮中
间，旨在说明尽管日本人有着独特的文化，但他们并非异于常人，
稀奇古怪，或完全是"他者"，而是人，和所有人一样的人。这就
留给我们一个问题：谁才算是"日本人"？国家历史博物馆常会刻
画一个民族亘古不变的形象，目的是灌输一种归属感、共同目标意
识和爱国主义情怀，但这是普遍存在的谬误，就好像说罗马帝国
时期的高卢人同今日的法国人没有本质区别，或者生活在公元前
14000—前4000年的绳文人在典型特征上与如今村上春树的日本读
者别无二致。毫无疑问，这纯属无稽之谈。任何对历史的严肃考证，
哪怕是流行文化历史，都必须对变与不变给出解释。

《日本之镜》是一本讲述日本人自我想象和重复自我想象的书，
书中有幻想，也有故事。自然的，这些内容折射出不同的时代和风貌。
在20世纪30年代军国主义环境下成长起来的日本人有着不同于多
数当代同胞的幻想，心目中的英雄也另有他人。从某种意义上讲，
他们是个不一样的群体，只不过凑巧操着差不多的语言，吃着差不
多的食物罢了。不过话说回来，我们无法对独特性视而不见，因而
也就无法不留意到特定的延续性。

要是将这些大众想象力中的延续性看成是现实生活中日本人的
真实写照的话，那可就大错特错了。我们心目中的英雄和恶人自然
能反衬出我们自身的一些重要特征，但这些特征往往同现实大相径
庭。在想象的世界中——这片世界存在于书本、图片、电影、漫画、
动画片或电脑游戏里——日本人常常会崇拜孤胆英雄。他是个法外

xii

---

\* 公元66—70年，犹太人反抗罗马人侵略的最后战役就发生在马萨达。近千名犹太男女在
　死海附近的马萨达坚守三年，最后九百多人集体自杀。

之徒，因为不愿随大流而付出代价，永世沦为局外人，这一情形同美国西部片里的典型主人公颇为相似。事实上，日本社会的一个特点是高度循规蹈矩。人们极其重视集体，与社会脱节被视为所能想到的最严酷的惩罚之一。很少有人真想做孤胆英雄，这也恰恰解释了局外人为何会成为富有浪漫色彩的英雄。这种与美国西部片的共鸣显示出，孤胆英雄并非日本文化独有，但（正如失败的高贵）确是其一大显著特色。

　　文化研究者容易忽视的一点是阶层问题。流行文化迎合的大体上是多数人的品味。某些娱乐作品与其说向我们揭示了整个民族的共性，不如说更多反映了其受众的阶层。要是仅凭电视节目质量给意大利社会定性的话，所得到的会是一幅异常扭曲的画面。显然，同样的比方也可以用在日本身上。日本的电视节目往往介于某种从不停歇的荒唐闹剧和死气沉沉的一本正经之间（后者以公共放送协会 NHK 最为典型）。需要重申的是，电视同真实生活之间的反差具有启示意义，特别是以闹剧为例。游戏类、竞猜类、谈话类或喜剧类节目的嘉宾常常身着奇装异服，狂笑不止，跟个神经病似的大喊大叫，上蹿下跳。换言之，他们的举止同平素普通日本人的做派相去甚远。后者总体而言中庸、克制而含蓄——甚至害羞。上电视不仅提供了一个发泄的机会，也能让他人在看好戏的同时产生代入感。至于真正的问题——为什么一会儿嘶叫连连，一会儿却又矜持有度——还是留待心理学家来解答吧。

　　鉴于 1983 年以来的文化变迁，《日本之镜》不可能、也不应被视为对日本人品格的盖棺论定之作。任何事物都会变化，想要盖棺论定是不可能的，再说了，恐怕也不存在所谓的"日本人品格"，更不要说"决定性品格"了。出于这一原因，我才按捺住想要改写本书、补充新潮流和风尚的念头；在您阅读此书时，新潮流或许也已过时。提笔创作时，吸引我的是电影里、书本中以及舞台上的内容。

倘若说这些迷人的元素勾勒出了某群体面貌的话，那自然是再好不　xiii
过。它们也可以被解读为笔者在当时所绘的某幅自画像。作家的一
生同样要经历变与不变。

　　好了，我将这部未做修订的作品再度献给诸位。西里尔·康纳
利（Cyril Connolly）曾著文称，任何书在九年后仍未绝版的话，便
可算作经典。他在写下这些文字时或许怀着一丝自我慰藉，更多
是在表达希望，而非信念。康纳利的书向来不畅销，但他最好的
作品的确是经常再版。我希望，《日本之镜》也能与阿克利（J. R.
Ackerley）的《印度人的节日》（Hindoo Holiday）、罗伯特·拜伦
（Robert Byron）的《前往阿姆河之乡》（The Road to Oxiana）以
及西蒙·莱斯（Simon Leys）*的《中国的阴影》（Chinese Shadows）
一起，成为关于亚洲的一部经典，但亲爱的读者，这一点还要由您
来评判。

---

*　即比利时已故著名汉学家李克曼（1935—2014）。本名为皮埃尔·里克曼斯（Pierre
　　Ryckmans），西蒙·莱斯为其笔名。

# 初版序言

　　一位年迈的婶婶曾在一个周日下午问我在读什么书，我答说是部日本小说。她说："这可真了不起，可那个民族的感情一定与我们的大不相同，你又能看出什么所以然来呢？"许多人和我婶婶一样，依然难以相信日本人不仅仅是具有异国情调、生产半导体的民族，而且在很多事上和我们感同身受。他们以为，既然日本人的书是由后朝前翻的，他们的感情也势必和我们的恰恰相反。

　　或许因为事情在表面上显得如此截然不同，如此自相矛盾，日本突然激发了不少外国人的写作欲，以求阐述他们所经历的这种文化冲突；或者是向国内将信将疑的同胞解释他们隔着放大镜所观察到的景象。这么做的产物往往是一些蓝眼睛外国人对日本形象一知半解的评论，不过似乎还挺对日本人胃口的。他们欣喜于外国人投来的目光，而后者的评论也证实了那种令人惬意的狭隘看法，即外国人不可能彻底了解他们。

　　要避开有关日本的陈腔滥调并非易事，因为日本人和外国人似乎都对此习以为常，见怪不怪。本书尝试呈现一幅日本人自我想象的，并且他们所希望成为的那种人的画像。这自然包括了许多经年累月所形成的文化俗套，但总的来讲这还是一本关于想象力的书。有时想象力属于那些永远不会惺惺作态、一心只求自我表达的艺术家。尽管如此，我还是将他们列入书中，因为他们所象征的事物更加深厚，它解释了滋养这些人的那种文化。

不过，我将更多地尝试展现那些更为大众化、更满足集体想象力的产物：那些迎合绝大多数人趣味、因而往往也是最低级趣味的电影、漫画、戏剧和书籍。这些作品虽不总是最上乘的艺术，但也不至于为人唾弃。它们倒是常常能反映其受众的面貌。正因如此，我将花费较大的篇幅介绍日本文化中污秽、暴戾且常常是病态的一面，而对于那些西方人较为熟悉的更加雅致和精细的艺术形式，则相对着墨较少。

要区分幻想和现实并不总是易如反掌。从某种意义上来讲，人们所期盼之事也是现实的一部分。就算是最俗不可耐的大众文化必定也与现实世界存在某种关联。它就算不是现实世界的某种镜像，起码也是它的一种反映。真的像约翰·韦恩（John Wayne）*那样的美国人寥寥无几，但是许多人希望成为他那样的人，这点本身就够有说服力的了。英雄不是凭空从天上掉下来的，他们大部分脱胎于本土文化。

选择列入本书的英雄、恶人和普通人都代表了我心目中日本文化的典型方面。他们在新老神话和传说中扮演了主要角色，共同托起了民族身份认同。然而，理应牢记的是，所谓典型的并不一定是日本独有的。各民族的不同之处，往往在于对幻想的表达，而非幻想本身。

---

多数男女英雄，甚至是那些仅仅代表他们自身年龄（此处也可作"时代"解）的人物，都有着同他们类似的显赫前辈。另外，许多英雄人物身上存在普遍性——有些则是几乎所有文化里都有——但也有些在某种文化的历史上周而复始地以一种新面目示人。

因此，我将从最初的本原写起，探讨日本最早的神灵。其实，天皇和大诸侯一度被认为是这些神祇的直属后裔。而且，令人讶异的是，从传说记载的描述来看，日本的神居然那般通人性。事实上，之所以说通人性，是因为日本民族的诸多特质，不管是想象出来的，还是真实具有的，都可以追溯到这些神的身上。

本书前半部分关于女性，后半部分则涉及男性。女人大致分担她们在许多社会里所担当的两种传统角色：母亲和妓女。二者在日本都极为重要。虽然这两种角色之间的区分在日本社会比在世界其他地方都要严格，但其仍有相似之处。塑造它们的无疑是男性的幻想。

夹在本书男性篇和女性篇之间的一个章节探讨了第三性，即女扮男装或男扮女装。这种异装癖依旧在日本戏剧中占据重要地位，正是在这个黯淡的世界里，文化上的性角色得到了最清晰的定义。

在男性篇里，我用了大量的篇幅描写日本黑帮的传统世界。这是因为这个幻想世界构成了日本社会一个近乎完美的缩影。

如果研究其他文化不能帮助我们了解本国文化的话，这么做便毫无意义。据说日本是观察全世界的理想场所。个中理由很清楚，因为当我们立足于这个偏远的亚洲一隅时，往往会有一种作为旁观者俯瞰世界的感觉。

尽管通讯技术的迅猛发展、大众旅游热潮等因素理论上把世界缩小为一个地球村，日本从许多方面来看依然是现代世界里最离群索居、最与世隔绝的一员。倘若我们西方人出于幸运的无知，常常觉得日本人稀奇古怪的话，大多数亚洲人也有同感。

这里固然有地理的原因。但是，正如北海对英国的影响，大海对日本和亚洲大陆的分隔既是地理上的，也是心理上的：日本人并不觉得自己是亚洲的一分子，同时也不觉得自己隶属于任何一方。他们倾向于认为自己独一无二，这种情绪无疑在闭关锁国将近三个世纪的江户时代得到了强化。

日本有时的确像是爱丽丝之镜另一侧的世界。这是否仅仅是一种幻觉并不重要，重要的是，外国人和日本人自己对此普遍深信不疑。因此，作为旅居日本的"外人"，意味着时时刻刻都被当成异类加以检视，结果是我们不得不检视起自己来。这很容易导致一种广泛的谬见，即但凡是日本人身上说得通的事，换成外国人就说不通，反之亦然。在许多日本人和外国人的意识中，他们是如此格格不入，无法相融，以至于有科学家认为自己能证实这点。其中，最古怪——但绝非仅此一人——的典型当属广受赞誉的角田忠信博士，他声称日本人其实有着完全不同、独一无二的大脑。

我不赞同日本人独一无二的神话。相反，由于其长期以来的闭关锁国，日本保留了大量在我们自身历史进程中已然丧失，或潜入隐秘甚或变得面目全非的东西。尽管今天的日本在表面上似乎比日渐没落的英国更加发达和现代化，但在表象之下，这个国度在许多方面更接近于基督教尚未彻底扫除异教残余势力的中世纪欧洲。

日本的神祇似乎比基督教的圣三一*更通人性，因为他们不仅具有我们人类的弱点，而且还能包容弱点。这份包容是日本社会显著且最可爱的一面。同时，我也认为这是西方人应学习的最重要一课。这既同神秘主义和高超智慧无关，也不单单是佛家消极的听天由命——这种听天由命好坏参半。问题当然不在于日本的神更好还是更坏，而在于对人性实事求是的接受，并不受那些在西方常常限制人类生活的道德偏见所拖累。

---

* 圣三一，基督教里指圣父、圣子、圣灵三位一体。

因此，如果我们坦诚地观察书中的男女英雄，他们会使我们在了解孕育他们的文化的同时，更好地了解我们自己。

在调研本书的过程中，许多人对我鼎力相助，但我还是要特别感谢津田道雄和谷寿美，如果不是因为他们，我根本不可能着手从事日本研究。天井栈敷剧团的九條映子和其兄田中秀明为我引荐他人，对我鼓励有加，并且抽大量时间协助我，我欠两位一份情。

亨利·H. 史密斯（Henry H. Smith）、汉卡·莱平克（Hanca Leppink）、大卫·范·海雷夫（David van het Reve）、菲利普·彭斯（Philippe Pons）和安·布鲁玛（Ann Buruma）都在编辑书稿的各个阶段勘正了许多错误和不当之处。

我还想感谢清水明、东京电影图书馆的馆员以及法兰西电影社的柴田和子，他们大力相助，向我提供了许多电影胶片和剧照。此外，東寶、日活和東京电影社的不少负责宣传的员工也给予我帮助，对此我感念不忘。另外，宝冢歌劇团、松竹电影公司和歌舞伎座也都很慷慨地赠予剧照，供我使用。

最后，我要特别鸣谢唐纳德·里奇（Donald Richie）和卡雷尔·范·沃尔夫伦（Karel van Wolferen）。他们一如既往的鼓励、建议和创意不仅弥足珍贵，对本书完稿也至关重要。

全书中出现的日本人名均参照日本的习惯，即姓氏在前。倘若有译名尚未见诸其他文献，则为我拙译而成。

伊恩·布鲁玛
1983 年

第一章

# 神之镜

　　人类总是按照自己的形象塑造神。日本人也不例外。日本最早的神和神话不一定是日本独有的，有些恐怕源自亚洲大陆，但它们很快就按照日本的生活和思维方式改头换面了。

　　不过，起初根本不存在什么神，有的是形似鸡蛋的某样物体。从这个蛋里蹦出了七代神祇，其中包括伊邪那歧和伊邪那美这对兄妹。日本的神话正是从他俩真正开始的。[1]

　　兄妹俩用"天之琼矛"翻搅着混沌世界里的滚烫岩浆，一些岩浆顺着矛头滴了下去，凝固在海中，形成一座岛屿。他俩在岛上竖起一根阴茎状的柱子，将天地一分为二。接下来，哥哥发现自己身上有的，妹妹身上没有，于是两人便决定合体。他们通过观察一对情鸽，学会了亲吻这门本领，继而又受到一只鹡鸰的启发，完成了幸福结合的剩余动作。

　　伊邪那美孕育了日本诸岛和众多的神祇，但是在生育火神时吃尽了苦头。痛苦的分娩过程导致她的生殖器严重烧伤。她用尽最后一点气力，从自己的呕吐物、粪便和尿液中生出金属神、土神和水神后便撒手人寰，消失在了冥界。

她那悲痛欲绝的哥哥兼丈夫追随她来到了阴曹地府。因为样貌可怖，她央求他不要再看她，但他还是没忍住瞥了一眼。在望见她腐烂的躯体上爬满蛆虫后，他不禁惊呼："我怎么会闯入这样一个丑陋和污秽的世界啊！"

伊邪那美由羞生恨，令黄泉丑女追杀其兄。他侥幸摆脱了妖孽们的追赶，后来靠岩石挡道才没让他的妹妹兼妻子掳了去。对此无比震怒的他按照日本的传统，用丈夫的一句话断绝了与她的夫妻情分，宣布他们就此离异。为了报复，伊邪那美发誓每天要在他所在的岛上掐死一千人。对此，他的回应是将在一天内建起一千五百座供人分娩的产房。

伊邪那歧从阴间回来后，颇费周折地洗净了粘着在身上的死人污垢。他在橘川\*里痛痛快快洗了个澡，又有一些神祇因此降生：他的左眼里爬出了太阳女神，也就是天照大神。他的鼻子里又钻出了天照大神的弟弟风神须佐之男。天照大神被分配治理高天原，而须佐之男则受命管辖大海。可是，他不仅不为接受这一使命而欣喜，反而号啕大哭，大喊大叫，恨不能去阴间和母亲团聚。但在下到阴曹地府之前，他决定先上天拜访一下姐姐。

须佐之男不仅恋母，而且性情暴烈。到达他姐姐所在的天庭后，他毁了分割稻田的田垄，又在举行神圣仪式的过程中极不光彩地拉了泡屎。但是，他最坏的恶作剧还是待天照大神和随从在殿堂里忙着织圣衣时，将一匹剥了皮的马驹扔了进去。一位织女大惊失色，因梭子触击阴部不幸死去。[2]

天照大神很有耐性，也很宠爱弟弟。起初她忍受他的行为，为

---

\* 作者笔误。《古事记》中伊邪那歧是至筑紫（九州）日向国的橘小门（《日本书纪》作"小户橘"）的阿波岐原（又作"檍原"），而非橘川。——编注

他开脱，骄纵他，希望这么做能让他收手。但现在他做得太过分了。一气之下，她隐退至伊势（如今成了旅游胜地）附近的一个黑暗的洞穴里，结果整个世界陷入一片漆黑。

众神决定集会。他们取得共识的方式颇具日本特色，"无数神祇的嘈杂声就像十五的月亮上成群的苍蝇"。[3] 大家几次试图将天照大神从洞穴中引出来，但她就是纹丝不动。最后，一个桶被倒扣在洞口，天钿女命（又作"天宇受卖命"）爬到桶上，像个远古萨满女巫一样变得精神恍惚，并开始跺脚，起初很慢，逐渐越来越快。她眼珠打着转，疯狂地挥舞长矛。在众神的一片叫好声中，她情欲大发，袒胸露乳，"将裙摆褪到阴部以下"。[4] 此刻，她的欲求达到了令人战栗的高潮。众神都盯住她神圣的生殖器，爆发出一片狂笑，笑声山响，整个宇宙都能听见。

天照大神无法忍受众神撇开她独自寻欢作乐，于是从洞中探出脑袋，想看看究竟是什么事这么好笑。一面镜子立刻被塞到她面前，天钿女命嚷着说发现了一位新女神。天照大神此时全然不见了方才的镇定自若，拼命伸手想去抓自己在镜中的倒影。一位叫手力雄神的男神趁机一把揪住将她从藏身的洞里拽了出来。世界又重现光明。

\* \* \* \* \*

任何一种文化都会受许多风尚和潮流的影响。本国和外国历史、佛教、儒教，乃至基督教有时也算，都对日本文化产生过作用。日本文化表面上在变，但其内在始终没有真正脱离最古老的本土根源。这一根源同神道教有关。但我指的并不是政治家在 19 世纪末为鼓吹强烈的民族身份认同而炮制的那种民族主义式的国家神道，而是一整套感官自然崇拜、民间信仰、远古神祇和仪式。信奉它的这个民族骨子里就是一群农民，而日本从许多方面来看仍然是这样一个民族。

　　神道这个词最早出现于 7 世纪,造词者的目的是将其同佛教(亦称"佛道")进行区分，意指神的道路，但其很难称得上是一门宗教，因为它几乎不具半点抽象沉思的痕迹，也对我们这个世界之外的另一个世界没有多少认知或者兴趣。在古代日本人的心目中，天堂是个惬意的地方，到处是耕种稻田、勤勤恳恳的庄稼汉。[5]没有迹象显示神道教里存在像我们在中国看到的那种伦理体系或者治国方略。实际上，最早的神话是典型的日本戏码，围绕人际关系展开，随意地辅以性元素。

　　神道仪式繁多，但并不教条。某人信仰神道就跟他生来是日本人一样自然。[6]神道是神话和仪式的总和，塑造了一种生活形式。它是庆典，而非信仰。不存在所谓的神道教徒，因为没有神道主义这种东西。

　　女性在神道教中所扮演的角色虽略有些矛盾，却举足轻重。神社内修行的仍为处女，而且从古至今，日本生活中最受膜拜的人物是母亲，也许这就是天照大神即太阳女神如此重要的原因。在父系社会，太阳多为阳性，比如说在孟加拉，人们会举行一年一度的庆典，纪念土地女神和太阳神的结合。[7]和日本诞生的神话一样，海面升起的旭日在印度也象征着生命力,但与之关联的是"湿婆"这位男神。在具有母系文化痕迹的神道教中，情况恰好相反：大地由一位手持长矛的男神大国主命管制，但生命之源是水，从水中升起、象征日本的太阳是阴性。火的象征意义亦复如是。在日本，伊邪那美因生育火神而亡。[8]而在父系社会希腊的神话里，是男英雄普罗米修斯从诸神处盗取天火并遭到严厉惩罚。

　　自然崇拜显然涵盖了性崇拜。同多数日本人一样，神对性行为并不感到愧疚。在受到鹡鸰的启发后，伊邪那歧和伊邪那美便一发不可收拾。性的确是大自然最基本也最重要的一部分，不存在什么罪过。像这对兄妹神仙眷侣这般享受鱼水之欢的，日本众神殿中也绝非仅此一对。大地之主大国主命在他所平定的世界里就有无数情人，唯一一次出问题是因为他不愿与情人的丑妹妹同床。因为这次失礼，他的后裔——历代天皇就只能降格为凡人。

人们常说，在日本，只要不被逮个正着，在社会上出丑，就能够为所欲为，不必担心后果。换言之，享乐主义受到社会禁忌的制约。这么说可能有些失之于简单，但让我们拿伊邪那歧、伊邪那美同亚当、夏娃做个比较吧。后面二位因为夏娃偷食禁果，被逐出伊甸园。他们只有在知道对错之后，才有可能犯下过错。

日本则没有这样的神话。伊邪那歧、伊邪那美没有因为他们的所作所为而受到直接惩罚，从未被赶出什么伊甸园。他们的危机出现在丈夫看到伊邪那美污秽不堪的躯体之后。造成惨剧的是伊邪那美的羞耻感，而不是因为她的有意识的行为。日本的神尽管可以无所顾忌地沉浸在性欢愉中，但他们害怕沾上污秽，尤其是死亡的污秽。瞥见自己妹妹腐身的伊邪那歧侥幸生还。人们也许可以说，污秽是日本人的"原罪"。需要补充的是，神道教同许多宗教一样，认为妇女比男人肮脏，因为血就是一种秽物。在过去，日本一些地方的妇女来月经时会被隔离在某些特设屋内。[9]

性与死亡之间的关联当然并非日本特色。乔治·巴塔耶（Georges Bataille）*等作者就此话题发表过高论。[10] 尽管性本身在日本思想中并不属罪过，但人们对性欲所释放的破坏力——尤其是在女人身上——似乎的确抱有深深的畏惧。（不消说，这点也不是日本特色，因为在许多天主教艺术家的作品中也可以见到。）

嫉妒心理就是日本人畏惧的破坏力之一。这也解释了他们对于女性极度矛盾的态度。妇女，特别是母亲，为人所崇拜；但同时，她们因为败坏贞洁也让人惧怕。伊邪那美既创造生命，也象征死亡

5

---

\* 法国哲学家，以研究死亡与情色之间的关系而闻名。

与污秽。嫉妒心驱使她发誓每天要掐死一千人，可她压根没理由吃其他女人的醋，因为就我们所知，伊邪那歧生命里并没有别的女人。可她憎恨自己失去人妻的地位。不管大多数日本妇女怎么受恶婆婆的气，或遭到不忠丈夫的冷落，都不能丧失身为人妇的社会地位。任何夺走这一地位的威胁都可能激发最凶恶的嫉妒心，而且有充分证据表明，男人为此担惊受怕。如今仍有新娘习惯在婚礼上佩戴白色帽子，看着像是用床单制成的，松松垮垮包在头上。此物名为"角隐"，"角"所"隐去"的正是嫉妒。[11]

在写于 11 世纪初的《源氏物语》里，有个和尚试图劝说一位    6
母亲不要任凭她的女儿勾搭有妇之夫。他是这么说的：

> 女人生来罪孽深重，注定要在黑暗的漫漫长夜中挣扎，这是对她们邪狂本性的报应。如果你女儿唤起了这个男人妻子的嫉恨，她将被枷锁束缚，永世不得超生。[12]

井原西鹤在《好色一代女》这部 17 世纪关于一位堕落女子的小说里，描绘了一群上层社会的名媛，她们聚集在一个所谓的"嫉妒会"上，数落起各自拈花惹草的夫君来。[13] 这些怒气冲冲的贵妇一个接一个地上前痛打一位女子的画像——象征将她们丈夫引入歧途的所有坏女人——以发泄郁积在胸中的愤懑。基本上，遭遇嫉妒心最沉重打击的，往往不是丈夫自己，而是其他女人。

拥有最可怕嫉妒心理的妻子是那些一心复仇、清算生前旧账的女鬼。旧时的戏剧和民间传说充斥着下面这类故事：遭到背叛的幽灵不断折磨她们的丈夫和情敌，最终导致后者惨死或暴毙。这些恐怖的戏码依旧在剧院和影院上演，一般是在闷热的夏天，正是人们需要出冷汗的时候。

同日本列岛常发的地震等自然灾害一样，嫉妒、污秽和死亡总会发生，并将永远存在。但它们之所以会发生，不是缘于某种罪过。罪过这个观念无论在过去还是现在，都与日本人的思想格格不入。日本诸神同大多数人一样，虽不是完美无瑕，却也非十恶不赦。日本诸神中是没有撒旦的。

人们也许会说，天照大神的弟弟须佐之男是"恶"的，但肯定不是抽象或绝对意义上的"恶"。他是风神：再坏不过就是鼓鼓风。他最恶劣的罪行是性情乖张、自私自利和粗野无礼的破坏行为，但这在日本社会也已经够严重的了。他是个任性的少年，放任自己惹是生非、给别人添麻烦（迷惑 かける）——这在日语里是个动词，日本人常用其来描述自己在亚洲战争期间的所作所为。他们的暴行也如风一般；虽时常如飓风狂飙，但不是他们的错：这可是自然发生的。

须佐之男所受的惩罚在传统社会里很常见。他被放逐，不得已成了一名流浪汉。这种命运虽不幸，却使他成了颇为典型的日本英雄。[14] 在幻想故事中，破坏社会规则的恶汉未必总会成为日本社会谴责的对象。制约日本人行为的不是社会规则，而是一套抽象的道德教训。但它们如此深入人心，非英雄而不能打破。但将其打破的唯一办法是游离于社会之外，因为个人终究斗不过整体。

因此，日本人的英雄崇拜往往兼顾两方面：既要维护一个封闭社会体制的安稳，又要允许置身社会之外的英雄让人们间接体尝极端个人主义这一禁果。此外，"无赖"在冲动之下的暴力行为及他对社会规则的唾弃偶尔会被视为某种率真的表现，这反映在率真性情对自身的彰显和对人为规定的反抗上。最后，英雄像极了朝着不明就里的成人大呼小叫、怒火中烧的小孩。由此可见，爱吵闹的风神远不是什么邪恶典范，反而博得了人们一定的好感。他的坏上升不到恶的层面，不过是有教养的人学会压抑的那部分人性。实际上，在同"稻田姬神"风风光光地大婚之后，须佐之男也的确学会了收敛，变得恭谦驯良，从此和妻子过上了安分平淡的家庭生活。

　　天照大神对其狂躁胞弟的恶行起初还比较迁就，她就像是因为溺爱儿子对其错误熟视无睹的母亲一样，纵容他的胡作非为：毕竟，他控制不了自己的行为。待事情变得一发不可收拾时，是她遁入了洞穴，而不是他。我们也许会像许多对日本有着浮光掠影见解的人一样，就此得出结论说男人如受宠的暴君一样统治着女人。然而这种看法很肤浅，因为女性在十分基本的层面上（神道教就很基本），有着凌驾于男性头上的强大力量。

　　在神话中，女性阴道有比男性阴茎更大的魔力。有个叫猿田毗古的阳具神长着个又红又长的鼻子。这根会走路的阳具象征生命力，威力无穷，以至于恶鬼见了他便四散而逃。可是，据说当天钿女命褪下裙子时，就连他也法力尽失，活像枯萎的花朵。[15]

　　天钿女命展示私处让诸神乐开了花，此举恐怕具有神秘的意义。人们发掘出的早期雕像就有表现女神露阴的。[16]这番形象后来被嫁接到观音身上，即佛教中的慈悲女神。[17]人们依然流行用"去看观音"这句俚语，暗指去逛脱衣舞厅。而且，也只有在日本，才会出现某位蜚声国际的影星在其母葬礼上坚持要亲吻其阴部的事情。新闻界对此有过广泛报道，流露出的只有敬意，而不是什么震惊或错愕之情。[18]

　　关于女性性器官的魔力有不少传说，这里仅举一例：两位女子在水上遭到一群魔鬼的追赶。她们拼命摇桨逃命，但魔鬼还是追上了载着她俩的小船。就在千钧一发之际，一位女神从天而降，叫她们敞露私处，说完自己先这么做了。刚开始两女子有些忸怩，不过还是学她的样子照做了。见状，魔鬼在狂笑声中放弃了追赶。[19]

　　这种神、魔鬼、人之间的笑声不仅代表好笑的事，也可指恐惧感的解除。无论在日本还是在世界各地，开怀大笑常常是缓解紧张气氛的一种办法，这和人们在电影院里看到暴力镜头时发笑是一个道理。女性性行为笼罩着一层难以捉摸的神秘性，既令人害怕，亦让人崇拜。或者，更确切地说，之所以受崇拜，正是因为男人害怕。和许多文化一样，日本文化中也有关于女性力量可怖一面的传说：比如形似蛤蜊的阴道像钢夹一样将男性阳具生生钳断。

佛教又对加深恐惧起到了推波助澜的作用。佛教的涅槃世界里容不下女人，她们得先重生为男人才行。一段著名的佛经这样说道："女人是来自地狱的使者，她将摧毁佛陀的胚芽。她看似圣洁，实则有一副魔鬼心肠。"[20]

女性的身体被认为是污秽的来源。《源氏物语》肯定算不上是一部过分拘谨的作品，在作者紫式部的笔下，赤身裸体"可怕到让人难忘"。然而，裸体在日本却是一种奇怪而矛盾的现象，因为人们会去公共澡堂洗浴，而在某些乡村地区，甚至还存在男女混浴的现象。可日本海关却又雇用大批学童和老妇担任临时工，令他们用墨水涂黑或用刀片刮花进口印刷品中的阴毛图案。即便如此，最粗俗的那类脱衣舞厅却仍在日本照常营业。道德标准往往因时因地而异，没有什么是绝对的。

宗教仪式、神话和流行艺术作品对性器官的浓厚兴趣（比如浮世绘春宫画中对男女生殖器的粗俗刻画）既是对生命和生殖力的讴歌，也是某种避邪手段。似乎通过开怀大笑和风格上的效仿因袭，通过把原生态的自然变成人造的象征物，就可以避开神秘自然界中固有的危险。日本的许多地区甚至还有"笑祭"，人们在当地神社里纵声大笑，以此取悦神明。这些神社里常能见到男女性器官的画像。

尽管绝对的恶在日本人的思想中似乎无迹可寻，但任何一种污秽，包括伤口、创痛、血水和死亡，乃至仅仅是不洁净，都让人避而远之。反抗自然界污秽力量的传统办法是净化，伊邪那岐从冥界回来后沐浴便是一个典型的例子。显然，每个地方的宗教仪式中都有这样或那样的净化过程，却很少有哪个国家的文化像日本这样如此重视净化，并将其视为日常生活的一部分。

　　这一点可以在林林总总的方面得到证实：比如，相扑选手每次较量前都会在赛场内撒上盐这一净化物。在住家、酒吧门口、按摩馆等声色场所前也能看到一小堆盐。日本人对洁净的追求还体现在一些不太显著的方面：举例而言，公共服务人员佩戴白手套这一习惯随处可见。政客发表演讲时会戴，出租车司机则没有不戴的，警察也是。戴手套的人里面甚至还有百货商店的电梯管理员。在日本，无论走到哪里，总能见到人们手上这一抹富有仪式感的白色。

　　沐浴是一种宗教崇拜。保持清洁是普遍追求，以至于在东京上下班高峰时，满载旅客的列车上能闻到的只有一丝淡淡的皂香。多 10 数神道教仪式都包含礼仪性的沐浴。最早出现的澡堂是佛寺的一部分，可追溯至 7 世纪。时至今日，城市里的澡堂依旧是一种社会机构。但和日本诸多宗教习惯一样——另一种是喝清酒——沐浴很快成为一种自成一派的感官享受。

　　日本人对沐浴的态度堪比法国人对美食的嗜好：既能细细品鉴，也可大快朵颐。澡可以独自一人洗，但更常见的是和许多人一块洗，一边替邻居搓背，一边闲聊最新八卦。洗浴已成为不少毗邻温泉而建的度假胜地的一块金字招牌。某浴场设有一个巨型心形浴池，可容纳几百对度蜜月的新婚夫妇；另一座度假村配备一个鸡形纯金大浴缸，不过收费高昂，一分钟一千五百日元，约合五美元；另有一种浴缸可沿轨道升至山顶，浴客可边泡澡边欣赏美景。

　　但享乐在日本也有其反常一面。[21] 神道教中的净化仪式就是日本人所谓的"斯多葛享乐主义"的典范。同许多文化一样（尽管极端情况凤毛麟角），日本人深信肉体煎熬和禁欲都可起到净化作用。这里仅举两个很不好受的例子：比如站在火势不旺的篝火上，或者一丝不挂趟过冰河。在日本人的敬神仪式中，这么做同肉体快感乃至情欲大发其实并行不悖。

　　这种仪式又名"祭"。同拉丁美洲的狂欢节或宗教节日一样，"祭"

既是庆典，也是公众发泄抑郁的出口。日本每座城镇和村庄都有"祭"，而且不止一种。这些仪式虽受佛教影响，但基本上仍属神道教范畴，而且一向很热闹，间或会演变为真正的暴力行为。参与其中的人会觉得这份激昂和亢奋无时无刻不游走在混乱的边缘，仿佛原始部落的一场群舞。在某些村庄，村民会扛着攻城槌般的阳具状巨柱穿过街道，并用它猛烈撞击汗流浃背、气喘吁吁的青年从邻近神社搬来的晃晃悠悠的女性器官象征物。

1970 年自杀身亡的小说家三岛由纪夫曾称，"祭"是"人与永恒的一场下流交媾，二者只能通过'祭'这种虔诚的龌龊行为才能完成圆房"。[22] 还在孩提时代的三岛就震惊于"这种世上最放荡、最露骨的表达狂热的方式……"，并显然为之深深着迷。[23]

痛苦和狂喜、性爱与死亡、崇拜与恐惧、洁净与污秽，这些都是日本节庆当中的重要元素。从其习性来看，神道教的神都很有日本特色：除了些许食物外，他们并不索取祭祀贡品，不求人拜，也不勒令奉行教条化的信仰；他们要的是有人给他们找乐子，譬如天照大神；他们向往庆祝和欢笑，尤其渴望热闹的场子和化装舞会，而且是越淫荡越好。从某种意义上讲，他们是在诱导人们打破自身所象征的禁忌。

正是这种献给神的表演构成了日本流行文化的根基。这一日本文化中既远古且往往猥亵暴虐的一面延续至今，纵然官方时而抨击其粗俗不堪，或掺杂了较为矜持的外来艺术形式。

第一位类似大场面上的表演者当属天钿女命。她神圣的脱衣舞为后世的"神乐"树立了范本,这个词顾名思义指"讨好神的行为"。虽然"神乐"仍在神社里上演着，但其大众吸引力已丧失大半。不过，人们在偏现代的表演形式中仍能领略其风韵，现时的脱衣舞馆就是一例。

\* \* \* \* \*

"東寺豪殿"（DX 東寺）是京都一家著名的脱衣舞馆，位于火车站后方一条黑暗而沉寂的街巷里，闪烁的霓虹灯衬托出其俗气。入口处饰有大塑料花环，宛如色彩鲜艳的葬礼花圈。顾客穿过洒着紫光的大堂，被引入内室的表演厅。宽敞的舞厅笼罩在温润的桃色灯光下，厅中央的大舞台徐徐转动。

观众席的头顶是二层旋转舞台，由透明塑料制成。墙壁和天花板清一色覆盖着镜子，将十来个姑娘映成了好几十个，宛如一幅立体的群芳春宫图。

透过扩音器，一个男人扯着破锣嗓子，欢迎观众莅临本店。几名穿着轻薄睡衣的女子跌跌撞撞走上舞台的台桩（有几个还急匆匆地把孩子托付给后台的同事），手里提着像是野餐用的篮子，上面工整地盖着花布。她们将篮子放在舞台上，小心翼翼地揭开盖布，接着郑重其事地取出装备：有震动棒、黄瓜和避孕套，并将这些东西一件挨一件，整整齐齐排成一行，像是在为传统的茶道做准备。

完事后，姑娘们站起身，伴着吵闹而嘈杂的乐曲《夜里的陌生人》（"Strangers in the Night"）草草摆出几个姿势；与其说是在跳舞，不如说是展现一幅活色生香的图画更为贴切。她们的表情依旧很茫然。日本的舞者，无论是古代的还是现代的，脸上似乎总戴着个超然的面具，似乎她们的肢体动作都是机械的，而意志已经麻木到了驯服的程度。

但是她们脸上随即闪过一丝微笑：这不是美国舞女那种皮笑肉不笑，也不是法国音乐厅中那种故作调皮，更像是一种母亲般的安慰，似乎在说没什么好怕的。

姑娘们依旧笑容可掬，邀请部分观众上台。一些参加公司活动、衣冠楚楚的男职员被同事推上舞台，他们脸涨得通红，嘴上呵呵傻

12

笑，试图和舞娘发生性关系，这也是找乐子的一部分。不过多数以失败告终，在这种场合下，失败也正常，不过观众还是看得乐开了花。

演出还得继续。于是，面红耳赤、咯咯傻笑的年轻公司职员又被急匆匆地赶下台来，顾不上裤子还耷拉在脚踝处，便一副狼狈相，趔趄着回到自己的座位。多数人付钱是来看真正表演的，可演出最精彩的部分依旧尚未开始：所谓"特出"，字面意思是特别节目，不过也可以理解为"打开"，之所以这么叫，原因很快就会明了。

姑娘们挪步至舞台边缘，蹲伏下来，身子尽可能后仰，并徐徐分开双腿，与前排一张张涨红的脸近在咫尺。观众突然间鸦雀无声，纷纷探身向前，想仔细打量这醉人的一幕。神奇的性器官此刻正充分展露它神秘的光彩。

舞女们脸上依旧挂着母亲般的笑容，一个接一个侧身缓缓挪动，边挪还边亲热地招呼观众凑近了看。为协助男人们进行"探索"而分发的放大镜和小型手电在一只只手之间传递着。所有人的注意力都集中在女性胴体的那块区域；女人没有成为男人欲望侮辱的对象，反而如母系社会的女神那样，似乎将男人完全掌控在手。 13

最终，雷鸣般的掌声和如释重负的浪笑打破了这一非凡仪式的紧张气氛，几个男人掏出手帕，擦拭着他们热烘烘、汗涔涔的额头。

\* \* \* \* \*

所有这一切和大部分西方人习惯与日本联系起来的那份朴素、节制、重分寸和忧郁之美相去甚远。土生土长的大众文化在神道教的熏陶下，与受佛教影响、偏贵族气质的审美观念大相径庭，甚至可以称其为两种独立的文化。[24]

这部分缘于阶级差异。一般说来，最先感受外来影响的是那些有钱有闲去追逐外国风尚的群体。贵族传统中的许多元素确实来自更上流的社会（特别是中国和朝鲜）。因此，日本最早的佛教徒是 7 世纪初圣德太子宫廷里的贵族。在平安时代（794—1185），男性文人都用汉语写作——妇女则不然，她们因此成为引领日本本土文学的先驱。

引进上层阶级文化并不是日本特有的现象。19 世纪欧洲上流社会的沙龙里，法国文化就成为热捧的对象。外国文化的舶来通常发生在较高的发展阶段，对于封闭岛国文化的冲击不可谓不巨大，从某些方面来看还造成了心理创伤。另外，佛教和儒家格外强调伦理道德，是控制民众的有效工具。7 世纪的日本统治者就认为佛教"在保护国家一事上有奇效"。[25]

但是本土传统从未消亡。在欧洲，基督教颇为成功地摧毁或至少替代了远古的崇拜形式。日本的情况则不同，原始信仰从未遭到更精致的官方律条的碾压。尽管不同宗教之间的区分不甚清晰，尤其是在最广泛的层面上，但佛寺和神社仍然共存并立。两种教派的仪式人们都参与，尽管不一定同时同地。这或许是因为日本人对意识形态和教条缺乏关注，却格外重视外在，重视符合各种场合的姿态，因为"面子"比"里子"更重要。[26]

贵族文化因受佛教影响，讲究克制和尽善尽美，甚至到了病态的程度。无怪乎日本人无论地位高低，都按照佛教仪式埋葬逝者。民间的神道教文化对凡是涉及人性和情欲的事均高度重视，有时将之夸大到了荒唐的程度。同样不足为奇的是，婚姻通常按神道教的礼数举行，纵然今时今日的许多年轻夫妇哪怕根本不信教，或者连教友都算不上，也觉得在基督教堂里情定终身更为时髦。教堂倒是很乐意替他们操办。从传统文化的维度来看，这也意味着渗透佛教禅宗意识的能剧同暴力而放肆的歌舞伎能够共存。

不过，若要问某个日本人是信佛还是信神道，他会不知如何作答。最有可能的答案是两个都信，或者他可能会嘟哝几句日本人不信教之类的话。统治者及其廷臣的道德在历史上的不同时期分别得到过佛教、儒教乃至国家神道的支撑。但他们的道德和神道教的生活方式之间存在隐性冲突。在日本，权力向来就不立足于法律条文，而是来源于某种社会专制主义。人们其实并不赞同舶来的准则，但做起事情来往往不得不以此为准。因此，官方文化和大众文化之间的张力一直都在暗暗酝酿。官方压力愈大，大众文化的表现形式就愈怪诞。这点在江户时代（1615—1867）＊最为明显，至今仍能明显感受到其影响。

在整个江户时代掌握统治权的是德川幕府，幕府将军自当权以来，便竭力弹压任何可能对他们掌权构成威胁的东西。儒家学说当属最对专制统治者胃口的律条，尤其是 12 世纪中国哲学家朱熹这一派。该学派强调忠与义，首先是对父母，但统治者视其需要，将外延扩大至君主，实际上也就是德川将军自己。需要强调的是，在日本，忠诚已经异化为比中国的忠孝观更为绝对的概念了。

因为担心混乱，德川幕府试图打压大众文化中贪图享乐、穷奢极欲和猥亵色情的内容，多少也算有所成效。官僚和庶民迄今仍在为此较劲。审查制度和其他形式的管控手段建立在官方道德之上，而这种道德并非某种内化于心的宗教道德，而是囊括了任何为国家权力背书的元素；在过去，国家权力即官方道德。[27]

举例而言，同性恋之间的卖淫活动于 1648 年遭官方取缔，尽管同性恋根本不被视为一项罪过。特别是在武士中间，这被认为稀松平常，甚至还很体面。政府之所以打击同性恋，是因为上层阶级的武士与下层阶级的戏子、皮条客等风月场所人员厮混在一起。更糟的是，他们还模仿后者的习惯。这对以等级森严为权力根基的德川幕府而言是不能接受的。

15

---

＊　江户时代的起始年份，有丰臣家灭亡的 1615 年（如本书）、德川家康被任命为征夷大将军并于江户建立幕府的 1603 年，或德川家康在关原之战胜利取得统治权的 1600 年等几种说法。——编注

在儒教中，封建社会的妇女屈从于人的地位是得到认可的。学者贝原益轩（1630—1714）曾写道："女人必须视其夫为君主，待其以力所能及的最大敬意和最深爱慕。女人最大的职责，也是她一生的职责，就是听丈夫的话。"这番话似乎同天照大神和伊邪那美的世界相去甚远。在那个世界里做主的是萨满女巫，她们就像 3 世纪的卑弥呼一样，后来还当上了大地女王。贝原益轩的描述也与平安宫廷里滥交成性的宫女不符，她们即便不能主宰真正的权力，也可以左右鉴赏的品味。德川幕府为了一劳永逸地清除母系社会残余，可谓不遗余力。

幕府在很大程度上得偿所愿了。人们很难表现得像个独立个体，这么做甚至还很危险：对某人的评价取决于他或她在社会等级中的地位。很不幸，这种习惯留存了下来。同往常一样，要逃离这种高压体制，唯一的出路只能从大场面活动"祭"，以及戏院和妓院组成的残酷世界里去寻找。

只要待在政府批准和控制的许可范围以内，人们就能随心所欲。女扮男装者、男娼、浮世绘画家和高级妓女都能取悦神。江户时代的城市大众文化与这一狭小的享乐世界有着千丝万缕的联系，到了较为繁荣的 17 世纪更是如此。作家、音乐家、戏子和画家均出没于这一为官方鄙夷但却深得民众喜爱的"浮世"中。这个世界的重要性不容低估，可以说迄今未出现什么根本性的变化：暴力的娱乐活动和怪诞的色情书籍仍是一个高压的社会体制内重要的排解渠道。因此，它们所具有的政治和社会意义较西方同类事物要深远得多。

1868 年，德川幕府寿终正寝。自明治维新起，日本进入了一个"文明开化"时期，开始像 11 个世纪前全盘接受中华文化一样照搬西方文化。但这并不意味着社会压迫这一德川幕府的遗产能够像本民族的和服一样被轻易扔掉。另外，当时在西方盛极一时的清教的影响反而将天照大神逼入了藏身洞穴的更深处。

从自我封闭中解脱出来后,日本变得有些羞涩。日本人"就像因准备接待客人而焦虑的家庭主妇,将普通日用品藏入柜中,脱下平素穿的便装,希望整洁无瑕、一尘不染的理想化家庭生活能让客人开开眼界"。[28]火车上据传还写有"不要露大腿"的标语,劝告乘客莫要沿袭旧习,卷起和服的褶边。[29]类似告示在西式旅馆里至今仍能得觅其踪,那里的外国人见到日本男人穿着睡衣甚至只着内衣走来走去,怕是会惊愕不已,但其实这种情况在海外游客不大光顾的场所都是司空见惯的。

可是自从启蒙开化以来,日本人的生活发生了天翻地覆的变化。鉴于"西方"文化已随着电视、广告和国外常规节假日飘进了日本最最寻常的百姓家,日本人的生活从表面上看已变得几乎难以辨识。尽管如此,经济奇迹筑造的混凝土和玻璃幕墙背后还留存着许多取悦神祇的东西。撇开所有变化不谈,日本仍是个极度传统的国家。每座新楼楼顶必然设有神龛,供奉保佑日本稻米收成和出口额的"稻荷"狐仙。日本人从许多方面来看依旧是个以庄稼汉为主的民族,对于如何利用新财富没有方向。

导演今村昌平曾称日本现代化的表层为一种幻象。他表示:"事实上,在褪去西装和先进科技这层华衣后,渗透日本人意识的是那些小型神龛、迷信思想和非理性的东西。"[30]

过去几十年里,日本文化中较为原始、散发"土腥味"(泥臭い)的元素获得了某种复兴。如今日本人心里似乎更踏实了,不再过度忧虑视线中的尘埃——尽管不少人还是期望外国人最好不要留意其存在。自20世纪60年代以来,日本学者格外卖力地用沾满泥巴的铲子翻挖大众文化中的粗粝角落。某些歌舞伎作品长期以来被认为太过粗鄙,与文明开化的世界不相称,但在经过稍许淡化处理后也复演了。此外,各种"祭"走上荧幕后也是大红大紫。

这并不是说日本人生活在一个不受控制、俗不可耐的享乐主义时代，通宵达旦地在街上翩翩起舞。恰恰相反，有些管控较以往反而更严了。实际上，以往那些危险、颠覆性的自发言行现已被纳入无害的民俗范畴，但大众化的表达未必非得取传统形式不可：关键在于有无神韵。另外，以我之见，本书将要探讨的电影、书籍、漫画和戏剧会揭示出，不管历史如何变迁，当代日本人和他们一手创造的神是何其相似。

第二章

# 永恒的母亲

> 啊，亲爱的母亲，
> 愿您是一枚珠玉，
> 镶嵌入我的发髻，
> 此生与我不分离。
>
> ——《万叶集》，8 世纪

据说，神风特攻队飞行员在驾机撞向美军战舰时总会高喊那段耳熟能详的遗言："天皇陛下万岁！"他们当中有些人也许真就是这么做的，但是据不那么虔敬的人透露，大部分飞行员临死前只是惊恐地大叫："妈妈！"

我最近参观了一个原神风特攻队使用的空军基地。幽暗的博物馆里，最畅销的纪念品是一张名为《决死飞行员之母》的唱片：

> 你是决死飞行员的母亲，
> 所以请不要哭泣，

笑着为我们壮行，

你会看到我们为国捐躯，

母亲，哦，母亲！

在黑帮题材类型片中，高仓健是最负盛名且最具男人味儿的演员，拍摄过多部作品，其中一部里，他在刺死敌对帮派的老大后，被扔进一座戒备森严的监狱。在牢里，唯一让他牵挂的是母亲。家姐的画外音传到他和观众的耳朵里："亲爱的弟弟，你知道么？妈妈每天都呼唤你的名字。"顿时，这位刚毅的黑道英雄好汉连同放映厅里的影迷们一起失声痛哭。 19

一位年过七旬、富甲一方的商人因为有过见不得人的政治勾当和犯罪前科，不惜斥巨资大搞宣传，试图为他不堪的声名洗白。他是怎么做的呢？通过向电视台购买广告时段，播放他年轻时孝顺地背着母亲的画面。

每天夜晚，成千上万的日本生意人将经济奇迹抛之脑后，躲进诸如名为"妈妈的味道"或"母亲"的居酒屋里。在威士忌加水的作用下，他们退回到儿时状态，寻求那些被称为"妈妈桑"的女人的细心聆听。这些"妈妈桑"以精神病医生般的专业耐心，聆听男人们倾诉自己的心事：老婆如何唠叨个不停，公司的课长如何不地道，他们如何卖力工作却又无人赏识。在得到"妈妈桑"的几句温和建议和暖心的鼓励后，这些日本经济斗士又跌跌撞撞地踏上了回家的路，互相搀扶着，不时扑到同伴的背上，并为了重回八岁的光景而兴奋地大呼小叫。

守候在家的"母ちゃん"——本意是妈妈，但通常用来指代妻子——在等待丈夫的归来。他踉踉跄跄进了家门，妻子为其脱下鞋袜，如有必要的话给他准备吃的，听着他的醉话，然后扶他上床。

自打须佐之男拒绝服从治海的指示而是吵着闹着要妈妈，抑或自打他姐姐天照大神耐心忍受弟弟的无礼行径以来，世间似乎鲜有变化。人们常常很难不生出这种感觉：日本的两性关系中，女人都是母亲，而男人都是儿子。

库尔特·辛格（Kurt Singer）是对 20 世纪 30 年代的日本世风有最敏锐认识的外国观察家之一，他曾发表如下看法：

> 看着日本的母亲背着孩子，哼着小曲，幽静地漫步于街上，让人感到日本的生命之河流经她的身躯后，获得了新的活力。与她相比，那些忙个不停、极端自我的男人就像一群刺儿头，毫无魅力不说，还很不实在；他们只是有用或招人厌的工具，对生命的秘密一窍不通。[1]

日本孩子，尤其是男孩——而且以长子为重——差不多就像上帝。这可不是随便说说，据某位美国知名学者称：

> 耍性子的小孩和日本万神殿中以迁怒于人类来发泄怨气的神祇之间存在可比性。两者都期待别人能提供慰藉，好让他们安宁和平静下来。实际上，民间信仰认为，孩子是神的恩赐，或者本身就是需要得到照料的神。[2]

迁就看来是日本母亲喜用的办法。辛格口中的"神圣暴君"若表现不端，甚至就算是放肆搞破坏，母亲往往也只是报以温和的一笑，并立马原谅他们。倒是女孩子较少被骄纵，因为她们是被当成未来的母亲加以培养的，因此只能施予，不能索取。目前在西方，迁就子女这套似乎也很吃香，但日本的不同之处在于，这种迁就可以维持很久。即使孩子长大，比方说六岁了，要是发起脾气来，喂糖吃仍是哄其消气的普遍做法，哪怕眼看就要开饭了。

　　对待年幼孩子的态度从某种意义上来讲，与对待醉鬼或外国人的态度差不多。社会不要求他们对自己的任何言行负责，因为他们根本不懂害臊为何物。人们应该宽容而不是责罚他们。这份宽厚是外国人在日生活的一个重要原因，同时也解释了为什么日本男人下班后多半都是一副醉醺醺的模样，甚至必要时还会装醉。

　　许多抚养孩子的传统方法似乎助长了孩子消极被动的依赖性。无论白天还是夜里，孩子很少一个人，母亲总会陪他一起睡。外出时，孩子不是用婴儿车推着，独立面对世界，而是被包裹在温暖的襁褓内，紧紧绑在母亲背后。她鞠躬，孩子也跟着鞠躬。就这样，孩子在感受母亲心跳的同时自动学会了社会礼仪。因此，他的安全感往往完全依赖于母亲在场。

　　最坏的——但绝非罕见——情况是，这会导致一种扼杀个体独立性的依附关系。孩子明白了，要想得宠获益，上上策是表现得消极而依赖。日语里有个对应的词，叫"甘える"，词典给出的解释是"滥用他人之爱，装孩子撒娇"。按照精神病医生土居健郎的看法，这点是理解日本人性格的关键所在。[3] 这种心态一直延续到成年后：在公司或任何组织内部，新人会在前辈面前装孩子，女人在男人面前装，男人在母亲面前装，有时则在妻子面前装，日本政府在外来强国面前装，比如美国。一个滋长这种消极依赖性的教育体制显然不太鼓励人们的个体积极性或责任心。

　　使问题更趋复杂的是，母亲又需要孩子依赖她，以满足自己的情感需求。孩子若同母亲的想法对着干（也就是自作主张），往往会使母亲紧张，感到孩子不再需要她了。[4]

　　总之，这种现象近来变得更严重了。在这个推崇节育和核心家庭的年代，妻子们被关在高层住宅楼狭小的公寓内，只能与电视机为伴，很容易一门心思扑在孩子身上。往往只有孩子才能让她们感到欣慰，也是她们与外界的唯一联系。简言之，她们活着就是为了孩子，特别是当婚姻的基础并非浪漫幻想时，更是如此。

无怪乎孩子长大后离家出走时，母亲会痛苦万分。她极力想把孩子留在身边，能留多久是多久。孩子终生都会怀念童年乐园（无疑，心情是复杂的，多少掺杂着被压抑的恨意）。对这个伊甸园的思念是日本文化的重要一面，这种思念既是集体记忆，也是个人情愫。

小说家谷崎润一郎（1886—1965）就是个很好的例子，虽然他略有几分古怪。他永远无法忘记母亲，楚楚动人的阙，"我直到六岁还在吃她的奶"。[5]顺带提一句，这在日本并不罕见，小孩断奶比较晚。在作品《幼少时代》（1957）中，谷崎润一郎谈及母亲时写道："她不仅长着一张漂亮的脸蛋，她大腿处的皮肤是如此可爱，如此白皙，如此嫩滑，当我们一块洗澡时，每看她一眼我都会心花怒放。"

谷崎的恋母情结就像宗教崇拜。据说，他和祖父很亲近，而祖父是日本人中少有的希腊东正教徒。谷崎还记得，祖父是怎样为"圣母玛利亚"祈祷的，而那时还是个小男孩的自己，又是如何"盯着怀抱圣婴耶稣的玛利亚……怀着一种近乎难以名状的敬畏之情，望着她那仁慈、深情的双眼，久久不愿从她身边离开"。[6]

写于1959年的《梦的浮桥》是谷崎最具挽歌气质的有关母亲的作品之一。对两位母亲的记忆始终萦绕在主人公糺的心头：一个是他五岁时去世的生母，一个是继母。两人的形象常在脑海中重合，叫他难以分清。不过他还是记得和生母共寝过，"她是个矮小纤瘦的女人，一双丰满的小脚宛如糕团……"（谷崎是赏鉴女性玉足的行家。）他吮吸着母亲的乳房，"乳汁涓涓地流淌着。她的酥胸散发着秀发和乳汁交织在一起的香气，飘绕在我的脸际。虽然四周很黑，但我隐约仍能看到她雪白的乳房"。[7]

几年后，母亲去世了，他跟奶妈睡在一起，仍记得"那个甜蜜、朦胧的白色梦境，那片飘绕着发香和奶香的温暖酥胸……它怎么就没了……难不成这就是死亡的意味？"这让人又联想起须佐之男对他在冥界的母亲的强烈思念。也许恋母情结和对死的向往之间存在什么联系？辛格说过，"日本人时刻准备赴死，可以抛却自己的性命，或亲手终结它，这或许呼应了他们神圣祖先的那种热望"。[8]

辛格写下这段文字的时间正值二战结束后，那时许多日本人比今天更渴望告别尘世。但即便考虑这点，我仍怀疑刻板地理解日本人所谓的"求死之心"是否恰当。谷崎描写的与其说是对死的渴望，不如说是对朦胧的白色梦境、充斥感官肉欲的无意识境界的向往。许多禅宗式的冥想招式都是为此而设计的：目的是让人变得麻木，甚至丧失有意识的头脑，陷入一种没有自我的感官境界，就像躺在一个温暖的日本混合浴池中。

主人公将近十四岁时，他的继母生了个孩子，但旋即被送到某个偏僻的乡村让人抚养。主人公再度生出幻觉，似乎第二个母亲和生母并无两样，并很快恢复了旧习："……我躺着，把脸埋进她的怀里，贪婪吮吸涌出的乳汁，我不自觉地以一种娇嗔的、孩子般的声音喃喃道，'妈妈'。"

然而，伊甸园般的童年总会过去。孩子到了六岁上下就会被托付给学校老师和其他外界教育者。从此，服从社会规范的链条便越来越紧地束缚住他们。这么做的心理意义不容小觑。娇生惯养的小神仙们过去生活在以自我为中心的世界里，现在被要求严守规矩。造成的震撼是巨大的。在西方，大人教育孩子说这世上除了他们外还有别人。日本孩子则不然，他们对此毫无准备，而且也永远无法适应这点。在许多日本人的身上，溜须拍马式的循规蹈矩和麻木不仁的自私自利会交替出现，其易变性不仅令人生厌，而且难以捉摸。

男孩活得尤其艰难，因为他们必须混出个人样来。家运的兴旺有赖于他们日后的成就。只有儿子有成就，做妈的才有资格骄傲。这意味着，听话的儿子必须通过所有资格考试，考入名牌学府，最后进入名牌公司，对了，甚至还得和合适的对象成婚。

　　当这些听话的儿子整日埋首于书卷，背这个记那个的时候，他们的母亲也没闲着，玩命似的同别的母亲一争高低。她们把儿子当作是一场永无止境的社会蛇梯棋＊局中的一枚棋子。这些所谓的"教育妈妈"（教育ママ）督促儿子备考的那股子执著劲儿，同极力把孩子推向好莱坞星途的妈妈一比，可谓有过之而无不及。尽管这种望子成龙会被孩子利用——"如果你再不多弄点巧克力给我吃，我就不备考了"——"教育妈妈"可不是人见人爱的对象。

　　早在 1894 年，在这一现象尚不如此泛滥时，小说家樋口一叶就写过一篇辛辣的短篇小品，描写的正是这样一位母亲，"她的心比富士山还高，但生活中的地位却让她只能屈居于山脚之下"。她为儿子操办了一段"美满的婚姻"，无情地将他真正的心上人扫地出门，让除了她自己以外的所有人都苦不堪言。[9]

　　日本妈妈同犹太母亲很像，永远都在忍辱负重和自我牺牲。这有可能，而且也往往作用到了孩子身上。孩子每每失败，就感到自己辜负了母亲所做的牺牲。而且不论他取得何种成就，也无法报答母亲的恩情。孩子的负罪感是母权力量最持久的支柱之一。[10] 因考试落第而自寻短见的孩子留下的遗书十分雄辩地证明了这点。它们多半是因辜负母亲而作的悲切道歉。

　　日本电影中还有一类专门展现母亲牺牲奉献的影片，即所谓的"慈母片"（母物，按字面意思是"母亲之道"）。这类电影表面上歌颂了永远在献身的母亲，实际上却在肆无忌惮地消费孩子对母亲的负疚感和暗藏的攻击心理，其放肆的程度，只可能源自彻底的无知或极端的犬儒主义；不过，由于后一种情况在日本实属

＊　所谓蛇梯棋，是一种源于印度的掷赛游戏，棋盘上除了绘有方格外，还有梯子、蛇等图案，以掷骰子决定走棋步数。这里借蛇梯棋喻指社会竞争。

罕见，人们只能认为存在的是前一种情况。

　　该类型片中最典型且最出色的一部作品是《日本的悲剧》（1953），这部电影的名字起得恰到好处，理由不止一条。饰演母亲一角的是擅长此类慈母片的女星望月优子，因此，去世前几年，她被亲切地唤作"日本的母亲"*。望月优子息影后踏入政坛，相当有效地利用了她的这层形象。电影的背景设在战争结束后不久，那时的日本满目疮痍，人人都是吃了上顿没下顿。望月优子扮演的是一位贫穷的战争寡妇，为了一双儿女，她什么样的苦都咽得下去，不知遭了多少罪！住在自己丈夫家里的她被小叔子逐出家门，越来越困窘，直到最后不得不在一处低俗的滨海度假胜地当陪酒女，夜夜忍受屈辱。为了孩子，她什么都肯干。

　　但是孩子们领情么？显然不领情。他们瞧不起她，女儿跟有妇之夫的老师私奔了，儿子则想办法让东京某位有钱的医生收他做养子。影片接近尾声的一幕让人悲从中来，儿子让母亲别再来看他，因为他已正式认他人作父。这位一贫如洗、牺牲自我的日本母亲无从选择，只好步有同样遭遇的母亲们的后尘：在迎面开来的一辆火车前纵身一跃。就这样，让他们瞧瞧吧。放映厅里随后响起一片观众擦手绢的沙沙声：发片方往往会根据这些影片的催泪指数，在宣传海报上标注两块手绢或是三块手绢。

　　同时期的另一部慈母片的片名言简意赅，就叫《母亲》（'母'，1958）。影片描绘的是一位自我牺牲的可怜母亲在操劳一生后，被冷酷无情的子女抛弃了。她无处可去，也无人可投，被迫在工厂和医院里干些粗活儿勉强为生。最后，是她唯一孝顺的渔民儿子救了她。在得知自己离家期间出了什么事后，他大骂自己兄妹的所作所

25

---

\* 作者笔误。当时因出演多部慈母片而被冠以"日本的母亲"的女演员是三益爱子，下文所提的电影《母亲》，就是她的作品之一。——编注

为。但这位宽宏大量的母亲只是安详地笑笑，说道："儿啊，可别这么说，在我眼里，你们都一样乖巧可爱。"

这就是掩藏在母亲酥胸中那片"甜蜜、朦胧的白色梦境"的终极意义所在。人人都一样，个个都贴心。个体之间的差别可以抹杀，就像理想中娘胎般的集体生活，大多数日本人对这种生活都心向往之。如果在现实世界中实现不了，就会在梦中追求。

常能听到这样的话，说是看到男女主人公受苦受难，会让日本观众感到"安心"。不光日本人如此，任何地方的人在看到别人面临比自己更大的难处时，哪怕仅仅是在幻想，也会感到莫大的安慰。然而日本观众，尤其是那些"慈母片"的拥趸，甚至无法容忍影片有圆满的大结局。母亲是某种替罪羔羊，因为没有谁的命运会比她更多舛。

这点同传统的育儿方法也有所关联。曾有人指出，小男孩获准可以将母亲当作拳击的沙包一样泄愤撒气，捶打她们的乳房，拉扯她们的头发。[11]男孩盼着母亲能有所回应，可她就是不反抗，就像弹在一张蹦床上，只会令人越来越恼。日本母亲很少直截了当或合情合理地处罚孩子：她们自己都缺乏一套理性的思维体系，怎么可能这么做呢？

现如今，西方教育依旧受到一套宗教制度的影响，其涵盖了 26
抽象的道德价值和理性思想，超越了——或者说理论上超越了——人际关系中的那种武断和含混。甚至在那些有意识摈弃了正规宗教的人中间，持这种思想的仍不在少数。无论结果好坏，我们的文化需要一种讲道德、讲理性的意识形态。在日本，人类感情和人际关系的等级制度所获得的重视程度远超理性思维或任何普世的道德体系。并不存在某位游离在社会之外或凌驾于社会之上的上帝在注视着我们所有人，有的只是一套适用于特定场合的复杂的礼仪体系和行为准则。这也就是为什么许多日本人身处异域，周遭环境不可预料的时候，要么会表现得惊慌失措，要么就索性变得不管不顾、大大咧咧。社会本身就是上帝：我们无时无刻不在受到别人的注视。正如萨特（Sartre）所言，他者即地狱，尽管对不少日本人而言，地狱更像是天堂。

由于感情比逻辑或理性更重要，日本家庭的规矩就如同这个国家的法律一样含混不清，且易受感情操纵。而这正是日本母亲的做派：以情驭人。孩子表现不端，不会立马招来一记耳光，或遭到严厉训斥，但是在一番讨好、哄骗乃至央求都无济于事后，一脸愠怒的母亲会收起她的爱怜，像天照大神一样缩回进洞穴。"妈妈再也不爱你了"这句话常被用来吓唬孩子，另一种办法是孤立，比如"我们会把你送走"或者"我再也不想见到你"。由于多数孩子在幸福的童年时期已沉湎于母爱之中，这种办法通常很奏效。

因此实际情况就是母亲把自己变成了替罪羊，为的是让孩子感到内疚。一旦这个方法不灵验了，她就威胁不再施予怜爱。多数的"慈母片"正是围绕这两大主题而展开。我们先前已经见识过反映第一个主题的例子：在眼见妈妈跳轨自杀后，观众为子女的冷酷而痛心，掏出手绢拭泪。

反映第二个主题的例子是一部流行剧，名为《记忆中的母亲》（'瞼の母'）*；这句俗语常指失散多年的母亲，可以说是脑海中、记忆深处的母亲。《记忆中的母亲》曾是在乡间集市和地方曲艺场所巡演剧团的必备剧目，并于 1931 年被首次拍成电影。

故事讲的是一个叫忠太郎的年轻赌徒，他孤身一人找寻失散已久的母亲。母子俩是在 19 世纪某场肆虐江户的瘟疫中失散的。忠太郎过着罪犯兼流浪汉的艰苦生活，他花了二十年的时间，攒足了钱，好在万一能找到她的情况下助其安度晚年。

27

---

* "瞼の母"字面意义为"眼皮后的母亲"，意指记忆深处母亲的身影。剧名亦翻作《梦中的母亲》。——编注

不出所料，在历尽艰险后——中途他取了至少十二个人的性命，忠太郎的剑法那时已炉火纯青——他总算打听到了母亲的下落。据说，她做过艺伎，为此吃了不少苦头，如今则在江户经营一家生意兴隆的小店。如人们所言，她的人生翻篇了，不愿让任何事或任何人来打搅她富足的新生活。尽管时机极不合适，可就在这个当口，激动得浑身颤抖的忠太郎，这位嗜赌成性的儿子，走进了她的店铺。他张口便道出自己的身份，期待母亲会热泪盈眶地欢迎他。母亲起初脸色惨白，接着缓过神来，拒绝与他相认。他别自讨没趣了，现在该离开她的店了吧。主人公此刻泪水决堤，悲伤地不断抽泣。

母亲的肝火越来越旺，把儿子看成是前来讹她钱财的。忠太郎爆发出一串断断续续的奇特笑声，日本的英雄们陷入歇斯底里时经常这样。他把积蓄扔在母亲面前，为自己的冒昧来访道歉后出了门。此刻他的内心十分平静，倒是母亲几乎无法按捺内心的情感（借那句日本谚语，她的"心在哭泣"），腾地站起身，似乎是想截住他；但摔倒了，打翻了茶壶；她迟疑片刻——作为母亲的这颗心还能占上风么？——不，她转过身，捡起茶壶。她还是希望一切照旧，不愿掀起波澜：即便是同类型的烂片也不乏此类精妙的象征手法。忠太郎走了，但他的姐姐劝说母亲去追。待她俩追上他时，忠太郎又杀了十二个人："如果你们都没爹娘，就别怪我下手无情了。"母亲和姐姐呼唤着他的名字，但他躲在一棵树后，说出了那句永远催人泪下的台词："姐姐怎么能和我这么个窝囊废弟弟住在一起呢？我还是不要见她们的为好。要是想见母亲，无论何时，只要闭上双眼就行，她就在那儿，就在我的记忆里。"

这个故事的出彩之处在于，尽管忠太郎很明显"心在哭泣"，但他没有表露出半点怨恨。相反，他最后出走，是因为知道自己赌徒的名声在外，他的出现只会影响母亲的生意，葬送姐姐嫁个好人家的机会。若因此记恨母亲，会让他内疚不已。在这个故事中，真正做出牺牲的其实是忠太郎。

然而牺牲也并非一无所获。母亲的生意也许会红红火火，但她免不了受一番煎熬。忠太郎达到了目的，他就像是个受了轻慢誓以自尽报复爸妈的孩子一样。这种令对方背负更深重歉疚的做法在日本的文艺节目中十分常见，尽管表现方式大同小异：那些做给人看的苦楚被塑造成一种真情流露。无论母亲还是孩子都会沉溺其中。

当然情感讹诈在其他文化中并不鲜见——最有名的一例是大致毁誉参半的犹太妈妈。但在日本，人们对情感讹诈尤其没有抵御力，因为他们既无从退守，亦无武器予以反抗。理性肯定没用，因为其对于情感讹诈无可奈何，幽默也办不到——日本没有伍迪·艾伦（Woody Allen）式的人物，可以拿本国妈妈说笑。借心理学家河合隼雄的话来说："可以想见，对于一个从未受过父权宗教洗礼的民族而言，要抗衡'伟大母亲'是何其困难。"[12]

幽默，尤其是讽刺性幽默，要求与事物保持一定距离，而亲密无间的母子关系显然是容不下这种距离的。或许更要紧的还是与理性的绝缘。人们或会辩称，社会礼仪本就是一套理性的制度，能抵御情感操纵。然而，即使是社会规范也不是任何法律可以修补完善的。它们很大程度上取决于人们因地制宜、见机行事的直觉。

日文中"腹"这个词的许多使用场合让人总感到它涉及的是大脑，而不是胃。打个比方，"腹艺"的字面意思是"腹部的艺术"，指揣度他人动机、猜测别人在想什么的艺术。生意人和政客务必擅长此道。

这种感情柔道不仅不为日本人所憎恶，反而被视作热心和温柔的表现，是他们独具的敏感性。日本人用"優しい"（意为文雅、柔情和亲和）来形容母亲和他们自己。这同西方人的待人接物构成了鲜明对比，在日本人眼里，后者显得冷淡、生硬甚至粗鲁。对许多日本人而言，理性同感性是完全对立的。

1950年代是这类文雅、柔情、亲和的慈母片的黄金时代。这一时期，家庭的主要娱乐形式仍是电影，而不是电视。《母亲》、《日本的悲剧》和不同版本的《记忆中的母亲》都摄于那一时期。但同样类型的影片至今依然出现在荧幕上，即所谓的家庭剧。这些片子常以连续剧的形式播出，通常是在上午，在婴儿爽身粉和洗涤剂的广告中间插播。

典型的家庭剧弘扬家庭生活，倡导传统观念，而且往往充斥着过度的乡土气息。这类故事一般发生在浪漫的乡野山村，或者是惬意而温馨的城市一隅。为了增加影片的虚幻感，但又不至于显得突兀，剧情常被置于更古朴、更传统的往昔岁月；距今很是遥远，足以蒙上一层淡淡的异域风情，但又不会久远到让人感到陌生的地步：20世纪20年代比较理想，当然战后不久也很受欢迎：那时的战争寡妇人数众多，历尽艰辛。

在家庭剧中，女主人公一般会在第二集或者第三集的时候失去丈夫。这种突如其来的分别通常是由二战造成的。人们在车站挥动旗帜，含泪送别男人，而他们一去便不复返。这一情节的铺陈可谓一石二鸟，一来可以印证日本人是战争主要受害者的流行看法，二来女主人公就此便可以全身心地扑在孩子身上。批评家石子顺造指出："日本慈母片的一个基本原则是母亲必须牺牲自己的青春年华；她不能陷入情网，也不能再婚。她必须为孩子而活，然后死去。"[13]

这些母亲中很少会有人成为大夫或者银行经理：至少我是从来没在电视上见过。典型的寡母劳动者会经营一家小饭店、公共澡堂或居酒屋。这类工作为她展现母性提供了充分的空间：换言之，母性被赋予了公众化色彩。她成为人见人爱的大众妈妈。尽管奢华和财富在另一类家庭剧中司空见惯，但通常不属于"慈母片"的幻想范畴：毕竟，母亲必须命苦。

最脍炙人口的家庭剧中，有一部是首播于1977年的《漂泊的旅程》（'さすらいの旅路'）：我们在后文会看到，流浪是日本主人

公的构成要素之一。在这个故事中，女主人公是凉子，在一家不起
眼的服装店做裁缝。她出身一般，却嫁入豪门大谷家，但婆婆很不
喜欢她。鉴于日本社会的母子关系，我们能够想见另一个女人的出
现将会激发怎样的妒意。这一点在所有家庭成员处于同一屋檐下时
格外明显；几世同堂那时虽已较为罕见，但仍是家庭剧里严格遵守
的一条惯例。

　　醋意大发的婆婆不断欺负凉子，难以忍受的她被迫离家出走，
撇下丈夫。正如此类影片中大多数丈夫一样，他是个典型的乖儿子，
在妻子遭到婆婆欺凌的时候，根本不会出面保护她。这还没完，离
婚后，他娶了一位母亲亲自挑选的女子为妻。

　　凉子后来的流浪生活真可算是一段"三块手绢"的故事，唯一
支撑她的是对深爱的儿子阿英的回忆。为了他，她可以忍受任何艰
辛和羞辱。我们可以想象，前夫在她的情感生活中几乎或完全不存
在。这使得后来在她不幸命运中发生的转折颇具意味。前夫在参选
国会议员，这时，凉子落入一个敲诈者的手中，后者威胁要曝光她
不堪的人生，借此毁掉她前夫的仕途。（尽管看似不可能，但这么
做在日本的确奏效。）凉子杀死了绑她的人，旋即被捕。她为何要
这么做？肯定不是为了前夫。在一段长长的、动情的独白中，她自
己道出了原因：她不能让这个恶人毁掉她在儿子阿英眼皮后美丽、
纯洁的母亲形象。因此，她绝不能容许自己悲惨人生的真相为人所知。

　　法庭上，那种日本观众向来喜闻乐见的奇妙巧合发生了：政府
为她指派的辩护人不是别人，正是她业已成人的儿子阿英！他听闻
了真相，在一幕令人揪心的特写镜头中，他一把抓住母亲的双手，
镜头这时又从手部扫到了他泪水涟涟的脸庞。他最终喊出了全剧高
潮的一句话："妈妈！"

　　观察这档节目的收视率是一桩趣事。起初，女主人公刚结婚，
她的麻烦还只是婆媳矛盾，这时收视率从 12% 上升至 15%，已经

算很高了。但当她的生活垮掉并走上漂泊流浪的人生后，收视率一下蹿升至19%。[14] 在日本，人真得是吃过苦头后才能出名。

31

这并不意味着大多数观众也是苦命人，对命运坎坷的女主人公感同身受。正相反，正如某位主妇所言："看这部剧让我感到'安心'，恰恰是因为女主人公和我截然不同。如果讲的是某个和我差不多的人，过着平平淡淡的生活，那我恐怕是不会去看的。"[15]

这则故事其实改编自一部写于1910年的英国小说《X夫人，母爱的故事》(Madame X: A Story of Mother-love)*，与原著相比已有较大改动，十分能够反映问题。在英国人的原始版本里，妻子厌倦了心系事业的丈夫，于是自愿离开了他，去过自己糜烂的生活了。后来，意识到自己行为不轨，她央求丈夫重新接纳她，结果被予以拒绝。但随着时间推移，他后悔自己当初太过绝情，可此时已追悔莫及：她已销声匿迹，两个人的生活都毁了。

这部爱德华时期（Edwardian）† 情节剧的女主人公个性鲜明。反之，凉子则是命运消极的受害者。这恰恰使她成为典型的日本女主人公。另外，在日本，丈夫一心只想着工作也根本算不上弃他而去的理由。相反，这被视为一种安定的源头，就算在现实生活中不总是值得鼓励，在电视剧中无疑如此。

因此，在日本连续剧中，必须有一位恶婆婆。至于那位迎娶母亲挑选女子的丈夫，即使在爱德华时期的英国也是难以想象的。婆婆、逆来顺受、受苦受累的女主人公、唯母命是从的丈夫，这些都是日本化的补充元素，可以在17世纪的歌舞伎戏码中直接找到原型。

---

\* 小说为 J.W. 麦康瑙希（J. W. McConaughy）根据法国剧作家亚历山大·比森（Alexandre Bisson）于1908年创作的同名剧本所写。——编注

† 泛指历史上英国国王爱德华七世当政的时期，1901至1910年。

* * * * *

这部剧让人联想起另一个故事，《泷之白丝》（'滝の白糸'），沟口健二于 1933 年将其搬上银幕。艺名为"泷之白丝"*的女主角是一位女魔术师，她的故事写于世纪之交，作者是泉镜花。那个时候，寒门子弟只要出身不是特别卑微，便可通过接受高等教育，极大地提高他们的社会地位，这在日本历史上还是破天荒头一遭。不过，家庭财务还是为此背负了沉重的包袱。为了让儿子出人头地，家里的其他成员，尤其是母亲和姐妹不得不做出牺牲，因为留给她们的钱已是寥寥无几。[16]

另外，向上攀高枝往往还能将这些幸运儿带进一片与他们出生的世界迥然不同的新天地。他们对自己乡下人的出身倍感尴尬，总想加以隐瞒，这就很容易催生那种一向令电影院观众潸然泪下的悲剧。这是分析《泷之白丝》的大背景。

在一个乡下的曲艺场所表演完水魔术后，白丝遇到了一位一文不名但雄心万丈的青年，并且爱上了他。他的梦想是考进帝国大学（即今天的东京大学）学习法律。那时，进入帝大学习是通往成功的敲门砖，从某种程度上来说现今依旧如此。白丝拿出她的全部收入帮他实现梦想。如同日本的母亲一样，她为这个男人牺牲了一切。有了这么一位慷慨的资助人，他又怎会失败呢？

他的确没有失败。但是帝都的生活让人兴奋，他逐渐和恩人断了联系。这让白丝很痛苦，但这还不算，因为他，她欠了一屁股债，惹上了麻烦。一个放高利贷的凶徒使出歌舞伎里专门用来收拾坏蛋的施虐狂手段来对付她。在默默忍受良久后——这让她显得更加英

32

* 作者原文以"泷"（Taki，滝）指称女主角，但电影及原作中都简称其艺名为"白丝"（白丝），故下文以"白丝"代称。——编注

勇——她忍无可忍，杀死了他。

她很快被捕，并站上审判席。"无巧不成书"的场面再度降临：此案法官不是别人，正是白丝长期资助的那个负心汉。他和她一样吃惊，因为那时他已全然把她忘了，但她心里却没有丝毫怨恨。在他用颤抖的声音宣布对她的死刑判决时，她骄傲地抬起头看着这个了不起的人。（实际上，他靠自杀才弥补了自己的罪过，这也是他做的唯一一件好事。）

很明显，白丝更像母亲，而非情人。这个桥段在日本戏剧中很普遍，始于浪漫的歌舞伎戏码，里面的情郎往往都是阴柔而可怜的懦夫。从某种意义上来讲，日本的爱情故事均是慈母片的变种。恋母情结超越了狭隘的类型片范畴，渗透进浪漫的情节剧中。同谷崎对圣母玛利亚的崇拜一样，恋母情结根植于宗教传统。批评家佐藤忠男从沟口健二作品中的女人身上看到了"天照大神的身影，作为女性崇拜的载体，她从远古时期就影响着日本人的思想"。[17]

1912 年，明治天皇驾崩。出于对天皇的忠心，乃木将军*的夫人追随夫君，双双自杀了。她曾经写道，完美的日本妻子应是丈夫的"守护神"。身处逆境时，应该是她保护他，而不是反过来。[18]

杂志《年轻女郎》（*Young Lady*）于 1982 年 1 月刊登了一篇文章，大谈"如何让我们变得更美丽动人"。换言之，就是如何吸引男人。要是欧洲或美国的杂志，接下来肯定会向读者介绍成为性感尤物的门道，无疑还会推荐各种粉扑、面霜和喷雾。《年轻女郎》可不这样。文章写道："最有魅力的女人是充满母爱的女人。没有母爱的女人，男人万万不会想娶……必须透过母亲的眼光来看待男人。"

沟口健二所有的电影似乎都印证了这点。没有白丝的牺牲，那

---

\* 此处指日本帝国陆军大将乃木希典，参加过甲午战争和日俄战争。

个年轻人就当不上成功的法官。影片《残菊物语》（1939）中，一位青年依靠家里女佣阿德不懈的奉献才当上了演员。阿德为了情人能出人头地，献出了自己的一生。但是他的戏剧世家规定只有在他不再与女佣相见后，才允许其继续舞台生涯。不出所料，他屈从了。就在一颗新星冉冉升起的同时，阿德的生命却陨落了。

影片《山椒大夫》（1954）中的儿子靠姐姐给他打掩护才设法从一座残酷可怖的奴隶营中脱身，他重获自由，姐姐却为此付出了生命的代价。在沟口最后一部作品《赤线地带》（1956）中，所有男性角色的妻子都在肮脏的妓院里讨生活，她们以这样或那样的方式，供养着自己的男人。顺带说一句，这种情况在歌舞伎中很是常见，妻子常通过在藏污纳垢的"烟柳巷"里出卖肉体来体现她们的献身精神。

沟口在日本常被称作"フェミニスト"（由 feminist"女权主义者"而来）。同所有日语音译的英语词汇一样，这个词务必要谨慎对待。沟口从来就不是什么女权斗士。虽然沟口电影中的一些桥段拍得感人肺腑，但没有证据表明他真的相信有可能改变这种局面，或者变化是令人欣慰的。正如美国影评家奥蒂·波克（Audie Bock）所言，对"フェミニスト"更确切的定义应该是女性的崇拜者。[19] 沟口无疑正是这种人。

和谷崎一样，沟口也运用佛教和基督教的象征物来表现他的女性崇拜。《夜之女》（'夜の女たち'，1948）的最后一幕就是一例。该片女主人公具有典型的沟口式色彩：一名落魄的战争寡妇。在被家人拒之门外，并遭到朋友们的欺骗后，她落得和战后许多女性一样的下场，堕落风尘，成了站街的"潘潘女"（pan-pan girls）。"潘潘女"是指专门服务美国占领军的妓女。影片临近尾声时，她发现妹妹卷入了与另一群妓女的地盘之争。姐妹俩被人咬、踹、扇耳光，她们紧紧相拥，痛苦地号啕大哭。镜头缓缓上移，停留在一段破墙上的褪色圣母圣婴像上。

　　从电影艺术的角度而言，这或许算不上是沟口作品中最美妙的
剧照。但这个例子恰到好处地说明了导演是如何下意识地借用舶来
的形象，来反映日本人的情感的。按理说，沟口本可以向西方异域
借用一位更合适的偶像：耶稣基督。沟口的女主人公宁愿为她们的
男人背负十字架，这点让她们更像基督，而不是圣母。但男人就像
基督教思想里的罪人，根本就配不上这份献身精神。女人被凌辱、
被遗弃、被出卖、被作践，但她们仍愿意为男人受苦，并最终宽恕
他们，好比仰望法官的白丝。

　　在这点上，她们仿佛佛教里大慈大悲的观世音菩萨，后者不
仅在谷崎的意象里举足轻重，在许多日本男性作者的作品中亦是
如此。[20] 慈悲女神的拥抱是对男人的救赎。这样说来，选择圣母玛
利亚而不是基督就完全可以理解了。女性的宽恕洗脱了男人的罪孽，
这同上帝在忏悔室里的赦罪有异曲同工之妙。当然在这一语境下，
罪孽的对象并非什么圣灵，而是母亲。没有一个儿子认为能报答她
的牺牲和献身。

　　演员田中绢代深得沟口赏识，出演了他后期拍摄的大部分影片。
据说，沟口爱上了这位娇小、丰盈且具有古典美的女子：她长着圆脸，
樱桃小嘴，眼睛细长。田中自己则坚称沟口爱的是她的形象，而不
是她这个人。这么说的理由无疑很充分。

　　让我们来把田中绢代跟今村昌平这位当代女性仰慕者所塑造的
较为现代的女神做一个比较吧。正如日本影评人一贯指出的那样，
今村电影中的女性真正散发着泥土气息，和沟口作品中的女主人公
一样洋溢着母性。从外表来看，他们甚至更有母性。据今村自己描
述，他理想中的女人："身材中等，不胖不瘦，肤色白皙，皮肤光滑，
长着一张热爱异性的脸。具有母性，感情内敛。生殖器健全，体态
娇艳欲滴。"[21] 今村还补充道，她要和比自己弱的男人如胶似漆，
形影不离。[22]

今村并不太欣赏沟口片中的女性。他不相信那些自我牺牲的女主人公真的存在。尽管也常被人叫作"女权主义者",但他亦不是妇女权利的斗士。同沟口的电影类似,他的女主人公不仅强过男性,而且还会以其人之道还治其人之身。她们的力量很大程度上源自男人对母亲的依恋。

比如说,在《赤色杀机》('赤い殺意',1964)中,我们看到一位孱弱的、怨妇般的丈夫蜷起身子,和妻子共卧床上,把头埋进她丰满的胸部,喃喃地叫着读者现已十分熟悉的词:"母ちゃん",即妈咪的意思。在《人类学入门》('「エロ事師たち」より 人類学入門',1966)中,已是健康少年的长子仍旧和母亲睡在一起。而她的情人发现他和除了她以外的所有女人在一起时都会不举,所以"妈咪"死后,他只能和一个塑料娃娃"行房"。最后一个象征母性的元素出现在影片结尾,他坐船在海上遨游,从此消失得无影无踪。这一片段是作者野坂昭如对井原西鹤写于17世纪的一部名著最后一章的拙劣模仿。在这一章里,好色的男主人公在放荡一生后,坐着船随波逐流,去寻找"女儿岛"了。

也许最有今村色彩的电影是《日本昆虫记》('にっぽん昆虫記',1963),窃以为这也是他最出色的作品。今村将影片开头设在他最钟爱的土地,那片寒冷、泥泞和落后的日本东北地区。那儿的迷信之风和古老习俗延续至今。由左幸子饰演的女主人公富米出生在一个贫寒的农民家庭,因为家里养不起她,她被逐出家门。她被迫像许多农村姑娘那样去大城市讨生活。观众见识了典型的今村式讽刺,目睹了这位迷信、没念过书但极富生命力且坚韧不拔的村姑是如何在现代社会中自处的。她像只昆虫那样流连在酒吧、妓院和新兴宗教团体之间,无时无刻不在利用男人。

可她就是活了下来,写着烂诗,拜祭自己北方故乡的神仙,最终败在了自己女儿手上。女儿和她一样做事无所顾忌,起先勾引母

36

亲的主顾，后来更是卷走了他的钱财。母女俩随时都在打破社会规则，使之为其所用。在这点上，前文论及的事实或许对她们有利：日本不存在绝对的道德准则。19世纪的一位日本社会观察家弗朗西斯·奥蒂韦尔·亚当斯（Francis Ottiwell Adams）曾十分敏锐地察觉到了这点。他在《日本史》（*History of Japan*）一书中写道："在我看来，日本女人守贞不是出于宗教观念，而是迫于父母之命。贞洁对她而言不是什么原则问题，而关乎是否听话顺从。如果能够证明事实情况与之相反，我倒是会很高兴。"

可这是不可能的。这或许会让19世纪的欧洲人感到沮丧，但却会令今村和诸如井原西鹤等江户时代的小说家欣喜。今村将他的女主人公们看作日本生活的象征：那种原生态、生机勃勃甚至可以说天真无邪的生活还得到日本的乡下才能找到。今村运用的形象不是观音，也不是圣母玛利亚，而是萨满女巫，带泥土气的乡村女神。他不止一次地运用这一形象，甚至用在了一部纪录片当中（'人间蒸発'，1967）。手提摄影机以实录手法（cinema vérité）所拍摄的场景中不时插入一些镜头。镜头中的老村妇操着浓重的乡音对着幽灵念念叨叨，活像《麦克白》里的巫师。

在太平洋某岛屿上拍摄的另一部影片《众神的旺盛欲望》（'神々の深き欲望'，1968）以一名萨满女巫在观光列车轨道上翩翩起舞宣告剧终。我们看得见她，但那些穿着七彩色百慕大短裤、忙于摁快门的游客却对她视而不见，他们都被现代世界蒙蔽了双眼。

今村电影中的所有女性都是某种萨满女巫，她们能接触大自然的黑暗秘密，是现代人和早期神祇之间的联系。这给现代日本历史蒙上了一层有趣的色彩。谷崎和沟口均生于19世纪末，喜欢用基督教和佛教形象展现他们的偶像，而今村等现代艺术家则退回到最古老的本土传统中去。但老一代的人并不十分迷恋于追寻"日本精神"；他们比战后的作家和导演有着更稳定的文化认同感，而后者

37

不得不在国家战败后亲自收拾残局。套用一句时髦的话，今村、筱田*、新藤†等人的作品被看作是在"寻根"。尤其是今村，常被人比作挖掘泥土下哲理的人类学家。当日本人执著于本民族的身份认同时，他们无一例外地会转向神道教，而这自然会将他们引向作为神道教中流砥柱的母系女神。

---

* 这里指日本名导筱田正浩（1931—），与大岛渚、吉田喜重并称为新浪潮三杰。
† 这里指日本名导新藤兼人（1912—2012），日本独立电影先驱者之一。

第三章

# 神圣的婚姻

　　到了一定年纪，比方说二十五岁，一个人在火车上被陌生人问的第一个问题是结婚了没有。如果答案是肯定的，那么接下来便是被问有几个孩子。女人不到二十五岁就会被问到上述问题，而且如果答案都是否定的话就会使其显得与众不同。至于未婚母亲，不仅十分稀罕，而且轻则被人怜悯，重则遭人白眼。日本在很多方面依旧是一个极度传统的国家。婚姻正是其中一个方面。

　　在世界上大多数地方，婚姻能助人获得尊重，但是在日本，这种尊重化为极大的压力。只有成为已婚母亲才会被看作完整的女人——不管丈夫是死是活——因为这样才可以算是"一人前"，这个热门词包含"成年人"和"够格，可独当一面"的意思。大众媒体——报章、漫画、电影、杂志、电视——都对这个词的深入人心起到了推波助澜的作用。

　　举例而言，我们来看看电视剧中出现的未婚职业女性的形象。顺带提一句，这本身就是种新现象，因为过去出现在虚构的文字和影像作品中的未婚女性几乎清一色都是妓女、艺伎、陪酒女等活跃于夜间声色"浮世"中的成员。妇女如今约占日本劳动力的 40%[1]，而在办公室职员中，这一比重为 52%；在营销人员中，女性员工则占了 37.7%。然而，女性的平均工资却只有男性税后薪金的 59.4%。且仅有 6.7% 的女性担任经理一职。对妇女而言，工作通常意味着打扮得漂漂亮亮、彬彬有礼地接听电话，以及倒水沏茶，为日本劳动力大军提供动力。另外，大多数妇女工作要么是在婚前，要么是等到孩子长大，至少上学后才踏入职场。 39

电视肥皂剧里的"职场女性"则不同。她们多为单身，过着少有观众能负担得起的光鲜虚浮的生活。人们见识到的是《时尚》（*Cosmopolitan*）杂志数百万读者梦寐以求的那种优质生活。女主人公要么是时尚设计师，要么是供职于名牌广告公司、收入不菲的秘书。那里到处都是风流倜傥的年轻高管，可谓唾手可得。

《炫丽的荒野》（'華やかな荒野'，1974—1975）的女主人公大仓纯子正是这一类型。她是单身，人很漂亮，三十来岁已是成功的设计师。简言之，她有着现代女性渴望拥有的一切。另外，根据政府统计数据，越来越多的姑娘表示她们接近三十岁时若仍未找到如意郎君，便希望成为单身职业女性。[2] 但是纯子快乐么？不快乐，这恰恰就是重点，她活得很憋屈。她的生活恰如连续剧剧名，看似绚丽，但同时也是一片荒漠。影片某处她哀叹道："如果一个女人变成我这样，那一切都完了。"这对许多观看这类节目的家庭主妇来说无疑是令人欣慰的。

婚姻对女人的幸福可谓至关重要。相反，爱情则显得不那么重要。在古代日本武士阶层的道德观念中，浪漫和婚姻纯粹是两码事；个人感情无足轻重，偶尔还和家族利益相悖。在农村广大的农民中可不是这样：他们往往因为相爱而结婚。[3] 然而，现代日本受武士思想的影响极深，尽管越来越多的人崇尚真爱，但爱情尚未被认为是婚姻美满的根本。

　　关于传统婚姻，最令人念念不忘的一幕出自小津安二郎执导的
电影《晚春》。女儿长大后坚持要和自己的鳏夫父亲住在一起，但
父亲耐心地解释说，"婚姻是人生中必不可少的一个阶段"。最终，
女儿被连哄带骗嫁给一个可以说是从未谋面之人。我们看到她被紧
裹在婚礼和服中，脸上没有一丝快意；所有的感情都被遮掩在粉笔
般苍白的浓妆之下。影片最后一个镜头里，父亲独自一人枯坐在椅
子上，手里剥着一个又苦又甜的果子。只有喉部的微微颤动能显示
出他内心的寂寥。小津借此暗示，这就是生活，一些事物必然会逝去，
而这份"物哀"本身就是绝美的。

　　该片摄于 1949 年，尽管小津在影坛负有盛名，但如今也被认
为过了气。人们听说，世事变迁，时代不同了……但也只是一定程
度上而已。"恋爱结婚"的确是更普遍了，"武士化"的影响也在渐
行消退。[4] 电视上和电影里的女主人公如果坚持自己选择配偶的话，
甚至还能赢得一定赞许。即便如此，在日本，高达 50% 的婚姻依
旧是奉"父母之命，媒妁之言"的产物。（这或许部分是因为在日本，
男女相遇并相恋的情况少之又少，因为男性和女性在工作和消遣中
依然是互不来往。）一个人当然有权拒绝安排的相亲对象，但这一
权利是有限度的，尤其是在保守派家庭中。许多姑娘和小伙还是会
接受父母认为最适合他们的人选。只要"我不讨厌他（她）"，就可
以开始交往了。

　　形似工艺大蛋糕的婚礼仪式厅可以极好地帮助我们洞悉现代人
对婚姻的态度。其承担着婚礼传送带的作用，将欢天喜地的一个个
家庭从最初的仪式一直送到最后的婚宴。每天赴宴的人都络绎不绝，
以至于祝酒环节尚未结束就有人开始翻台了。这份有失体面的匆忙
只有一个好处，就是滔滔不绝的致辞者在看到另一家人紧张地在门
口等候入场后，间或会选择尽快结束发言。

　　这些婚庆场所刊登的广告在地铁、公车、杂志和电视里随处可

40

见。由于它们涉及的是所有人的一件人生大事,因此其与推销"幽美、静谧"的墓地广告一并出现就显得完全合乎情理了。

这些广告的文案值得一提。我对其中一例印象尤为深刻。一幅大型招贴画上,西装笔挺的男青年神色凝重,下面赫然印着一行大字:"结婚吧!尽做儿子最后的义务。"结婚为的是让父母开心,以及实现个体的社会责任。                                41

对此我不想过分冷嘲热讽。我们没有理由认为传统的包办式婚姻一定会比浪漫的西式婚姻更容易破裂,前一种模式不存在浪漫期许带来的压力,而后一种里,妻子既要当圣母玛利亚,又要当妓女。我们有充分理由认为,实际情形可能与之恰恰相反。日本的离婚率较他国的确是要低一些:大概为 1%,与之相比,美国则大致为 4%,英国为 2.5%。[5]

这倒不是说浪漫根本不是一种受人追捧的理想。实际上这份追捧在女性杂志中尤为常见。做一个"幸福的女人",和自己的爱人一辈子沐浴在"浪漫情怀"的光彩之下,这已被众多女青年视为人生目标。不幸的是,许多时候,理想与现实之间的鸿沟过于巨大,因为社会尚不具备实现这些梦想的条件。

这或许解释了为何近年来闹到法庭上的离婚官司都是由妻子发起的,而不是丈夫。[6]这和战前的日本一比可谓天壤之别。那时,丈夫还能一纸休书将妻子送回娘家——通常是因为婆媳关系难处——可妻子就没有这样的权利。妻子被送回娘家是一件令家门蒙羞的事。不过自 1948 年起,夫妻在法律面前地位平等了,而且女性在工业社会里的经济地位也有了显著的提高。然而旧风俗难以摒除。那种认为妇女离婚很丢脸的思想依然长盛不衰,还得到了大众媒体的鼓吹——比方说在收视率很高的"真人秀"电视节目上。

这些令人怅然的节目于早间档播出,以便尽可能多的家庭主妇能够收看。出现在该类节目上的都是"真人真事"。为了能让观众看得尽兴，那些逃离婚姻灾难的妻子被请到摄像机前，与她们怒气冲冲的丈夫对质。这类节目有着令人生厌的套路，往往离不开一群号啕大哭的孩子，他们被置于摄影棚的聚光灯下，父母当着他们的面厉声诘问，吵闹不休，着实把他们吓得不轻。"瞧你对他们干的好事！"丈夫咆哮着指向瑟缩一旁的子女。接着，拿着高额出场费的"顾问团"——通常要么是艺能界明星，要么是在电视上走穴的时间比待在诊室里的时间还长的精神病专家——纷纷大力声援丈夫。令这些电视高人欣慰的是，妻子在面对集体声讨时，通常都会重现她在家中的可怜模样，对着冷酷的特写镜头痉挛式地抽泣。 <sup>42</sup>

　　作为最现代化的大众媒体，电视在许多方面也是最因循守旧的，恰恰是因为其受众面广。传统价值观令人宽慰，也不太会触怒大部分人。经营出一副保守面目有益于提高营收。在这里务必要补充一点：不管是低俗的还是严肃的媒体，极少会攻击大多数日本人的基本价值观。日本媒体或许会时不时抨击政府，然而同美国和西欧同行一比，其独立性要逊色不少。它不但不会去颠覆日本社会赖以为继的基本前提，反而自视为社会现状的儒家卫道士。

　　有一类故事叫"劝善惩恶"。这似乎与日本人思想中没有绝对的善恶这一点相互矛盾，实则不然。这些道德故事立足的根基主要是儒家的行为规范。故事通常发生在江户时代，正值儒家学说的鼎盛时期，故事主人公常常是一名武士，为各色人等主持公道。这类公道一般与法律条文无关。诚如日本人所言，凡事要一件一件地来看。这些智慧的武士如今在电影里几乎绝迹，却仍以一种原汁原味的形态活跃电视上，就像为了树立家风被保留下来的旧风俗一样。

　　最典型的一例当属一部名为《长七郎天下御免》（'長七郎天下ご免！'）的连续剧。故事发生在18世纪，主人公是个叫长七郎的聪明武士。其中一集颇具代表性，讲述了一个在江户贩卖梳子的女商人，她的生意做得很红火。美中不足的是，她为了经商，不得已抛弃了村子里的丈夫和孩子；现在她成功了，便想寻回孩子。在经过了一番漫长而艰苦卓绝的寻找后，她找到了女儿，但后者要么是认不出她来了，要么是不愿认她：这是典型的父母与子女疏远的情形。

母亲陷入绝望，但就在这时，武士英雄长七郎登场了。女人向他道出了自己的伤心事：说丈夫是如何把家里的钱全拿去换酒喝的；女儿如何患病，自己又如何跑到都城来赚钱救她。"我做一切都是为了孩子。"她哭诉道。人们会想，哦，又是个慈母片里的好妈妈。但是智慧超群的热心武士决定给她献上一计："你要么表现得像个好母亲，要么就下地狱吧！"（这类艺术作品中的主人公讲话时通常带着大大的惊叹号。）

故事仍未结束。后来，女商人手下的一员得力帮工，一名恶小子，想要将她的生意占为己有。在得到一位腐败官员和其他一干恶人的帮助后，他绑架了老板的女儿。作为交换条件，女人不得不交出店铺的契约。这桩龌龊的交易一经达成，恶徒们就决定杀掉这对母女，因为正如常言道，她们知道得太多了。但是就在他们得逞前，英雄仿佛神兵天降一般再度登场。

接下来的故事情节就是古装剧的经典翻版：英雄亮明了他作为将军亲戚的真实身份。他像在演歌舞伎那样，夸张地一挥手，扯开和服，露出代表他显赫地位的家徽。*坏蛋们瞬间扑倒在地，如奴才走狗般在泥地上不停地磕头。这堪称封建戏剧的登峰造极！然而，威风凛凛的长七郎殿下没有饶恕他们。他让坏人们起身，与之对打，并一一置其于死地。只见武士左手一挥，右手一劈，恶人的脑袋顿时在屏幕上滚来滚去。

这部时长一小时的戏最后在主人公对女商人的一番循循善诱中落下了帷幕："我相信你从今往后会痛改前非，做个真正的好母亲！"

43

---

\* 剧中设定长七郎为德川幕府三代将军家光的异母弟弟忠长之遗孤，受赐松平姓。——编注

她答应武士，内心深为感动。接着仿佛奇迹降临一般，孩子第一次
认出了母亲。她大叫一声"妈妈！"，一头栽进她的怀中。虽然我
们也见到了酗酒的父亲，但他至多就是出现在背景里的无足轻重的小
角色。不管是醉是醒，是好是坏，浓浓的母爱跟他没有一丁点的关系。

　　当然了，电视节目不过是影射社会现状的一面不尽真实的镜子。
并不是每个日本人都会遵守这类戏码中所提倡的严格的儒家道德。
越来越多的女性在母亲这层角色之外，还扮演着其他角色。但是即
便大众媒体无法反映真实情况的话，它们还是能够反映出什么是合
乎体统的，正如好莱坞直到不久前在美国所发挥的作用。

　　这不仅体现在虚构作品中。摄像机前的人必须公开遵守道德规 <sup>44</sup>
范，就像 20 世纪 40 和 50 年代好莱坞的情形一样。这一点在那些
为了吸引年轻观众而培养的电视明星身上尤为明显：他们被称为"偶
像明星"（タレント），这个从英文"talent"转化来的日语词，专
指无一技傍身、空有一张漂亮脸蛋的"万金油"表演者。"偶像明星"
在综艺节目上唱歌跳舞，出演少儿电影，脸上总是挂着笑，听命于
众多制片人、广告商和形形色色的掮客的吩咐。

　　"偶像明星"是广告公司运用最先进市场营销手段创造出来的
产物，多半昙花一现，但只要还走红，他们的形象便随处可见，无
法回避，这使他们具备了重大的社会影响力。他们说的每一句话，
做的每一件事，立马就会通过八卦杂志和电视节目，传递给数以
百万计的崇拜者。他们说的话经过主创者的精心编排，绝不会偏离
最保守的社会道德观：比如身为日本人有多幸福；能得到前辈的关
照多令人高兴；日本人的最大优点是勤劳，以及他们对结婚和组建
家庭的渴望。就连名声在外的同性恋者——尽管从不明说——也不
间断地被大众刊物拿来"乱点鸳鸯谱"，和一些合适的伴侣凑对，
猜他们会不会牵手，直至最后当事人决定牵手为止。

　　当然也有一两个成功的艺人维持单身，但他们很注意表现出适

度的悔意。每次公演时，他们都会以炉火纯青的演技，向观众表明自己要是像普通人那样结了婚的话，只会比现在更加幸福。这么做的同时，他们的知名度也越来越高。

当丑闻被公之于众（诸多小报会确保这一点的实现），人们对此的反应同样可以预料。很显然，日本人一样很热衷于花边新闻。可一旦"偶像明星"犯错，他们领受的惩罚却颇为耐人寻味。一位女明星因为和朋友在宾馆房间内吸食大麻，遭到盘问。她甚至并未被捕，却被解除了所有工作合同，其中包括一则片酬高昂的由她代言的卫生巾广告。换在 20 世纪 40 年代的好莱坞，同样的情形也不难想见：罗伯特·米彻姆（Robert Mitchum）也因为吸食大麻被捕过。但是女明星接下来的遭遇便有着鲜明的日本特色：她被迫在电视上公开道歉，过程十分屈辱。她说自己内心万分难过，吸食大麻的后果又是何其可怕。只有在含泪表达了自己的诚挚悔意后，充满正义感的媒体才放过了她，而她也得以拍摄那部卫生巾广告，参加歌唱类节目。

另一位女歌手佐良奈绪美则没那么幸运了。某个倒霉的日子里，她那同性恋人在一档电视脱口秀节目中将她俩的事和盘托出。没人知道她为何要这么做，但最终结果是，只要公众还记得这件事，哪怕印象已十分缥缈，佐良便一直在电视台的封杀之列。依我看，佐良的问题不在于同性恋本身是否不道德。同性恋在日本向来就不是罪过。关键是她没有掌控住自己的女友。她让自己懂礼数的外衣掉了下来，造成了难堪，搅扰了社会的平静。当然了，还有一条罪名，就是她居然还是单身。只要人们在公共场合守规矩，似乎没人会关心别人私底下在干什么。毕竟，日本首相有个把情人是完全可以接受的，前提是他不能是单身，要是单身的话，他根本就当不成首相。

从某种意义上来说，日本的"偶像明星"履行了皇室的职责：既是道德模范，也是艺人。这个"偶像明星"世界甚至还有自己的查尔斯王子与戴安娜王妃：三浦友和与山口百惠。演员兼歌手的山口百惠长相甜美可爱，三浦友和也是英俊潇洒，只可惜演技平平。两人都大红大紫，特别是在一系列电影中被安排饰演浪漫情侣后，更是红透了半边天。

在这对组合星光灿烂的 1980 年之夏，他俩是人们口中的"金童玉女"。他们是 80 年代最纯良、最漂亮、最谦和、最有日本味儿的一对。不管背后有没有制片人鼓动，两人决定结婚时，媒体和全国上下都沸腾了。电视上没有一天会不播出有关"金童玉女"的特别节目或独家采访。这是一场名副其实的皇家"泡泡糖式婚礼"：她想要退出影坛，而他的演艺事业则从未真正发达过，那最后何不索性大捞一笔呢？现实在这里并不重要，重要的是既能尽到礼数，也能赚得盆满钵满。 46

三浦的母亲、他的好友、百惠的姐姐和她第一位小学老师，所有人都入了戏。甚至还传出了一则催人泪下的真人版"慈母"故事，讲述百惠那位被丈夫抛弃的母亲是如何为了子女牺牲一切：为此，百惠每周至少两次在电视上潸然泪下。NHK 为两人的婚姻安排了两晚的专题节目。报纸杂志竞相发表长篇大论，分析百惠的持家能力，以及三浦友和最喜爱什么菜肴。百惠本人还写了本书，探讨日本女性在社会上的恰当角色，之后便仓促付印。我都已经算不清她举办了多少场"告别演唱会"了。

然而，这件事令人感触最深的还是远比未婚夫出名的山口百惠所做的决定。她为了能"照料友和"，放弃了自己日进斗金的星途。她的决定是对的。这是十年来最进步、最令人振奋、最合乎体统的一件事。两年后，虽然友和仍设法在男士服装和香烟广告中露脸，但他的演艺生涯几乎陷入了停顿。各大杂志已经在议论百惠的"回归演唱会"了。

第四章

# 恶女

每个男人在他一生的某些阶段总会意识到，有时是带着极度的沮丧：女性的需求和欲望超过了单纯的母性范畴。比方说，某些人乐见女人有性欲，但另一些人则对此深感忧虑。当然了，不管在日本还是在世界各地，这两种反应一样司空见惯。但在日本这个享誉全球、不知羞耻为何物的"性趣"天堂里——典型标志有艺伎、男女混浴等等——忧虑情绪在大众文化中起着极大的作用。

我们再次感到母系权力的强大。举例而言，这在诗人、剧作家、摄影师和先锋派导演寺山修司的作品中就很明显。他起码在作品中表现出恋母情结：一名荡妇勾引一位美少年，荡妇是对妓女的夸张化描述。随之而来的是对母亲肆无忌惮的攻击，人们齐声大喝："母亲，请死去吧！"而在寺山的另一部书中，他母亲的照片不是被撕得粉碎，就是嵌在碎裂的相框里。[1]这似乎是他大部分作品的一大特征。

因为有如此众多的现代派和传统派艺术家均表达过类似的迷恋情绪，我们不由得会猜想这是否反映了日本文化深处的某些特征。

看样子，女人的堕落是不会轻易得到宽恕的。她作为母性女神的时候为人崇拜，变成魔鬼则遭人惧怕。一旦揭去母性的面具，露出的将是可怖的幽灵。

这一主题在民间信仰和经典文学中可谓屡见不鲜。《道成寺》[2] 48 这部名剧既可作为能剧作品演，也可搬上歌舞伎的舞台。它讲述的是某个名叫清姬的恶女的故事。她爱上了一位年轻的僧人，但后者已发誓远离红尘，竭力避开她的追求。可这反而使她越来越孤注一掷，最终竟变成了一条嘶嘶叫的大蛇，吓得魂飞魄散的僧人藏在一口大钟内。但在影片的高潮部分，大蛇盘绕在钟上，口吐致命烈焰。钟毁了，可怜的僧人也死了。

维多利亚时期的英国人亦强调要一分为二地来看待贞洁的女人和淫乱的野女，但这一区分法与占有支配地位的母亲形象关系不大，倒是和当时否定"体面"妇人享有性需求的道德标准关系更密切。日本可不是这样。纯洁和污秽可在一个人身上并存，女神伊邪那美正是典型。印度教怛陀罗（Tantric）的神祇也体现了同样的原则：她们可以美女的面目示人，唤起男人的生命力，也可变作戴着死人骸骨项圈的恶女。

现代文学中对纯洁的女性摇身一变、成为恶女的过程也有述及。比方说，我们再度把目光投向谷崎润一郎，他在这个话题上是行家里手。1910 年，二十五岁的他写下了《刺青》这部短篇小说。[3] 作品围绕一名文身师展开，他终日沉迷于寻找一位理想的女子，作为他施展手艺的人体画布。他当真找到了这样一位女子，一名"脚趾玲珑细巧"的年轻艺伎。他在工作室里给她下了蒙汗药，接着"将自己的灵魂倾注进墨汁中，再将墨汁绘进她的肌肤"。姑娘醒来后，惊恐地发现背上趴着一只硕大的黑蜘蛛，"每每她颤抖地呼吸，蜘蛛的脚就会抖动，好像活的一样"。文身师告诉她，从今往后，所有男人都会成为她的牺牲品。

女子"长着玲珑细巧的脚趾，趾甲如江之岛岸边的贻贝那样富有光泽，脚后跟有着珍珠般的浑圆。皮肤晶莹剔透，仿佛浸在清澈的山泉中"。这样一只脚成了一件"吸食男人血液、踩踏他们脊背"的武器。

三岛由纪夫曾就谷崎对恶女——即抽象意义上的妖女（femme fatale）——的迷恋著文道："当对母亲纯洁的爱与性欲相混淆时，她立马会蜕变，成为典型的谷崎笔下的女人，譬如《刺青》中那名女子。她美丽的身子里隐藏着一股黑暗、残酷和邪恶的势力。仔细观察的话不难发现，那并不是女性特有的罪恶。相反，这是男人向往的一种罪恶；反映了男性的色欲。"[4]

典型的谷崎式男主人公会膜拜踩他的那只脚。女人踩得越重，他的恋足癖就越深。这一情色游戏愈演愈烈，有时真会让人一命呜呼，而这无疑叫人更加亢奋（frisson）。在谷崎后期创作的人物身上，这点尤其明显，譬如《钥匙》（'鍵'，1956）中的老教授，或者《疯癫老人日记》（1962）中的卯木督助。二者都是年过七旬的老人，都没能抵挡住女性偶像的残酷诱惑。

性果真是一段死亡之舞。卯木的儿媳飒子每次破例同意让他舔足，他的血压就会高得吓人。有一次，他差点就没命了，事后在日记里写道：

> 一想到真的会死，我还是害怕的。我竭力镇定下来，让自己别太激动。可奇怪的是，我还是不停地吮吸她的脚，不能自己。越是想停，就吮得越来劲，跟个蠢货一样。虽然明知我就要死了，可就是停不下来。恐惧、兴奋和快感轮番向我袭来。

这个疯老头甚至死后都想继续这种游戏。他计划打破在墓碑上

刻观音像的惯例，在坟头立一块儿媳脚模形状的石碑，以便永远被
她踩于足下。这样，他就能"感受她的体重、由此而来的疼痛，以
及她那对如天鹅绒般光滑的美足"。

　　谷崎早期作品《青之花》（'青い花'，1922）里的主人公对勾
引他的坏女人也抱有类似的幻想。他想象自己死了，灵魂如何与爱
人相见，看她炫耀那两条穿着长筒丝袜和吊袜带的美腿：

> 　　她会说："我要拼尽全力搂紧那具老僵尸，直到他骨头断
> 裂，高声大叫：'住手！快疼死我了！'如果他还不讨饶，我就
> 会想法子勾引他，会去爱他，直到他枯皮粉碎，流干最后一滴血，
> 干骨头散架。这样的话就算是鬼也会满足的。"[5]

50

　　乔治·巴塔耶尝言，情色是被推向死亡边缘的生命之乐。[6]谷
崎的作品对此亦有影射，但他运用的意象更接近于印度、中国和西
藏地区的传统。爱欲（eros）与死欲（thanatos）最终结合，这股
魔鬼般的狂热耗尽了生命的活力。可是，历来被描绘成骷髅的总是
恶女，而不是她的牺牲品。这里我们举歌川国贞（1786—1865）的
一幅浮世绘为例。画中的武士将一具骇人的骷髅误以为是他的妻子，
与其做爱。在国贞另一幅作品《地狱炼火》中，我们见识了属于浪
荡子的地狱，一群没有头、只有会阴的厉鬼吞噬着他那长得夸张的
阴茎。

　　关于男性深陷对女性的狂热，大岛渚的电影《感官世界》（'愛
のコリーダ'，1976）提供了最现代的注脚。影片讲述的是一名帮
会成员和一位妓女之间的爱情，两人爱得缠绵悱恻，欲火焚身，最
终酿成惨剧。性成了这对情人幽闭世界的全部，在一次令人战栗的
性高潮中，姑娘勒死了情人，割下他的阳具，象征对他的终极占有。
这部影片美而阴森，完美地表达了焦虑和肉欲这层矛盾心理，这也

是日本人性格中的重要一面。

谷崎虽不是寻常人，但身上也带有当时的文化和时代痕迹。不过，典型的谷崎式荡妇，或者他常说的"永恒的女人"，和贞洁的日本母亲是截然不同的；与川端康成小说所青睐的清纯少女也是八竿子打不着。

谷崎笔下的女神青春焕发，但远非天真无邪之辈。她通常十分粗俗，不是昔日夜总会里的舞女，就是女招待，品味十分摩登，一言以蔽之，"西化"，却又不是西方人。《青之花》里的男主人公幻想他的情妇是尊"身裹和服的'女人'雕像……他要脱掉这件式样难看、不合身的衣服，让赤条条的'女人'裸露片刻，再为她穿上西式服装……宛如梦想成真"。

谷崎同多数同胞一样，对西方世界和西方女性有一种矛盾心理。他喜爱西方事物，却总与之保持一定距离。他曾在横滨的外国侨民区住过一阵子，甚至上过英语课，学过跳舞[7]，但从未真正去过西方。同不少知识分子一样，他宁愿保持自己理想的纯洁性，使其免受太多现实的玷污。

他曾在随笔《恋爱与色情》（'恋愛及び色情'，1931）一文中写道，西方女人最好是远观。谷崎说，西方女人的体态比日本女人更匀称，但"倘若走近，发现她们的肤质如此粗糙，体毛又如此茂盛之后，会很扫兴"。于是他总结说，西方女人可以看，甚至可以欣赏，但碰不得。依我看，他的论点恰到好处地概括了日本知识分子对待西方的普遍态度。

在日本，人们对于西方的优越感和自卑感奇妙地交织在一起，谷崎所处的时代尤其如此。那时，西方的经济衰退还没有如今这么明显。在《痴人之爱》（1924）这部尚未被译介的杰作里，主人公讲过一段话，说他要是有钱，有机会的话，很想要一位西方女子为妻，但也坦言："可就算我有钱，我对自己的外表也

51

没信心；我个儿矮，人又黑，还长着一口龅牙。"因此，他退而求其次，娶了个长得像西方人的日本太太。

对西方的审美偏好在现代日本依旧盛行。时尚杂志选来自瑞典和加州的金发女郎展示日本款式的服装；洋人模样的模特直挺挺地立在日本商店的橱窗内；学生寝室的墙上张贴着《花花公子》杂志里的美女海报。但另一方面，谷崎这类人在选择女友和老婆的时候，似乎更青睐传统的日本女性，她们体态丰腴，充满母性。

这种审美情趣上的精神分裂症在谷崎成长的明治时期尤为严重。日本渴望成为，或者说至少是看起来像个现代国家。而在当时，摩登范儿就意味着西化，无论是审美意识，还是政治经济，概莫能外。谷崎心中的"妖女"必须带有西方的烙印。有关"妖女"的浪漫主义思想多半源自欧洲，19世纪曾风靡一时。总的来讲，日本文学中施展邪恶力量、降服男性的女人不外乎以下这几类牛鬼蛇神：吃醋的女鬼、一心复仇的鬼魂、狐狸精和蛇精。 52

唯独运用世俗力量勾引男人的残酷荡妇越发少见，人们对之也鲜有好感。日本神话中没有莎乐美（Salome）*这样的人物，影坛也没有黛德丽（Dietrich）†或梅·韦斯特（Mae West）‡这样的演员。谷崎曾暗示道："西方文学带给我们的最大影响是爱情的解放，乃至性欲的解放。"[8]他说，古代日本文学从未将性爱视为一个严肃的话题加以对待，多半看作戏谑玩耍或自我献身。这番话正确与否（值得探讨）不是我们要关心的。有意思的是，在他看来，西方的影响与他对性欲的精辟分析之间存在联系。谷崎钟爱欧洲文学，他对19世纪欧洲文学中的浪漫主义思潮一定有所耳闻。那一时期的

---

* 莎乐美是记载在《圣经》中的古巴比伦国王希律王和其兄弟腓力的妻子所生的女儿。据记载，因为先知约翰拒绝吻她，她愤而与他人同谋斩杀了约翰。

† 这里指德国女影星玛琳·黛德丽（Marlene Dietrich），作品有《蓝天使》《欲海惊魂》等。

‡ 梅·韦斯特是美国女演员，以身材丰腴著称，作品有《我不是天使》《侬本多情》等。

作品中，"永恒之女性"（das ewigweibliche）的破坏性力量是一大主题。

但是正如我们所见，想在谷崎的小说里塑造永恒的女性，结果只会造出《弗兰肯斯坦》中的四不像。最典型的一例当属《痴人之爱》中的奈绪美。奈绪美在东京一片藏污纳垢的地区开启了她作为女招待的人生，"多数读者只要一看这地方的名字，就可以猜出她的身世"。栽培她的人名叫让治，是个节俭、胆小的工程师，供职于一家电力公司。他的人生中除了奈绪美和母亲外，就没有其他的女人了。让治决意收留这位面容酷似玛丽·毕克馥（Mary Pickford）*的十五岁女招待，梦想能将她培养成一位"风姿卓越、无论带到哪儿都不会令人难为情的现代女性"。他尝试教她英语，陪她一起上舞蹈课，给她穿昂贵的西式服装。然而，"造物主"照例将被自己释放的力量所吞噬。奈绪美成了个骄横的女神，换外国情人的速度和换新衣裳一样快。而她的恩人却成了卑躬屈膝的奴仆，完全丧失了自我意志，就算奈绪美用脚踹他的面门，也要凑上去舔。

据说，奈绪美这一角色的原型是谷崎的小姨子。他曾一度倾心于她，但似乎终属一厢情愿。奈绪美这一形象同时也是现代日本女性的一幅讽刺画，刻画了自由散漫的 20 世纪 20 年代中毫不检点、夜夜笙歌的"摩登女郎"。这部作品中"丑闻的成功"（succès de scandale）†深入人心，以至于奈绪美的做派得其名曰"奈绪美主义"，被广为效仿。

"奈绪美主义"本质上是指打破传统的约束。裹着和服的"女人"露出了身子。原始的情感得到了释放。从某些方面来看，西化的过程——尤其是战前——犹如打开了一个装满虫子的魔罐。因此，谷

53

---

* 加拿大女演员，素有"美国甜心"等称号，作品有《贵妇人》《我最好的女孩》等。
† 〈法语〉（戏剧、电影、小说等）以其内容丑恶可耻而得的坏名声。

崎作品中母亲的死和邪恶荡妇的诞生可以被解读为日本传统往昔消
逝的隐喻。迷人而虚幻的西方玷污了这段神秘、不可挽回的往昔。"奈
绪美主义"的黄金时代过去没多久，极端民族主义就兴起了，由此
而生的军事冒险最终折戟。

奈绪美诞生前不到二十年，世间出了一位与其高度相似的女
性：海因里希·曼（Heinrich Mann）小说《垃圾教授》（*Professor
Unrat*，1905）中的罗莎·弗洛里希（Rosa Frohlich），而她更为人
熟知的形象是约瑟夫·冯·斯坦伯格（Joseph von Sternberg）执导
的电影《蓝天使》（*The Blue Angel*，1930）中的萝拉-萝拉（Lola-
Lola）。我猜谷崎没听说过这部电影，但两位女主人公身上的相似点
颇多。她们都是水性杨花的美娇娘，具备能将可怜的男性附庸逼至
疯癫边缘的性能力。她们存在于不同时空，却都象征着各自旧世界的
崩塌：一个是布尔乔亚、乡野小镇的德国，一个是传统的日本。

\* \* \* \* \*

对女性力量的恐惧未必会导致男性的受虐狂倾向：屈从也可以
轻易演变为攻击。这一点多少会被掩盖，比如说在沟口的电影中。
他极尽细致地描绘女性的极速堕落，几乎像是在进行美学意义上的
报复。从这个意义上来讲，沟口很像另一位早期电影史上的情欲大
师、在20世纪20年代恶名昭彰的"好莱坞德国佬"埃里克·冯·施
特罗海姆（Erich von Stroheim）。

冯·施特罗海姆虽然表面故作专制，但实则是一位道德家。他
的电影讲述了人如何被金钱和权力腐化，以及为此互相羞辱。他和
沟口的道德义愤无疑均发自内心，但我们不禁感到，他的义愤被审
美情怀抢了风头。腐化也关乎情色；这当然是坏事，却也坏得迷人，
坏得可爱。

54

沟口对待女人的态度同样矛盾。他在生活中就是个十足的浪荡子，特别热衷在自己心爱的京都的红灯区拈花惹草。与冯·施特罗海姆一样，他也因侮辱女性而闻名。据说他的太太就是被他传染上梅毒后去世的。有一则流传甚广的故事，说他曾在一家性病诊所内满是妓女的一间诊室里痛哭流涕，说一切过错全在于他，并一遍遍央求女人们的原谅。哪怕这件事是杜撰的，依然具有可信度，因为这像极了沟口的为人。他既迷恋女人，也憎恶女人，而且最重要的是，他希望女人原谅自己对她们的羞辱。

沟口身上有时也洋溢着一股浓厚的宗教气息。他参加电影节时都会随身携带佛教日莲上人的许愿像。[9]沟口的审美观融汇了日本人所谓的"物哀"（物の哀れ），内涵近似于拉丁文中的 lacrimae rerum（万事皆堪落泪）*。这是一种受佛教听天由命思想感染而生的惆怅甚至是悲凉的情绪。生活是很凄惨，但又能怎么办呢？再说了，悲伤本身难道不是一种美么？多数日本艺术作品中均蕴含这一道理。沟口电影中的女性受害者总是跪伏在地（这也是他最喜爱的画面），受尽了生活的艰辛，从而成了怅然之绝美的象征。

但是，攻击性并不总是内敛或美妙的。当代日本色情作品具有强烈的施虐色彩。这一点，任何人在日本随便哪家书店待上五分钟就能察觉到。这并不是什么新现象。审美的残酷性可以在江户时代末期（19 世纪中叶）所谓的颓废派艺术中找到某些最为极端的例子，比方说歌川国芳（1798—1861）的浮世绘。而在他的门生月冈芳年（1839—1892）的作品以及绘金（1812—1876）那异常暴力的画作中，这一风格更为突显。这些画家对描绘女性受虐兴致勃勃。芳年的某幅代表作中，一位孕妇被倒吊在火堆上，一旁的老妖正磨刀霍霍，欲剖开她的肚子。芳年还画过一幅几乎一模一样的作品，里面

---

* 源自古罗马诗人维吉尔的诗句"万事皆堪落泪"。

的男人将一个倒吊着的妇女剁成了碎片。

　　这类肉体摧残在日本艺术中——甚至似乎在现实中——已成为某种套路，相关记载首次出现在一部 8 世纪的日本编年史《日本书纪》中。据说，公元 500 年，武烈天皇"为了一探子宫之究竟，命人剖开孕妇的肚子"。鹤屋南北的歌舞伎作品《独道中五十三驿》中，一位孕妇受虐后被人开膛破肚，腹中胎儿抛向空中。此类暴力或许是以最极端的方式，表达了对失去纯净的童年伊甸园的愤怒。这同时也触犯了某条最为严格的戒律。生与死的过渡被以一种极端变态的方式，完全颠倒了过来。 55

　　无论在日本还是世界各地，审美的残酷性是一种压惊驱邪的做法。由于女性情欲被认为比男性欲望来得更强烈，也更邪恶——毕竟，女性身上蕴藏着生命的奥秘——而且还由于她自身的不贞，由于她有能力将男人引入危险歧途，女人理应吃尽苦头。

* * * * *

　　据常见资料来看，我实在想不出还有多少国家的色情作品比日本更泛滥的了。日本在色情文化上也许不是最露骨的，但却是最多产的。就连规模最小的街坊书店里都收存有大量的黄色杂志、漫画和书籍。街角十分便捷地设有自动贩售机，提供大量黄色漫画和"下流图片"。日本的电影产业一度十分兴旺，但存活至今的某家大影厂现如今只生产软色情影片——偶尔也会拍摄儿童片——发片频率为一个月一部。

　　纵观日本历史，在其早期自然崇拜的阶段是没有色情作品的。色情与大自然的纯洁不能共存。过去，在举行祈求好收成和妇女多子多福的仪式时，人们会使用阳具或会阴形状的木雕和石像这类法器。现在有时依旧如此。颇为耐人寻味的是，譬如春宫图这类最早出现的堪称色情的例子，竟然出现在佛家道德观已深入人心几百年的 10 世纪左右。[10] 这些表现和尚放荡不羁、方丈取悦大户人家小姐的春宫图，很可能表达了公众对本质上仍属外来信条的佛教思想的一种抵触。另外，它们隐含着某种社会讽刺意味，而不仅仅是情色挑逗。不论佛教的训诫有多可怕，这些人称"笑い絵"（即搞笑图片）的早期春画表现的绝不是某种强烈的罪孽感。

日本文化中世俗、享乐的一面与官方灌输的外来道德观（僧侣阶层在中世纪的日本享有崇高的政治地位）之间的张力在江户时代达到了顶峰。这一回，政府眼中控制大众最为有效的工具变成了基督教，而不再是佛教。 56

城里人在官府划定的允许歌舞伎文化存在的地区——譬如戏院、茶楼和妓院——找到了发泄的出口。色情在这一过程中扮演的角色至关重要。多数大众艺术家，包括其中最显赫的那批人，譬如喜多川歌麿（1753？—1806）和葛饰北斋（1760—1849），都创作了不少春宫图，一批作家也写过黄书。许多春画仿效 10 世纪讥讽佛教的风尚，讽刺刻板的儒家经典。[11] 然而，任何被看成是对政府有所批评的作品，不管有多隐晦，一律遭到严禁。

德川幕府统治期间，色情作品不仅是对社会不满的上层人士的秘密嗜好——同样的情况也出现在维多利亚时期的英国和中华帝国——也是一个自我被完全扼杀的民族的自发表达。因此，个别日本批评家和学者倾向于将歌舞伎文化视为政治抗议的观点令人生疑。政治抗议缺不了意识形态，政治的、宗教的，抑或两者皆有。但歌舞伎的世界里从来就没有意识形态一说。话说回来，商人、匠人，甚至武士受到儒家道德观的束缚比他人更深，他们就算有钱，在政治上也是被噤声的。因此，从某种意义上来讲，色情作品与暴力的娱乐形式便附带上了原先没有的颠覆性色彩。

时至今日，仍有大批批评家、导演、作家和政治活动家视色情为一件反抗当局的颠覆性武器。外来宗教在其间再度发挥作用。自19 世纪以降，基督教在官方道德中投下了阴影。这倒不是说日本的政客和议员都是基督徒了，而是说自 1868 年明治维新以来颁布的禁止伤风败俗的法律无疑受到了那种渴望在西方人眼中显得"文明"的念头的影响。

因此，色情作品有时仍会同某种奇特而神经质的爱国主义思想扯在一起。比如武智铁二执导的《黑雪》（'黑い雪'，1965）曾引发一段著名的公案。影片围绕着一名阳痿的年轻人展开，他以枪击美国大兵取乐，并同一支上了膛的枪做爱。实际上，美国占领和日本不举之间的联系在任何经历过那段时期的艺术家的作品中都是很常见的主题；观众也确实感到战败造成了惨痛的生理影响。总而言之，武智的电影起初因为有色情内容被禁播，东京都警视厅甚至还把他告了。最终他打赢了官司，但之前免不了日本知识界为此大动一番干戈。

武智认为自己的电影是反对"美帝国主义"的一纸政治宣言，而在那段意气风发的岁月里，"美帝国主义"可是众矢之的。他如今依然自诩"民族主义者"，这一立场带有鲜明的种族主义色彩。这点在片中一览无余。年轻的主人公杀了个美国兵，这还不算，死者还得是黑人。（顺便提一句，这一桥段已成常规套路：只要日本色情片里出现美国大兵的身影，无一例外都在实施蹂躏日本少女的兽行，而且施暴者通常都是黑人，好使其罪行显得更加恶劣。）

武智还以一种血统论的眼光看待电影审查，他尝言："日本人的审查必须反映我们独一无二的精神价值。"他在评述他人对其作品的攻讦时，所持口吻带有浓厚的传统色彩：

> 审查官对《黑雪》毫不留情。我承认片子里有不少裸戏，但这些是心理意义上的裸戏，象征日本人民在美国侵略面前毫

无招架之力。审查官在中情局和美军的怂恿下，指责我的电影不道德。这自然是老调重弹，而且还是弹了几个世纪的老调。想当年在江户时代，他们取缔歌舞伎，以卖淫为由禁止女性演戏，又以同性恋为由禁止年轻男伶演戏。他们还口口声声说这么做是为了维护公序良俗，但实际就是可恶的政治压迫。[12]

　　具有讽刺意味的是，外国人再度被牵连、被怪罪。但这里的有趣之处不在于《黑雪》是一纸雄辩的政治宣言——其实算不上——而在于作者和官方居然会如此认为。同样的情形也发生在大岛渚的电影《感官世界》上，《黑雪》与之一比可谓逊色不少。大岛搬出那句不无道理的口号"淫秽何错之有？"，在法庭上勇敢地抗争了好几年。于是乎，一部只谈风月的电影再度成为了一个政治问题。甚至连彻头彻尾的商业化色情片在大学校园和深夜咖啡吧里播放时也会被认为是颠覆口号。

　　日本知识阶层（インテリ）*不太可能真的相信软色情制片人是政治活动家。但是，在属于人民的"泥泞"文化（知识分子自封为人民代表）和企图将其铲除的官方之间一场从不间断的角逐中，淫秽书籍、电影和漫画自然会被当成武器加以使用。

　　这场持续性道德之争的一个典型例子是围绕是否应该露阴毛展开的一场大辩论。强奸、施虐、折磨，所有这些元素在大众娱乐中都是可以出现的，但不准露阴毛是官方划定的底线。与其说这显示了什么诚挚的道德信念，倒不如说更让人联想起校长拿尺子测量学生蓬头乱发长度的做法。

　　电影导演、摄影师和艺术家——还不光是那些专事色情行业

---

＊　インテリ语出 intelligentsia，指知识分子组成的社会阶层，对应于指涉个人的知识分子（知識人）。——编注

的——不断地试探这一规定，使其游走在荒谬的边缘：漫画里的女性别扭地蹲在男人面前，心甘情愿地用嘴和手去接男人喷射出的一大团白东西，有些还滴落在半空中。写真里的女孩身着最轻薄的那类透明内裤，一切都看得清清楚楚。要么她们索性就把烦人的阴毛给剃了，出于某些原因，如此一来反倒能让人接受了。在这场别开生面的周旋中，"人民"似乎于近期赢下了一局，理由是政府宣布"对于官方认为有伤风化的画面，须打黑点和马赛克的面积可减少 5%"。

许多西方色情电影，哪怕是那些最粗俗不堪的，至少偶尔也会暗示男女共享鱼水之欢是性爱的构成要素。但在日本很少是这样：女方要么是被强奸的无辜受害者，要么就是为性贪婪所驱使、吞噬男人的妖精。前者常转化为后者：贞操一旦被玷污，女人就会化身为食人恶魔。不管是哪种情况，她都会因为卸下母性的面具而遭受惩罚。然而，真正令人吃惊的是，经历了这一切之后，她往往会重新戴上母性的面具。

一个绝佳的例子便是若松孝二和足立正生联袂导演的一部"政治"色情片。足立正夫因同日本"赤军"恐怖分子的联系，日后逃往中东。该片尽管传递了一条"讯息"，但纯属日本商业色情片范畴。片名为《胎儿密猎时刻》（'胎児が密猟する時'，1966）。片中，一名百货公司经理将手下某位女销售员诱骗入自己的寓所，随即将她的手脚绑在床上，用蜡烛、皮鞭，甚至是剃刀折磨她。这场肮脏的仪式中，他从头到尾都戴着一尘不染的白手套。

就在情节推进到令人不忍直视时（不过我身旁的日本观众似乎不动声色），银幕上出现了一幕幻象：卧室的混凝土墙壁变得像一个巨型子宫，吮吸着屋里的经理。他大叫道："妈妈！"女孩遍体鳞伤，血流如注，为男人唱着摇篮曲，直到他累得精疲力竭，像个婴孩那样沉沉睡去。

影评人兼德国文学学者种村季弘是个喜欢堆砌辞藻、痴迷于惊悚元素的"知识人"。他在一篇影评中表示折磨过程是一场"净化仪式"。"被鞭子净化后，躺在血泊中的女人摇身一变，成了未出世的胎儿。她被绳子紧紧绑着，就像被蛇吞噬的动物，经历着分娩时的痉挛。"[13] 通过这样惩罚或"净化"有性欲的女性，主人公仿佛重新得到了母亲酥胸中的那片"甜蜜、朦胧的白色梦境"。（神道教的许多节日也有十分类似的过程。它们始于通常很痛苦的净化仪式，终了，一堆丧失自我和身份的裸体爬动着，在漆黑的神社内挤作一团。）

性欲被净化前必须先自我暴露。在日本色情作品中，这通常意味着强奸。受害者是天真无邪的象征：穿着校服的女生、护士、新婚家庭主妇，等等。这些女人总会爱上强奸她们的人。也许爱这个词并不恰当："电影发片方在宣传手册里写的是，'她们的身体出卖了她们'。她们沉迷于偷食禁果。她们被玷污了，抑或说，她们本身的不贞本性原形毕露了。"

这种玷污常常在电影开头就以一种写实手法表现了出来：举例而言，女受害者被拖过稻田，或者扔进一个垃圾箱，或者衣不蔽体地被赶到大街上。简言之，与神道教仪式的开头一脉相承，男人们在泥地里打滚，或一丝不挂地跑过村庄。

日本的色情作品中，很少有妇女会因为自愿而变得放荡。同伊邪那美一样，她们的不贞仅仅是一种自然结果，而非罪孽：她们无可奈何，也无法逃遁，因为这是骨子里就有的。一家生产软色情产品的公司分发的一份英语剧情概要如下写道："这是一则三姐妹的故事。她们成为荡妇不是出于自愿，而是由于她们身上流淌着同父母一般淫荡的血。"[14] 这儿还有一份介绍："不管像夏子这样的姑娘有多自爱，一旦被强奸，那种惨痛的经历极可能会改变她的一生。"这点读者不难理解，但宣传册接着写道："在电梯里被野蛮地强暴后，夏子回到房里，为失去了贞操泣不成声。让朋友们惊异的是，她整个人都变了，夏子开始追逐任何她认为可以勾搭得上的男人。"[15]

如果是金发女郎的话（这一幻想世界里的外国女性清一色是金发女郎）则更是泾渭分明：蓝眼睛的姑娘甚至不用被强奸，野性就会自行暴露。我曾在某部色情漫画书里（这类读物每周销量可达百万）读到过这样一则故事：一位居住在郊区公寓楼里的金发外国女郎会勾引她遇到的每个精壮的日本青年：送奶工、邮递员、洗衣工；没人能逃脱这只以男人为食的母老虎之口。最后，青年们觉得有必要采取行动，设伏逮住了这个女人，把她绑在树上拷打。"哦！"她喊道（日本漫画里的外国人总叫"哦！"），"在我们国家，我做的事再正常不过了啊。"青年们自然是大吃一惊，打得更凶了。

真正的性交场面在电影中通常是一系列痉挛式的动作，毫无乐趣可言，拍摄角度会从一把椅子或者一只花瓶后切入，以免露出那令人恶心的生殖器。虽然受害者一丝不挂，男人却总遮得严严实实的，很少会将裤子褪到大腿以下。有时候则完全无需脱裤：皮鞭、蜡烛、手枪和鞋拔一样也能"行房事"。

在无数次见识过使用鞋拔的场面后，观众渐渐明白了这些电影想表现的究竟是什么；到底要祛除的是何种焦虑呢？那就是对男子功能不良的一种绝望的担忧。[16]甚至连制片人对此也毫不避讳。日本的色情作品在其目的性上可谓无比坦诚。但这些充满焦虑情绪的娱乐作品还有更深层次的现实意义。男人在强奸完后，常会做一番痛苦的忏悔，说这是他唯一可获满足的办法。这番话往往会唤醒女人身上的母性，最后受害者会反过来安慰施暴者。

夏子就爱上了电梯里的强奸犯，而他正是一名阳痿的卡车司机。新婚家庭主妇纯子则悉心照料一位闯入她家中、手持大折刀逼她就范的蟊贼。男人忏悔后上演的性爱镜头就像是从慈母片里直接照搬过来的。好吧，差不多是这样……

男人着了魔似的张开双臂，拥抱他们的受害者，拼命吮吸女人

61

的乳房，口中流涎，把她们的双唇啃得啧啧作响。情戏历来有"咸湿戏"（濡れ場）一说。在日本，性爱过程常和水这一最具母性意味的象征物联系在一起。因此在漫画和电影里，继性高潮出现的一幕总是奔涌的浪花和飞流直下、白沫翻滚的瀑布。这两个镜头都属于此类作品的固定套路。另一个使情爱显得更加"咸湿"——也更具孩子气——的惯用手法是在女人的乳房上浇些啤酒或米酒之类的汤汤水水，当然最好还是牛奶，这样男人就能扭动身躯将其舔个遍。

慈母片和沟口电影里所表现出的残酷、爱慕和忧郁的施虐欲的结合体，在色情片里也是俯拾皆是。最受欢迎的色情明星身上融合了野性和母性，这点不足为奇。最脍炙人口的典范是个叫谷直美的女人。这位女优在整个从影生涯中，不断地被阳痿的恶汉捆住手脚，用鞭子抽，用鞋拔凌辱下体，直到最近她才觉得这类片子演够了。她就像电视剧里担纲母亲一角的女主人公那样，遭的罪越多，就越深得观众的喜爱。影迷和影评人都对她不吝溢美之词，赞扬她在被一些可怕物件折磨的同时，"双眸却还是含情脉脉"。

谷直美甚至看着就像一位日本母亲，端庄的和服里揣着一对丰乳。她是男人们发泄胸中积郁的理想对象，恰如那位任由儿子不断捶打自己的耐心母亲。她是身受束缚的"母神"，是以隐忍对待男人功能障碍的替罪羊。

人们有时会问，到底谁才是这类娱乐片中的受害者。女人是不是真如最终分析的那样，是最苦命的人呢？从身体上来看，答案是毋庸置疑的，从精神上来看我则吃不太准。以被奸者的丈夫为例，通常他被描绘成一株逆来顺受的弱草，是参加聚会时缩在角落里的那种人；是典型的"工薪族"（salaryman），下班后去色情影院看黄片，上下班高峰挤电车时看淫秽漫画。紧挨着的人也差不多，埋首于同类书报，有时会趁车厢里令人窒息的拥挤，对一些可怜的年轻女秘书上下其手，后者多半怯于声张。这类偷偷摸摸的揩油行为在日本司空见惯，人称"痴汉"的无名袭击者在色情幻想中十分喜闻乐见。

那么男性读者不是真正的受害者吗？影片《恋之猎人》（'ラブハンター 熱い肌'，1972）里，二十六岁的志摩子嫁了个阳痿的丈夫，正如该片宣传文案所言，"她的夜晚漫长得难以置信"。可一被男人强暴，她的性瘾就发作了，永不知足地渴望皮鞭的抽打。

观众可以感受到性无能、被戴绿帽子的丈夫的受虐倾向，并将之加诸观众席里的许多人头上。这些臆想作品中，女受害者为了帮丈夫保住饭碗，或者避免他们破产，往往会任凭部门经理和课长的摆布。不举和金钱问题无论是在这类故事中，还是在现实生活中，都有着暧昧的联系。真正的施害者当然是令观众席中大多数白领"工薪族"没好日子过的那类人。而更重口味的是，幻想世界中的妻子反而十分享受被这些恶徒侵犯的感觉，甚至在销魂蚀骨之际还惯于大喊："啊，你可比我那窝囊废老公强太多了！"                                                                    63

当然，这类幻想并非日本独有，只需看一眼英美裸体杂志的来信专栏便可知一二。但日本的惊人之处在于同类的脸谱化事物出现的频率，以及其歇斯底里的表现形式。从孩提时代几乎令人窒息的肌肤之亲，到后来面对的社会压抑；从对母亲的理想化，到初次发现女人性欲时的错愕；所有这一切放在哪儿都有可能发生，但似乎没有一个地方会像日本那样，对数量众多的人造成如此惊心动魄的冲击。

第五章

# 活的艺术品

　　热爱大自然通常被看成是日本人审美观的基础。据说，在中国和日本，人和自然融为一体，不像西方，二者呈对立关系，人倾向于对抗自然界的力量。这一观点时常能在传统画卷或水墨画中得到印证。画中人十分渺小，有时甚至难觅其踪。自然风光可不是映衬人的背景板；相反，人倒是大自然的一部分。

　　在艺术和日常生活中，日本人喜欢运用自然界的形象表达人的喜怒哀乐。在将自然界的隐喻和形象织入故事结构这一方面，日本小说家堪称大师。日本人的书信和明信片也总以对季节的简短描述作为开头。

　　不同于世界其他地方，传统的日式住房建得不像是能经受住风吹日晒的石头堡垒，而是一栋看似十分单薄的木屋，且四面都有出口，看上去就和四季本身一样稍纵即逝。

　　传统画中既无定点，也无灭点。若俯视观之，画中物体越高，景反而越远。这给观者造成了一种纵深感上的错觉，而不是立体的错觉；没有阴影部分，画中物没有一样是独立存在的：不管是人、屋还是自然，所有一切都相互融合，浑然一体。

　　这种世界观植根于神道教传统和佛教信仰：在神道教中，世间万物都具有潜在的神性。而在佛教徒看来，人只不过是大自然生死轮回中的一分子。人来世投胎可能是只青蛙，或者是只蚊子。

　　人是自然不可分割的一部分，但这是否令其显得自然呢？我们不妨再打个比方：大自然仿佛一位繁殖力旺盛的母亲，赐予我们吃的喝的，可问题在于，它也蕴藏着可怕的破坏性力量；其会随着毁灭性的地震、凶猛的台风和洪水被释放出来。这就好比女人这类神秘力量，会爆发出可怖的狂热，因此自然必须被降服，或者至少也要得到控制。

　　因此，日本人对自然的态度不单是爱，还混杂着对不可预知力量的深深恐惧。没错，它受到膜拜，但仅仅是在得到人类双手重塑之后。所有那些与日式住家"自然地"融为一体的美丽园林完完全全都是人造的。一棵野草也别想长出来——某些最受推崇的园林则全部由石块堆砌而成。日本人爱自然，但原生态的自然要除外，因为这似乎并不太招人待见。

　　这一"自然"当然也包括了人的自然状态，即人性。波德莱尔（Baudelaire）的箴言"女人是自然的，也就是说是令人厌恶的"恰恰与日本传统思想相呼应。人，尤其是女人，需要重新打扮，培养仪式感，并且尽可能地改造成艺术品。当然了，出于类似的原因，无论我们身居世界哪个角落，做任何事时都很讲究形式。而且，西方社会的一部分人同样表现出过——现在有时仍表现出——对风格的执著。然而，退一万步说，包括日本近邻中国和朝鲜在内的许多国家的文化都比日本文化更包容个体的自我性。

　　日本传统的审美意识往往体现为一种人为的、默默无闻的美。谷崎在小说《各有所好》（'蓼喰う虫'，1928）中谈到这点时提及

了文乐木偶戏 *：

> 真正的小春（剧中一艺伎名）生活在元禄时代 †，可能就像一个娃娃；哪怕她其实不像，人们也会想象她在剧中就是这般模样。那时理想中的美太过含蓄，不足以衬托出她的个性。当个娃娃就已经绰绰有余了，因为任何使她有别于其他人的东西都属于多此一举。简言之，这个木偶版本的小春完美地呈现了日本传统中"永恒的女性"。

谷崎在这部小说里还写到另一位娃娃般的女人阿久。她是京都当地一位品味考究的老淫棍的情妇。用她女婿的话来说，是他"藏品中的一件古董"。老头儿让她穿上旧的丝绸和服，"又沉又呆板，跟链条一样"。她只被允许看传统木偶戏，只被允许吃分量不足的日式菜肴。老头儿把她精心打造成自己的"头号宝贝"。女婿有几分羡慕岳父。想到自己面临的棘手问题，他把"阿久这一类型的女人"视为逃避现实的办法。"最好是能爱上那种可以像娃娃一样被疼爱的女人……老头儿的生活状态似乎显示出他内心十分坦然，而且是得来全不费工夫。要是我也能过上这种日子就好了。"

这种人偶的审美观在川端康成的小说《睡美人》（'眠れる美女'，1961）中被发挥得淋漓尽致。在一家收费高昂、提供专门化服务的妓院里，年轻姑娘被人灌下迷药后陷入昏睡，然后送去给阔老头当一言不发、百依百顺的床笫伴侣。"对于掏了那么多钱的老头们而言，睡在这样一位姑娘身旁实在是好福气。由于他们不能弄醒姑娘，也就不必为自己年事已高力不从心感到难为情。另外，

---

\* 文乐又称"人形净琉璃"，是用木偶（人形）演出，搭配"太夫"的道白和三弦的音乐表演的艺术形式。——编注

† 元禄为日本的年号之一，指 1688 年到 1703 年的期间。——编注

66

他们可以浮想联翩，尽情地回忆昔日伊人。"

川端在书里几次将这些睡美人比作佛教里的神祇，拯救并宽恕老翁们的罪过。"没准她就是佛祖的化身，"老头暗自想道，"没准就是这样。毕竟，有传言说佛祖会佯装成妓女。"这些被迷晕的姑娘和佛祖一样，不光形似玩偶，同神秘佛像那样全无个性，而且纯真无邪。她们可以被人玩弄，但终究不可玷污，因为她们虽是供人睡的对象，但清清白白。川端似乎在说，只有依靠这样的单纯，人才能获得拯救，并接受死亡。 67

类似的情形也出现在若松孝二拍摄的《无水之池》（'水のないプール'，1982）一片中。一个地铁站的年轻检票员发现了强奸女青年的绝佳办法。他在夜间潜入她们家中，用皮下注射器在房间里喷洒氯仿。待姑娘适度昏迷后，他就能为所欲为了。其中有一幕，他将三个熟睡的裸女放在布置得如同节庆般的餐桌旁，然后仔细地用口红和胭脂为她们化妆。他手中的宝利来相机的闪光灯不时闪动，凸显出这组奇异、无声的景象中透露出的灵异之美。这在日本算不上最离奇的电影。无名强奸者在日本娱乐作品中可谓司空见惯的形象，可以想见，对于隐姓埋名的幻想在日本一定很有群众基础。我们清楚地感受到，这部片子对匿名强奸者怀有深切的同情。在最后一幕定格画面中，他向我们吐舌头：他藐视这个世界。这或许可以从社会角度得到解释：在日本很难独自生活，在传统住房里就更加不可能。再说了，在一个如此看重颜面的社会里，人际关系充斥着责任和义务，纷繁复杂，要参透这点可不容易。

另一方面，日本人普遍害怕孤独，担心与人疏远。克服这点的办法似乎是隐姓埋名地混迹于人群中。人们通过合群，却又不真正与人交流来获得心理宽慰：于是，我们每日在东京见到数以千计张毫无表情的面孔，人们在柏青哥弹珠机前流连忘返，或静坐在一排排长椅上，像是神情恍惚的流水线工人。匿名强奸者的幻想也是由此而生的。

　　对玩偶式女性的偏爱也有许多不那么反常的表现形式。举例而言，"玩偶女"是百货商店一道亮丽的风景线，她们被训练得尽可能和木偶一样。这些开电梯的姑娘身穿漂亮的制服，戴着洁白的手套，用做作的假声迎接顾客，继而再按照规定摆动手臂，一上一下，一左一右，活像玩具兵，动作一成不变，总是指向电梯运行的方向。

　　这些姑娘不仅被训练得像舞台上男扮女装的演员那样说话，而且还像从事高雅艺术那样练习礼仪性鞠躬，务求精准无误。一位自豪的人事经理曾带我参观一座训练中心，他向我解释怎么用机器教这些姑娘正确鞠躬。这是台不锈钢制的新鲜玩意，立在一尘不染的房间中央。一条钢臂顶着姑娘们的背，将她们推到理想的角度：15度、30度、45度，电子屏幕上精准地记录着这一切。"您知道么，这不光是给新人练习用的，"经理信誓旦旦地告诉我，边说还边用手杖戳了戳一位年轻职员，"老员工也时不时喜欢用它来练习一下鞠躬。"更有甚者，部分商店为了省钱，还决定采用真正的人偶替代活人，可是此法不通：顾客抱怨说机器人没有人情味儿。

　　说到展示玩偶式女性，电视可谓一面琳琅满目的橱窗，比方说深夜档节目里登场的所谓"吉祥物姑娘"，她的唯一用处就是坐在椅子里，对着摄像机挑逗式地眨眼，而且自始至终不能说话。在西方也能见到这类人：譬如展会上站在车顶的模特。这些身着比基尼的尤物至少还装得有事情可干，哪怕只是把道具递给问答竞赛主持人。但在日本，姑娘们只是杵在那儿，打扮得漂漂亮亮，但神情漠然。

　　少年"偶像明星"往往是玩偶。在经过精心规范、再三指导和千锤百炼之后，他们身上起初可能存在的任何自发性都将荡然无存。每个动作、每个手势、每个笑容、每句话都是彻底训练的结果。近年来最极端的一例是一对叫"粉红淑女"（ピンク・レディー）的演唱组合。两位有着大长腿的姑娘风靡大街小巷，红了几乎有三年

68

之久。她们不仅唱歌跳舞时动作完全一致，就连讲话也是异口同声，而且始终带着电梯间姑娘的那种假声。

这样的情况持续了数年，之后，尽管十分偶然，但塑料般外表的背后开始透射出一缕人性的微光。这一细微暗示，说明"粉红淑女"其实是人，而不是聪明的机器人。恰恰从这时起，她们在青少年中的女神地位开始动摇。当两个娃娃身上的生命力充分苏醒后，她们谢绝了一档久负盛名的新年大联欢电视节目的邀约，会过气也就势所必然了。

很明显，许多所谓的"名流"，比方说美国电视节目上的那些人，和日本演员一样也经过精心雕琢，与他们的"真我"已是相去甚远。不过表演方式不尽相同：在美国，演员训练是为了显得自然，不拘一格，一句话，得真实。演戏就要演得"自然"；不能让人看出这一切都是假的。怎么说电视表演者也是名流。 69

在日本，情况往往相反。人们对"真我"不那么感兴趣，也不尝试掩饰假象。相反，人们对矫揉造作的表演倒是很欣赏。演员不会刻意装得不拘一格或贴近真实，因为只有外在形式，或者也可以说是伪装之道，才是表演的奥义。这倒不是说日本的专业电视演员都会表现得很不起眼，事情往往是反过来的：电视给一些人撒泼胡闹大开便利之门——像疯癫的小丑那样大喊大叫——毕竟这不是个真实世界。不消说，这和一本正经的那一派同样做作。

以传统木偶戏为例，文化差异便十分明了。西方的戏台上，操纵木偶的人不会露面，为的是让木偶尽可能显得真实。而在日本，表演者会手提木偶一道登台：没有理由把他们藏起来。观众想要看到他们，好欣赏其技艺，这就好比早期日本电影观众既对银幕上闪烁的画面如痴如醉，也对放映员深深着迷一样。这样说来，美国名流和日本达人或许都是木偶，但普通美国观众不希望有人道破这一点，日本人则并不介意。

同样的原则也适用于社会生活。一个社会越重形式，人们扮演的角色也就越鲜明。从这点来看，日本这个民族就很好理解了。表演，即有意识地按照规定模式表现自己，这在任何地方都是社会生活的一部分。但是越来越多的西方人痴迷于故作"率真"，以至于自欺欺人地认为他们不是在演戏，而是……本来即是如此。极端的暴力被视作是"忠于自我"，值得赞扬。在日本，多数情况下，个人意愿仍得服从于社会形态。日本人是个礼貌的民族，因此多数人大部分时间都在做戏。

当然多数日本人都能意识到这点。个人在公开场合和私底下的形象差距之大，往往令人震惊。开电梯的姑娘一下班，嗓门就会低几个八度：她变成了另一个人。很显然，日本人同其他人一样也有独立人格。但个人情感也只有在需要亲昵的场合（通常是酒桌上）才能得到发泄，这种时候迸发出的情感也许常常显得过于伤感，但那又是另一番做戏了。

所有这一切都使得日本的生活在外人眼里极具戏剧性，甚至连人们的穿着往往都很做作。总而言之，日本人所崇尚的身份与他们所处的团体及所从事的职业挂钩，而不是仅仅被视为个体。没有哪位称职的日本厨师会愿意被人瞧见自己没有戴高高的白帽；"知识人"都戴贝雷帽和墨镜，如同 20 世纪 20 年代活跃于巴黎左岸的流亡人士。文身的帮派分子穿着艳俗的条纹西服。简言之，所有人的穿着都视其角色而定：就连无业游民也像极了舞台上的流浪汉，衣衫褴褛，头发像打了结的绳子一样垂至腰际。

这种顺应规范化模式的倾向也许在传统艺术中最为突出。这些模式，或者形式，在日语里叫"形"。举例而言，歌舞伎就以"形"为基础：演员从小就通过模仿师父，学到了一整套传统的姿势和动作。因此，除名伶自己添加的、只有内行才看得出来的元素外，戏中每个人物的动作编排，小到最小的细节，几个世纪以来从未变动。

有意思的是，歌舞伎中的不少姿势和手势是直接从木偶剧中照搬而来的。

但是"形"也有着更加现代的面貌。日本厨子不同于法国或意大利同行，一般不会自行创造菜谱。相反，在经年累月地模仿师父的动作后（还真就是模仿，因为日本烹饪更多考验的是刀工，而不是对各种佐料的搭配），他就学到了自己这一行的"形"。说到底，学做生鱼片跟学习空手道的腿法是一回事：都是靠不断地模仿既有套路。

无论是切鱼、摔倒柔道对手、插花，还是社交中的做戏，"形"在做这些事的时候理应成为人的第二天性。对于"形"的学习，日语里有这样一句话："体で覚える"，也就是说要身体力行地去学，用身体记住；像小孩子学游泳，甚至是学鞠躬，他们还在母亲背上时就已开始这种学习。这一过程时而还要伴随师父和师兄的不少欺凌，这被认为是一种精神锻炼，像极了旧式英国公立学校里以大欺小的现象。只有长时间忍下来的学徒才能指望当上师父。很显然，一位厨师学徒将一生中的三年时间用来学习如何正确地将饭团砸进左手掌后，是不会揭穿这种劳形伤神的学习方法的：他经历的磨砺已经太久、太严酷了。

有意识的思考被认为是臻于完美的阻碍。日本师父从不做解释，询问为何要做某事是没有意义的，重要的是形式。人们常能看见生意人在拥挤的月台上练习高尔夫挥杆的动作，或者看到学生反复练习投掷棒球，不过也仅仅是做做动作而已。棒球和高尔夫很难算得上是日本的传统技艺或非常崇尚精神的活动，但是学打棒球和高尔夫的过程完全是传统的。人们认为，只要肯苦练规定动作，自会有如神助一般击中来球。同理，著名禅宗射手拉了几年弓后，闭着眼睛也能射中靶心。基本上可以说，理想情况是形式左右人，而不是人左右形式。

　　一位著名的日本文化批评家曾将这种以"形"为主的文化——他称之为"艺道"——与另一种重内容、轻形式的较为轻松流行的文化作了清楚的区分：依照他的观点，"艺道带有浓重的宗教色彩，充斥着武士阶级的贵族思想。另一种文化蔚为大观时，脱离了宗教，继而以庶民百姓的玩乐精神（遊びの精神）为基础"。

　　在大多数国家都能作类似区分，但其是否真的合理呢？答案只能是仅仅部分合理。贵族艺术和民间"玩耍"之间显然有差别，但这两种传统的确能互相影响，彼此反哺。因此，把一种归为形式艺术、另一种算作实质艺术的说法是令人生疑的。不过，日本人即使是沉浸在最通俗、最忘情的玩乐之中，仍不忘遵守"形"的规则，这点着实令人称奇。

第六章

# 卖身的艺术

关于生活与戏剧存在交集这点，最鲜明的例证是有史以来最成功的玩偶女人：艺伎。然而，人们对日本的这一象征物也存在相当大的误解。无疑，她是终极的活体艺术品。这种艺术不仅现在是，过去也是人们喜闻乐见的，而且具有很高的美学造诣。正因如此，艺伎象征着日本人的美感。她的一切举止都是风格化的，严格遵循审美原则。她的"真实的自我"（如果确有其物的话）被小心翼翼地掩藏在（假使这个词使用得当）舞台形象之下。同歌舞伎男演员及相扑选手一样，她也经常沿用某位知名前辈的名号；就连她自己的面容，也因为遮蔽在一层白如大米的浓妆下而变得难以辨认。

传统艺伎仍然存在，但不管是出于自愿，还是为生活所迫，肯忍受艺伎生活的严酷和约束那一套的女孩已是越来越少。艺伎馆的社会地位也是日渐式微，以至于只有极少数的日本男人见识过传统茶馆的底里。同许多古典艺术一样，"艺者游"（芸者遊び）——即玩艺伎之意——业已成为少数人能够消费得起的一种昂贵消遣：这

些人多为政客和商界大亨，选在茶馆这一不起眼的地方瓜分经济奇
迹的成果。

　　京都某位做过艺伎的妇女曾对我说，多数顾客已经不谙"艺者
游"的门道了。以传统的机智对答方法训练出来的艺伎——在其全
盛时期也不免显得生硬呆板——得到的只有顾客茫然的眼神。这让
整个游戏变得"只有来，没有往"，就像对着一群不明就里的足球
迷表演伊丽莎白时代的古装戏一样。原本一开始只是对生活的戏剧
化呈现，现在则完完全全成了戏文本身。艺伎的台风在过去一度引
领风潮，如今则永恒凝固在形同鬼魅的盛装表演中。艺伎似乎作为
传统岁月的活的见证人，被保存了下来，好似昂贵的时空机。（这
些表演着实价格不菲，每人收费少说也有五百美元，且必须经过必
要的引见，否则连门也别想踏进。）

　　艺伎会演的命运跟歌舞伎颇为相似。在过去，大众戏剧的观众
对演员和剧情均了然于胸，清楚地知道该在何时叫好，何时又该朝
舞台上的演员喊些往往十分下流的俏皮话。因为这一套也是有规矩
可循的，必须坚持"形"。如今，每家剧院都会雇用一名正式的捧场者，
很巧妙地安排他坐在观众席中，由他在恰到好处的高潮时刻喊出演
员的名字，以求营造出一种旧时的氛围。与此同时，一组组乡下来
的观众依靠耳机里播放的解说录音，努力跟上剧情的发展。退一步
来讲，这些机构的活力虽然丧失大半，但这一点并无大碍，重要的
是有助于塑造它们的思想还在，尽管常常会流于低俗。

　　夜总会女招待和酒吧女取代了艺伎和高级妓女的地位，而浮世
绘拥趸所熟知的"浮世"则蜕变为"水营生"（水商壳）*。毫无疑问，
作为供人娱乐的艺术品，女人的重要性无论是在社会意义上，还是
在艺术水准上均未减退。在下面的章节中，我将对"女戏子"变化

73

* 指酒楼、饭馆等提供的接客服务。——编注

的形象做出分析，这么说是因为没有更好的说法。为了了解她们在现代社会中的重要意义，有必要简单介绍一下她们的历史。如果你好奇于一本谈幻想的书为何要写真实人物的话，那么请记住，日本从事"水营生"的女性确属幻想，虽然是大活人，但仍只是幻想。

要区分纯粹的表演者和妓女总是不太容易。据说，哪怕是现在，现代夜总会里也只是部分女招待堕落风尘，有些则不是。这同日本生活的许多方面一样，都要视情况而定。艺伎当然不是妓女，尽管在过去，艺伎的主人按惯例会将她的初夜权高价卖给一位特别受宠的顾客。现如今这种做法已不复存在。艺伎只卖艺不卖身，但她仍是旧传统的一部分，卖淫在这种传统中扮演着不可小视的作用。

74

10 世纪和 11 世纪期间，妓女是深受平安时代达官贵人们青睐的玩伴。而到了镰仓（1185—1333）这一武士的黄金时代，姑娘们经过特别调教，除了要掌握明显的性爱技巧外，还要掌握多门技艺，以服务上层的武士阶级，天皇本人也算在内，这里补充一句，他除了和姑娘们"玩乐"外，几乎无所事事。

到了 16 世纪，军事统治者丰臣秀吉下令，卖淫活动从此将被限制在特别许可区内。这标志着一种独特文化就此发轫，其蓬勃发展、欣欣向荣的势头一直延续至 19 世纪末。时至今日，人们仍能感受到它的影响力。纵观人类历史，还从来没有哪个国家的妓女像江户时代的艺伎一样，对本国文化起到如此重大和显赫的作用。

自 17 世纪以降，获特许经营的妓院既充当了日本权贵阶层的沙龙，亦为一代代剧作家、诗人、版画家、作家和音乐家提供了灵感。不少关于三百年前某位艺伎坎坷人生的歌谣最初都是从妓院里唱出来的，而且传唱至今，演唱者多半是偏爱古风雅韵的中年贵妇。

妓女的世界同日本社会一样等级森严。在高级妓女"太夫"和普通妓女"游女"或"汤女"之间分有许多等级。后一种在公共澡堂中招揽生意，而"太夫"虽往往出身卑微，但颇具艺术造诣。一位生活在 18 世纪下半叶、名叫"高尾"的"太夫"据说在插花、茶道、诗赋方面是行家里手，不仅如此，她还擅长演奏好几种乐器，精通艺术，牌技超群，此外还懂得嗅香——这门技艺自平安时代以来便受到热捧。[1]

"太夫"不单单是一位出色的艺术家，她本人也是一件上好的艺术品。当一位名妓驾临一家茶馆时，身后会跟着一队小丑、学徒和奉迎者组成的随侍，在他们的簇拥下，她会摆出一系列精巧的戏中姿态，像极了旧时好莱坞女星翩然走下洒满灯光的阶梯。这么做的戏剧效果很强，犹如某种表演艺术。借美国学者唐纳德·夏夫利（Donald Shively）的话来讲："顾客与某位高级妓女第一次见面的场景，连同其仪式及极具特色的说笑，真可谓早期歌舞伎中流行的'妓女色诱'滑稽小品的升华。"[2]

戏剧和卖淫从一开始便紧密相连。游走四方的表演者往往是舞者或佛教的说书人，但她们常常也是妓女。据称是第一个歌舞伎剧团创立者的阿国是个具有传奇色彩的人物，人们常说她身兼多重身份，赚得盆满钵满。她的公开身份是"巫女"，从属于某个寺庙，但她女扮男装的表演却是为戏后进一步调情所打的色情广告。

担心出乱子的统治当局试图通过禁止女优登台来制止这一乱象。结果只是少男顶替了她们，享受着富有的庇护人施予的荣宠。井原西鹤这位 17 世纪歌舞伎的观察者有些愤世嫉俗，他曾经评论道："说真的，这世上找不到比不得不在这种环境下讨生活来得更痛苦的一件事了。演员和妓女真的是太像了，他们都有着无可奈何的命运。"[3]

在江户、大阪和京都的淫窝里，现实和幻想往往相互混淆。真实生活中的阴谋、丑闻和爱情断伤几乎刚刚发生，就立马被改编成歌舞伎剧院里上演的剧目。春宫图中，名伶和同样名噪一时的妓女被描绘成正在行苟且之事，尽管画中人往往难以辨认。更确切地说，

75

画中人只是真实人物的理想化形态，并采用知名前辈的艺名罢了。（这种习惯依旧很普遍，即便是在和杰出前辈毫无关联的情况下亦是如此：我在脏兮兮的综艺场所里见过三流演员无不自豪地给自己贴上歌舞伎名门世家的名号。）

17 世纪的专业评论家像评论演员那样评鉴妓女。所谓的《游女评判记》算是介绍不同妓院的批评性导游指南，其中附有对当地妓女本领的详细评语。这些导游书无论在观点还是在设计上，都酷似介绍演员的评鉴小册子。当然了，后一种手册一开始几乎只专注于演员的外表美，而不注重他们的艺术造诣。尽管如此，妓女绝对被视为艺术家，她们的表演与她们极力效仿的戏剧具有同样的戏剧性。这里再度援引唐纳德·夏夫利的观点："倘若说歌舞伎的色情元素让人出乎意料的话，那么妓院可以说是爱的舞台。舞台上，乡下姑娘打扮成闭月羞花的佳人，卑贱的商人则摆出一副大人物的派头。"[4]

人们很少对玩这种游戏抱有道德愧疚感。只要男人尽了义务，供养好家庭，不使祖上蒙羞，他们就能自由自在地纵欲。当然，前提是他们负担得起。男人的家庭生活和情感生活就是两回事。毕竟，选择妻子的理由和浪漫无关。况且性本身并不是罪过。因此，只要与妓女玩乐仅限于玩乐，就不会出现反对之声。尽管政府从 1958 年起禁止卖淫，上述现象大体上依旧存在。

"游戏"或许比性本身更加重要。人们如今依旧能看见日本商人在东京的夜总会里将公款统统挥霍在与女招待鬼混上。这种专业的社会交际在远东具有悠久的传统。例如，在中国的唐朝，有钱的士绅、鸿儒和诗人身旁都簇拥着博学多才的官妓。[5]

只要供养得起，男人在家少说都有个三妻四妾。根据儒家的道德规范，男人有责任一碗水端平，让她们个个获得性愉悦。然而，除了生育后代（最好是儿子）、操持家务外，这些体面的女性很少在社交上有所建树。她们大多目不识丁，幽居在家中的后屋内，对外界一无所知。因此，为了能找到令他们更心动的异性做伴，中国士绅只好去狎妓。这些女子除了舞姿曼妙、歌声悦耳外，还能侃侃而谈，对答如流。最好的茶馆是艺术沙龙，而非性交之地；若要解决性需求，大可去逛廉价的窑子，这些场所主要是为养不起几房太太的男人开设的。艺伎和恩客之间的关系受到严格的礼仪规范制约。就算真的发展出性关系——谈吐优雅的打情骂俏满足得了一时，满足不了一世——之前也得有一番苦心追求作为铺垫：互换情诗，欲擒故纵，花前月下，临了当然少不了一笔重金酬谢。

我们不由感到，真正的性行为一定颇为扫兴，因为需要重申的是，性爱并不是重点。令中国古代的淫棍们兴奋的是那种优雅的调情，精心的追求，简言之，是男女之间的"嬉戏"，那种宛如高雅艺术的风花雪月。这种情况似乎也发生在平安时代的日本人身上；或者，更准确地说，也发生在一小部分模仿唐代中国高雅生活方式的贵族身上。不过贵族代表了平安时代的文化，而其他人实在太穷，没钱找什么乐子。

滥交是宫廷生活的一部分。想到出身名门的男女几乎从不见面，这或许令人意外。大家闺秀被藏在深闺中，靠信得过的中间人传递情诗和恋人交往。即便恋人共处一室，女子也常坐在一面屏风后。幽会多半发生在夜晚，周围一定黑得伸手不见五指，因而肌肤之亲也断不能看个真切。尽管如此，如果参考《源氏物语》和《枕草子》这两本记录当时宫廷生活的著作的话，可以发现，平安时代的贵族行房很频繁，而且经常更换床笫伴侣。但是同唐朝一样，这种游戏的规则复杂而严格。凡事不仅要做得漂亮，还要讲究个礼数。另外，玩归玩，绝不能影响到履行家庭责任。

已婚妇女之间的等级关系（这是一个奉行一夫多妻制的社会）必须得到尊重，尤其是要尊重正房的地位。嫁娶对象的等级和阶层是择偶时首要考虑的因素，一个家族有没有势力，基本就看婚结得

聪明与否。换言之，婚姻是一项政治制度。可是，尽管当时的男女
比起后世的人们可以更自在地寻欢作乐，日本却从没有高尚的"纯
爱"传统。脱离了纯粹的性魅力、仅作为一种抽象理想存在的爱情
直到最近才出现。或许同性恋是个例外。

伊凡·莫里斯曾经写道：

> 由于缺少关乎忠贞、呵护和为爱消得人憔悴的那种崇高爱
> 情理想，并且由于对滥交存在宽纵之风，这就使得男女关系在
> 紫式部的世界中往往显得轻浮佻薄，甚至无情无义。我们有一
> 种印象：撇开情诗中所流露出的所有高贵情愫，当时的男女之事，
> 尤其是在宫廷内，很少融入真情实意，往往只是行色诱之事
> 罢了。[6]

换言之，这是一场游戏，多亏品味格调在其间扮演的中心角色，
这一游戏才避免堕入某种粗俗、龌龊的境地。[7] 一段情事的高潮也
许不在于销魂蚀骨的一夜云雨，而在于翌日早晨按照严格的审美规
范进行的吟诗作赋。这些十分俗套的诗歌创作极少提及爱情或爱人，
却描述了黎明时分被泪打湿的和服袖口，或者是宣告分别在即的无
情的鸡啼声。在平安时代，一位风流倜傥的公子哥甚至给情人寄去
了一只扫人兴的公鸡的羽毛，顺便还附诗一首：

> 如今它已死——
> 这只无情鸟
> 它的尖啼划破黑夜的宁静
> 可是黎明，哎，终究还是会来到
> 终止爱人们的欢愉。[8]

似乎人们沉浸于风流韵事，为的只是发出一声华丽的叹息，满怀幽怨地感慨光阴的短暂。他们无疑是有感情的，但这些感情在受到审美程式和社交礼仪的熏陶后，大体上得到了升华。人类情欲及其肢体表达并不受限于一种抽象的道德准则——不管是侠义精神还是罪孽思想——而是受限于审美意识和礼仪本身。爱情成了一门为艺术而存在的艺术，一台精美绝伦的大戏。不能通过这一方式获得升华的情感则在宫廷闺秀们笔触伤感的日记中得到了倾诉。她们的文学造诣至今无人能够超越。

从很多方面来看，江户时代烟花柳巷里的"浮世"延续了上述两种传统：儒家的双重标准以及平安宫廷内的装腔作势。与古代中国相仿的社情催生了对专业女性陪伴的需求。尽管日本人总的而言还是奉行一夫一妻制，但是儒家道德观具有强大的影响力，"高级妓女的文化成就是市井小民的妻子无法企及的"。[9]

江户时代妓院的礼节习俗受到平安宫廷生活的影响，同时也往往是对后者的照搬照抄。妓女借用《源氏物语》中大家闺秀的名字。[10]介绍烟柳巷的向导书，譬如1655年编撰成册的《桃源集》，有着《源氏物语》等著名传统作品的经典文风。虽然几近讽刺，但此类出版物散发着一股贵族气息。

当然，这只是一种精心营造的幻想，因为平安贵族的堕落生活和江户时代的淫乐窝之间有着本质区别。一方面，后者具有真正的民主氛围。在一个鲜有阶级流动空间的时代，这么说也许显得有些矛盾。事实上，在妓院和戏院里的消遣，是人们为数不多的挣脱当时令人窒息的社会限制的方法之一。不仅所有阶层人士——上至武士，下至卑贱的商贩——都会光顾这些特别许可区（这让政府大为不悦），而且那里上演的戏剧，也是对社会本身的描摹。

戏院里，社会弃儿——优伶被迫生活在贫民窟——饰演耀武扬威的武士和气质尊贵的宫廷贵妇。他们穿戴得极其华丽、光鲜，盖过了贵族的风头。简言之，他们打破了那个时代最严肃的禁忌之一：模仿上层阶级的举手投足。烟柳巷真好比一个舞台，演员在上面可以越过雷池，扮演日常生活中的禁忌角色。在一个视外表风范为根基的社会里，这一点几乎具有颠覆性。这些演员曾被比作是宗教里的替罪羊，为了净化禁忌而打破禁忌。[11] 毕竟，宗教节日的传统功能之一，就是仪式化地打破禁忌。

妓院里的贵族主要由村姑组成，她们把黑皮肤涂白，以示高贵，并操着一口以京都方言里的敬语为主体的做作腔调——这种方言堆砌辞藻，动词尾缀使用考究——以掩盖她们的乡下口音。[12] 即便身为嫖客，也得通晓妓院的礼节习俗，否则会被笑话是无知的土包子。这一下场对于江户时代的花花公子们而言可是比死还要难堪。

要想赢得一名高贵"太夫"的芳心谈何容易。必须对她展开追求，而这又恰如平安时代的宫廷，受制于严格的礼仪规范。一个鄙陋的、不谙规矩的乡野村夫想要把"太夫"追到手，就同一样土里土气的现代人想要获得顶级时装模特的爱慕一样，希望渺茫。

本章先前提到的向导书，既教会了普通人妓院里的那套繁文缛节，也激发了他们将自我代入其中的遐想。即便这些导游书日后蜕变为一种纯粹的文学类型，即所谓的"洒落本"，它们也从未丧失说教的作用。这些书在 18 世纪风靡一时，作者往往是武士阶层中的知识分子，对青楼生活了如指掌。那个时代的每一个纨绔子弟都梦想着成为"通"（指才华横溢之人），深谙妓院里的规矩。他们过度沉迷于描写底层社会风雅之事的细枝末节，以至于作品今天读起来几乎如同天书。

典型的"洒落本"故事经常围绕一名"通"和一个佯装是"通"的土包子而展开。故事中被嘲笑的总是那个明明不懂规矩却还装模作样的粗汉。然而，光懂规矩亦不足成事，而这正是《游子方言》一书的中心思想。在这部出版于 1770 年、由"田舍老人多田爷"

这位老绅士创作的名著中，一位父亲带着儿子第一次逛妓院。作为见识成人生活乐趣的入门课，这种做法并不罕见。当爹的为人招摇而讨人嫌，自豪地炫耀自己对宿娼之事有多么轻车熟路。儿子则性情温顺，为人谦逊，对妓女们客客气气。不消说，某位姑娘最终只会肯赏脸与他共度良宵，而不是与他那大呼小叫的父亲。一位真正的"通"要懂得如何取悦妓女。

色情指南书的市场远未饱和：一本名为《夜生活教科书》（'夜の教科書'）的当代书籍曾畅销一时。该书详细而耐心地告诉我们 <sub></sub>如何在夜总会、酒吧和"卡巴莱舞厅"（也就是廉价夜总会）找乐子，且不出洋相。比方说下文就详述了应如何与陪酒女聊天：

81

> 每个人都和其他人差不多，这在陪酒女身上体现得淋漓尽致。她们的化妆技巧同演员和艺人如出一辙。好，当你与一位陪酒女初次见面时，不应脱口而出说她长得像某位歌星。人人都会这么做，但你该做的，是穷极各种好话赞美那位歌星，夸她多么多么性感，云云。接着，你要尽可能装得漫不经心，随口道出服侍你的陪酒女多么像那位歌星。

老练的"通"，无论过去还是现在，都会像艺伎那样作孤傲的漫不经心状。他严守正式的行为规则，但会略显随性，让人看不出他是否使出全力。这就是被日本人唤作"粹"的那份优雅，这个词的译法多种多样，可译成"风度翩翩"或"潇洒时髦"，但都不甚准确。[13] 岁月的历练和来之不易的经验有助于塑造"粹"。这从穿衣细节上也看得出来：和服上漫不经心系着的腰带，或一个近乎粗俗的大胆设计。"粹"是一种对规则敷衍了事却又从不真正触犯的做派，是一种直接源自妓院生活的审美观。

话说回来，这片花天酒地的世界里还是有一条规矩不得打破；

这同平安宫廷里的情况多少雷同：玩耍只能停留于玩耍的层面——
这些淫窝里的禁果不是性爱，而是情爱。[14] 男女坠入情网的话，会
被认为极度缺乏教养，甚至是伤风败俗。总之，艺伎只能是一件艺
术品，一种没有真正个人身份的幻想。江户时代的烟花巷里曾盛传
着这样一句话，"痴情的妓女和方形的鸡蛋一样是稀罕物"。[15] 此话
并无贬义，只不过表明艺伎乃艺人之意。

　　艺伎和优伶是他们那个时代的时尚引领者和超级明星，因此，
事业有成的戏子有时会腰缠万贯，甚至还同权贵们打成一片。不过
他们同时也处于社会等级的最底层。东京最大的旧红灯区吉原如今
遍布着艳俗的"按摩院"，一侧紧挨着"部落民"的聚居区。"部落
民"指的是因宗教信仰被认为不洁且遭放逐的人，好比印度的贱民。
从某种意义上讲，与放逐者厮混，让人们因挣脱束缚而深感震动
（frisson）。印度人与寺庙里的姑娘性交也是出于相同原因。可当玩
乐带上个人色彩，而且动了真情的时候，就会对阶级体制构成直接
威胁。除此之外还有另一层危险因素，爱上妓女会让人倾家荡产，
这在一个愈加重商主义的社会里可是一项大罪。

　　有个例子可以说明，政府对处置社会风气败坏的危险高度重视，
这个例子就是江岛—生岛事件。江岛（1681—1741）是个地位很
高的侍女，她曾经是著名歌舞伎演员生岛的秘密情人，这种关系维
持了九年，直到他俩在某次演出结束后的宴会上喝得酩酊大醉、双
双被捕为止。这件事酿成了不幸的后果，他俩的绯闻公开了，涉事
的所有人均遭到严惩：有些人被处死，其他的跟生岛一起被流放到
孤岛上。他的剧院被夷为平地，所有其他歌舞伎剧院也被迫关张三
个月。

　　玩归玩，但不可发展成爱情，至少理想是这样的，然而现实生
活中是否总是这样呢？风尘女子在多大程度上是活生生的玩偶呢？
很明显，哪怕是最优雅的纨绔子弟和妓女，他们装出的漫不经心也

是有限度的。无论幻想世界的规则如何，他们终究还是人。无疑，人们偶尔难免会坠入爱河，会情不自禁地表达情感，顾不上这么做的社会危险；也并不是所有交谈都是轻佻的对答。在禁断的感情和幻想世界之间，在合法的色情和违法的爱情之间，简单而言，在游戏与现实之间，存在着一股张力，这股张力在前现代日本是流行戏剧和文学作品的重要主题。妓女和她们寻欢作乐的情郎在遵守轻佻的游戏规则时，不得不面对一个无比严肃的问题：如何做到生活在德川社会而不丧失人性？

或许大多数小说家对此从未进行过深思，因为他们很少触及比人为色情主义的优雅外表更深的层面。但有两位生活在 17 世纪的作者以迥异的方法做到了这点：剧作家近松门左卫门（1653—1725）和小说家兼诗人的井原西鹤（1642—1693）。近松是武士之子，而西鹤（人们记住的一般是他的名）则出生于商贾之家。两人严格来讲都不算江户人，因为当江户还只是一座欣欣向荣的小乡镇时，他们一个寓居大阪，一个身在京都。然而，这二位仍旧被认为是江户时代最伟大的小说家，至今代表了许多日本人看待妓女的态度。 83

商人之子西鹤是个典型的小市民，品行如同下流的小店主。只要生意还过得去，账单能及时付清，一个人如何打发剩余的时间，别人可管不着。西鹤创作的故事同其他遵循贵族传统的作家不同，写的大多是那些自食其力的人。很典型的一点是，金钱在他的作品中占据了日益重要的地位。他曾经写道："不管小市民的家世门第如何，有钱他就有了出身。不管某人祖上如何风光，他要是没钱，就连耍猴的都不如。"[16] 他最著名的一部冒险题材小说是《好色一代女》（1686）。沟口健二根据原著，拍摄了《西鹤一代女》这部经典影片，字面意思是"西鹤女人的一生"，不过在西方更通行的译法叫《阿春的一生》。故事采用第一人称视角，属于对佛教忏悔的讽刺性模仿。主人公是出身高贵、受过良好教育的女子阿春，最终沦为普通的站街女，在夜色中掩藏其年老色衰的容颜。但即使这样也不再能吸引男人后，她只好出家为尼。但她给自己孤独的住处起名叫"迷情斋"，而且穿和服的时候，依然像个妓女那样将腰带束在身前，姿态颇为放荡。当着两位男性访客的面，她将自己堕落的人生娓娓道来，并点燃香烛，让后者感觉仿佛置身妓院，而非寺庙。

将西鹤原著中的阿春同沟口健二电影里的阿春进行比较是一件有趣的事。原著讲的是一个女人如何放任自流。西鹤十分犬儒，且由于受时代限制，他不可能将阿春描绘成社会的牺牲品——不过，与同时代的大多数人不同，他对买春的阴暗面心知肚明。正如他笔下大多数的多情种，阿春并不比她应有的面目更纯洁。故事里，她有好几次都可以选择过平平淡淡的体面日子，但每一次，她都选择了更吸引人的淫荡生活。正如色情产业从业者所言，她身上流淌着水性杨花的血液。

但是有个情节最能反映出西鹤原著同沟口电影之间的区别。西鹤讲述阿春因为妓院生活累得精疲力竭，转而去寻找给人当住家女佣的体面营生，装得一副天真无邪的模样。可是好景不长，每当她那情欲旺盛的东家和老婆做爱时，"幛子移门便咯咯作响"，阿春忍不下去了，于是在某个宗教节日当天勾引男主人，"让他将佛门之事忘得一干二净"。故事结尾，阿春赤条条地奔跑在京都街头，嘴里唱道："我要一个男人！哦，我要一个男人！" 84

反观沟口镜头下的阿春，则成了接二连三的粗鲁淫棍的悲惨牺牲品。是她的男主人，以最下流的方式勾引了她。对于这位沟口眼中天使般的女主人公而言，赤身裸体跑到街上并因欲望狂性大发这一幕，即使审查官选择放过，也无法想象会出现在影片中。西鹤的故事是对佛教忏悔寓言的讽刺，但在沟口电影的结尾，阿春像一位真诚悔过的尼姑那样挨家挨户地化缘。不见了西鹤犬儒式的嘲讽，有的是一位真正佛教徒惆怅的听天命思想。

西鹤的《好色一代女》是一则讽刺故事，但讽刺的不是社会本身——那样做太危险——而是那些寻欢作乐且欲壑难填的人的荒唐面目。该书的讽刺之处可归纳为一则放之四海而皆准的心理事实：人们越是追求肉体欢愉，就越是无法获得满足。西鹤笔下的人物正是因为其弱点才变得活灵活现，但他从未对其表示过一丝轻蔑。他们或许是轻浮佻薄、自轻自贱的傻瓜，但这群傻瓜无疑很有人情味儿。

沟口忠实的脚本作者依田义贤创作了《阿春》一片的剧本，他常说，日文片名应该叫《近松一代女》，而不是《西鹤一代女》。这么说的原因有很多。沟口矛盾的道德思想与这位著名武士之子的精神气质要接近得多。近松门左卫门比西鹤更注重道德。武士阶层的人瞧不起赚钱这档子事，尽管他们中间有些人后来证明极擅长此道。近松本人靠给文乐写剧本为生，着实被视作丢人现眼之举。这不能不酝酿出一种矛盾姿态。尽管生活在商人中间，写的是他们的事，笔触甚至还略带同情，但近松从来不算是其中一分子：他始终是个 85 局外人。他的语调同西鹤嬉笑式的讥讽相去甚远。他的剧本风格浪漫而写实，深得大阪商人阶层的青睐。这些作品常常描绘了店伙计与妓女之间的凄美爱情，素材一般取自当时传得沸沸扬扬的社会丑闻。这些风流韵事往往并不光彩，人物微不足道，甚至头脑简单。男人尤其如此：店伙计、商店主或贩夫走卒，他们成事不足败事有余。但终了，他们却总能脱离平庸，以经典的武士般的自裁挽回名誉，甚至显出几分高贵。然而，最重要的是，爱情超越了简单的情欲：爱情最终也许会毁灭它的拥护者，但它是真真切切的，而不只是游戏。

《曾根崎情死》（'曾根崎心中'）是近松最有名的剧本之一，创作于1703年，后被多次翻拍成电影。距今最近的一个版本摄于1981年，片中演员以木偶替代。剧本围绕着卑微的店伙计德兵卫展开，他爱上了同样出身不高的妓女阿初，并以此为由拒绝了叔父为他安排的一门亲事。如此一来就得退回姑娘家的嫁妆。可这个本性善良的小店员却把定亲礼金借给了九平次这个典型的恶人。德兵卫前去讨债未果，反而挨了九平次手下人一顿打。这之后，他跑了，藏在阿初的和服下。恶人九平次前去阿初所在的妓馆嫖妓，享用了她的肉体。在商量嫖资的时候，藏身门廊地板下的德兵卫拽住阿初的一只脚，做抹脖子状。阿初立刻明白了这个动作的阴森含义。待所有人入睡后，这对恋人逃进曾根崎的树林，随身携带的短刀在月光下寒光闪闪。

这之后，平凡的店伙计和妓女之间普普通通的爱情演变为一出真正的悲剧。在三弦这一弦乐器的伴奏下，这对恋人沿着连接观众席左后方和舞台的"花道"，最后一次出逃。这对将为感情殉葬的伤心人绝望地拥彼此入怀，就在这时，剧场里受雇的捧场者高喊演员的名字，舞台旁的歌手则唱起凄婉的诀别曲：

> 永别了，世界，永别了，夜色
> 我们走向死亡，何事可与之相比？
> 就好比通往墓地之路的路边霜
> 每走一步，就消融几许
> 多么悲惨啊，这场梦中之梦！ [17]

86

接下来的一幕十分凄惨，德兵卫刺死情人后自杀。除此之外没有别的出路。

这部戏最好还是在文乐剧场看，因为本来剧本就是写给文乐的。一袭黑衣的演员手里提着木偶，完美地展现了在一个坚持个人意志和自主性只会导致毁灭的社会里，个体是多么的无能为力。近松故事里的主人公多半都是懦弱无能之辈，这可不是毫无来由的，因为只有他们才能真正折射出人类在命运面前的无可奈何，而不是那些大摇大摆的狠角色。

无足轻重的店伙计德兵卫因爱情发生了改变，即便他爱的是个妓女。这在江户时代的戏剧中屡见不鲜，在现实中无疑也是如此。唯一能证明纯洁爱情的办法是殉情。死亡是一个人选择听从内心，而不仅仅是游戏人生所付出的代价。

另外，自取灭亡的男女主人公还像是封闭社会里的安全阀。他们为个人情感和意志抗争到底，但是以尽可能唯美和庄重的方式自尽，又确保了公序良俗最终总会得到恢复。

作为一系列殉情戏的开山之作，《曾根崎情死》大获成功，轰动异常。其造成的效果堪比歌德的《少年维特之烦恼》：浪漫的自杀成了一件时髦的事：当然得是双双殉情，不可落单。当权者对此十分不以为然，不光是因为美化个人感情有伤风化，尤以爱情为重；而且自裁归根到底是武士阶层的特权，怎能听任区区贩夫走卒和风尘女子僭越，并行轻薄之事呢。于是，1736 年的时候颁布了一部法律，禁止舞台上出现爱情戏。

然而，为了最终能在一起而双双殉情——此生不行便等来世——的观念依然深深根植于日本文化：流行歌曲赞美之，电影对其大加渲染，年轻姑娘则被浪漫作家和情人投河自尽的想法迷得神魂颠倒。[18] 近期上映的一部电影中，饱经磨难的色情女星谷直美扮演了一位亡命天涯的乡下艺伎，与她私奔的是个凶狠的疯汉。两人打定主意，与其冒着被人逮住、永远分离的风险，还不如一块死了算了。最后，我们看到男的上吊自杀，手里还捧着她的脑浆。镜头不无感情地扫过他们残缺不全的遗体，这时，耳旁回荡着二人诡异的嗓音，乍一听仿佛是从万丈深渊的地狱径直传来的：

　　　"你永远都是我的人了！"

"是的……我是你的，只属于你一个人！"

"我们终于再也不分离了……"

尽管政府欲在舞台上封杀爱情戏，尽管爱情在卖淫许可区里要面对审美和社会两股力量的排斥，它却成了江户时代文学作品的一大流行主题，尤以19世纪期间最为风靡。有趣的是，为永春水（1790—1844）等作者所写的"人情本"（意即"人情戏"）描绘了同近松作品一样的社会成见：男性孱弱而阴柔，妓女坚强而富有母性。在"人情本"中，女性永远都要为爱情做出牺牲。观者甚至产生这样一种印象：唯有自我献身的母爱，才能替代毫无人情味的肉欲之欢；一个男人若不是"通"这种情场老手的话，便是一个被宠坏了的窝囊废，不仅依赖情人，还同孩子一般只知隐忍。

对于后一种情况，最典型的例子当属为永春水创作于1832年的小说《春色梅儿誉美》里的年轻主人公丹次郎。丹次郎一生中有两个女人：一个是名叫米八的艺伎，另一个是妓女仇吉。主人公的幼年生活有一处很惹眼，他是个领养儿，在妓院里长大成人。米八和仇吉十分妒忌彼此。在典型的一幕戏中，两个女人都发誓要嫁给丹次郎，照顾他一辈子。故事发展到另一个阶段时，丹次郎花着仇吉的钱，公开享受米八的照顾，却还同另一位艺伎纠缠不清。全剧以三个女人都心满意足地呵护丹次郎告终。若是要问这三位人情练达的女子到底看中了这个男人身上哪一点的话，便是未参透母爱的本质：她们爱他，缘于他楚楚可怜，想必还是个美少年；反之他也爱她们，原因如出一辙。

即便在我们身处的当下，上文描述的情绪依旧萦绕在公众的想象中，挥之不去。人们在酒吧饮酒时所唱的忧郁歌曲"演歌"就充盈着这种情绪。歌唱者喝得双颊绯红，故作深沉地双目半闭，嗓音因夸张的情绪颤抖个不停。《新宿女子的情死》便是一例：

88

别问我的生活有多苦
我能忍辱负重，只要是为了你
我也许只是个陪酒女，还比你大两岁
我愿出钱供你读书
可当我晚回家时，你却揍我
你的小说写不下去
还一个劲地喝酒

让我们在这间屋里一同死去
我曾梦想在这里当一位贤妻
明天也许永不会到来
让我斟上最后一杯茶

新宿女人的情死
很少有人在报上读到
那夜我们如此缠绵
我雪白的手臂搂着你的脖颈

在江户时代，许多文人和艺术家将自己封闭在一个异常狭窄的世界里。他们将大部分创作精力用在记录一个金鱼缸般细巧的世界的风土人情上；或者，更确切地说，是金鱼缸中的金鱼缸，因为日本三个世纪以来彻底"锁国"。当其在19世纪下半叶终于对外界敞开大门后，鱼缸碎了，曾经是世界风雅中心的国度成了昔日的乡野遗迹。

到了19世纪70年代，歌舞伎实际上不再是当代戏了。1872年，当时最负盛名的歌舞伎演员市川团十郎穿戴着象征文明的白领带和燕尾服，做了以下发言："近年来戏剧作品污秽不堪，散发着粗鄙 89

和下作的气息，并且无视'劝善惩恶'的美好原则，变得矫揉造作，歪曲本质，正逐渐走下坡路……我决心清腐去朽。"[19]

歌舞伎后来的命运极具讽刺意味：在剔除掉一些"较为粗鄙"的元素后，这门属于放逐者和妓女的戏剧逐渐成为蕴藏日本传统的官方宝库。二战期间，歌舞伎甚至沦为军国主义"爱国"热情的表达工具。

在上世纪末，明治维新早期热火朝天的那段岁月，宣扬妇女全新社会地位的令人振奋的新思想大行其道，作家被鼓励以妓女之外的妇女为写作对象。总的信条是，日本必须变得"体面""现代"，最重要的是，要变得"西化"。所有这些抱负——仅仅如此而已——都在一句当时盛行的口号中得到了归纳："文明开化"。

不管有多少城堡为了反映现代和进步的面貌而被拆除，旧传统依然僵而不死。文学如此，风月场亦是如此。小泉八云曾在1895年写道：

> 总而言之，一流日本文学作品中反映的那类狂热爱情，并不以建立家庭关系为归宿，这实为另一种爱情——一种东方人根本不加避讳的爱情——也就是"迷い"，一种纯粹由肉欲诱发的狂热迷情；这种爱情的女主人公也不是什么名门望族的千金小姐，多半是交际花，或者专业舞女。[20]

倘使说"一流文学作品"尚且如此，那么不入流的作品则只会有过之而无不及。总的而言，情况至今未变，虽然小说、电影和戏剧中也出现了其他类型的女人。作为艺术品，娼妓传统的雅致韵味也许已丧失大半。但她们依旧举足轻重，因为社会生活大体上仍然发生在家庭之外。她们并不总是妓女，但只要还有偿提供温柔乡和母性慰藉，她们就是大众幻想情人。不仅如此，我们感到，不少日

90

本艺术家仍时常寻找处于社会边缘的另一个金鱼缸，或者说世外桃源，而他们常常在"水营生"中找到了这片天地。

永井荷风和樋口一叶这两位出生于 19 世纪末的作者尤其能反映不少日本人对待妓女的这种半传统、半现代的态度。众所周知，荷风是当时的怪才之一。他这辈子身边几乎从来不缺脱衣舞娘、妓女、艺伎和配唱歌女的陪伴。荷风出生在一个显赫的地主及官僚家庭，三十一岁的时候当上了法语文学教授，因为出色地翻译了波德莱尔和魏尔伦（Verlaine）的作品而声名鹊起。此外，他还发表了许多散文和短篇小说。但在这些荣誉傍身后没几年，他便弃之如敝屣，声明自己憎恶作家、记者、学者、亲戚在内的所有人。唯一的例外是几位和他好过的女戏子。不过这些恋情想必既炙热，又十分短暂。[21]

荷风具有一种浪漫而感伤的想象力，这种想象力驱使他终其一生都在追逐江户时代那不断消逝的影子。这一影子多见于进行肉体交易的风月场。荷风生于 1879 年，卒于 1959 年，死时很凄凉，在一间出租屋里孤独地告别了人世。他这一生与现代日本的建立时间完美吻合。因此，他笔下的脱衣舞娘和妓女不仅唤起了人们对往昔的追忆，也象征着正变得越来越粗俗的当代日本。

批评家加藤周一在谈到明治时期时曾写道："艺术家与现实的疏离，驱使他们要么沉入对江户时代文化的乡愁，要么堕入对西方的迷恋。"[22] 这两个阶段荷风都经历过。1903 年，在不满儿子纵情夜生活的父亲的施压下，荷风动身前往美国，目的地是密歇根州的卡拉马祖（Kalamazoo），一片令他疑虑重重的乐园。

卡拉马祖不对他的味儿，倒是纽约唐人街的大烟馆和青楼让他觉着更自在。在出版于 1917 年的《西游日志抄》中，他写到在那里邂逅的女子："我毫不犹豫地管她们叫亲爱的姐姐，我不去借火，也不求帮助，只是等待自己也能抽上一撮烟土的那天。"关于

91

环境，他写道："一首单调的东方乐曲不断循环播放。在令人窒息的恶臭和闷热中，我站了一会儿，心想，啊，多么和谐，多么协调啊！我还从没如此真切地听过人类堕落和颓废的音乐……"[23]他接着写道："我爱唐人街，它是《恶之花》（Les fleurs du mal）里的宝藏。我唯一担心的是所谓的人道主义者有朝一日会毁掉这片世外桃源……"（《唐人街杂记》，日文版名为'唐人町の記'，1907）

虽然在青年荷风的这番浪漫主义感慨中，隐约能听出二流波德莱尔的味道来，但同样还能觉察到典型的明治时代人的语调："世外桃源"——这是座臭烘烘的避难所，里面的一切均和睦融洽，好比江户的许可卖淫区；他窥见了理想中的金鱼缸。

毫无疑问，荷风的浪漫白日梦里还蕴含着一份"底层怀旧风范"。年轻的布尔乔亚与其出身的家庭——正经官僚和勤劳商人——唱起了对台戏。荷风的父亲是个思想进步的商人，但同时恪守儒家道德，要求子女必须顺从家长。他象征着荷风所憎恶的一切；正如那个时代本身，父亲既顽固守旧，又信奉庸俗的现代性。

荷风之所以选择自我孤立、混迹于所在城市的妓女中间，还有另一层理由。我们有必要考虑到日本社会往往令人窒息的这一特点，以及无所不在的逼迫人们循规蹈矩的社会压力。文学圈子里的气氛同资产阶级家庭一样压抑，有时甚至有过之而无不及。离群索居常常是在自我和社会之间拉开必要距离的唯一办法。对于艺术家的回避现实，荷风的做法与波德莱尔等19世纪末法国的所谓"堕落派"的确很相似。他选择藏身于边缘化的"世外桃源"，是一种对现实的逃避。在妓馆和茶馆里，他能隐姓埋名，没人会打搅他。要是在伦敦或巴黎（巴黎人对此更宽容），这也很容易办到，但是在大而闭塞的东京，这几乎断无可能。

他甚至像他笔下江户时代的主人公那样幻想成为这个"世外桃源"的一部分。在1937年创作的《濹东绮谭》中，讲述者是个作家，同荷风本人高度相似，经常出入妓女阿雪那里。他假装是个"禁书"作者，想着"生活在阴影中的女人一旦遇到必须避人耳目而来的男人，表现出的不是敌意和畏惧，而是爱意和怜悯"。他继而将阿雪比作艺伎，候在孤零零的路边车站旁，毫不犹豫地施舍钱给赌徒和走私犯……

在同一则故事里，作家解释了他迷恋妓女的原因：

> 在东京，甚至是在西方，除了妓女的世界外，我对社会几乎一无所知……在这里，我或许可以援引《未竟之梦》（'見果てぬ夢'，荷风自己的一部小说）里的一段话："他十分热衷于光顾风月场，以至于十年如一日地往那儿钻；因为他很清楚这些地方充满了黑暗和不义。如果世人赞赏他这个浪荡子，称他是忠实的仆人和虔诚的儿子的话，他将婉拒这种赞扬，哪怕为此要变卖家产也在所不惜。明媒正娶的妻子身上透着虚伪的虚荣心，公正、开放的社会里充斥着尔虞我诈，对这些现象的愤慨驱使他背道而驰，奔向那从一开始便被视为黑暗而不义的方向。比起在有人宣布是洁白无瑕的一面墙上寻找污渍和斑痕，在一堆被扔掉的破布中找出精美的编织图案更让人心怀愉悦。有时，道义的殿堂里能看见牛屎和老鼠屎的踪迹，但在腐败的最深处，有时却能发现并采摘到人类同情心的花朵以及香泪滋润的果实。"[24]

这是荷风的真心话，其间夹杂了些许波德莱尔式的夸大。"黑暗而不义的世界"、"扔掉的破布"和"香泪"，这些事物为人们在快速工业化的日本逃避不断蔓延的庸俗和令人窒息的因循守旧提供了一个庇护所。这个日本，已经开始变得类似底特律和伯明翰，而失去了往日江户的风貌。

这个庇护所，使他可以逃避时光和周边社会环境。同唐人街一样，吉原这个隅田川以东的红灯区让他最后领略了一眼那种即将一去不复返的和谐。

> 吉原的生活和景色中有一种伤感、哀怨的融洽感，就像江户时代的戏曲和民谣……然而岁月流逝，繁忙的现代都市里的喧嚣嘈杂和光怪陆离破坏了昔日的和谐。生活的节奏改变了。我相信，三十年前的东京还残留着江户时代的味道，其最后一丝余音只有在吉原才能捕捉得到。（《冬日的苍蝇》['冬の蝿']，1935）[25]

荷风深爱着桑梓之地的东京，而对于笔下的女性，他很少怀有同样深沉的感情。只要她们在他的故事里充当母亲或玩偶的角色，他的态度就是完全守旧的。男人要么玩弄她们，要么吃软饭，就好比《背阴里的花》（'ひかげの花'，1934）里的重吉，受到一连串女性的照顾，她们所从事的职业都很可疑。他甚至逼迫其中一位名叫千代的女子重新操起皮肉生意。像这样的男人（别忘了还有《春色梅儿誉美》的丹次郎）与其说是皮条客，不如说是勾起女人身上母性热望的小白脸。

就连千代也更像木偶，而不像人。不过，荷风坚持自己创造的女主人公身上必须具备一种能力：善于激起怀旧情绪，让男的想起往事。这就好像说在他眼中，缺乏文学先例的事都是不真实的。他最喜欢的冒险，无论是文学冒险还是真实冒险，常会令他想起歌舞伎来。而他最钟爱的女子是那种"技艺超群、不善言辞，却又能唤醒过去的艺人"，典型的譬如《濹东绮谭》里的阿雪。

他是如此描写避雨时初识男主人公的阿雪（这个情节本身就是江户时代情爱剧里常见的桥段，可谓俗得不能再俗了）：

　　她起身换了一套裙底印有图案、没有衬里的夏季轻便和服——和服原本挂在她身侧的衣架上。用上好的浅红色缎带束扎而成的腰带在身前打了个结，结的厚重仿佛平衡了她那镶有银线的假发髻的粗大。那一刻，在我眼里，她就是三十年前的艺伎。[26]

　　无论多么卑贱，妓女在荷风的想象中所扮演的角色同她们几个世纪以来在日本艺术中扮演的角色大致相同：她是一种理想，一种幻象，一种审美遐想的载体。她的个性远不及她营造出的氛围来得那么重要；她的发型与和服比姿色更重要。实际上，她让人联想起荷风钟爱的浮世绘中的那些艺伎：那些没有脸孔的女人，或者更确切地说，那些长着同一张脸的女人：这是一种淡淡的素描，刚刚好够发梦。

　　樋口一叶这位日本几个世纪以来首位重量级女作家并不那么热衷于梦想。她生于 1872 年，令人扼腕的是，因为肺痨，她只活了二十四岁。这点令人悲切地认识到一切世俗之物均是转瞬即逝。不过她的早夭倒很可能确立了她浪漫女豪杰的地位，尽管其文学造诣其实并非那么高超。

　　荷风一直确保自己的住处比他常在夜间光顾的淫乐窝更体面。不同于有窥淫癖的荷风，一叶其实就毗邻吉原而居。这倒不是她自己选择的结果——显然，她不喜欢鬼鬼祟祟逛妓院那一套——而是因为家庭几度遭遇重大经济打击，迫使她过上了不太光鲜的贫困生活。可是，她却化不幸为优势，写下了有关妓女世界的名篇，至今无人企及。

　　她同荷风一样，对周遭世界大为失望，但从不会让恋旧情绪蒙蔽自己的判断。荷风是浪漫派，而一叶更像是西鹤式的精致的犬儒主义者。在创作上，她也受到了西鹤巨大的影响。[27] 这或许同她的生活有关，因为一叶所生活的时代承诺会实现妇女解放，却终究没有兑现这一诺言。她在日记中写道："在这片浮世中，人人只顾自己。我过去相信别人，甚至还认为有可能改良这个世界。但我太天真了，我是在自欺欺人。那些我信赖的人三番五次地叫我失望，如今，我对任何事都不抱多少信心了。"[28]

她从不认为妓女能勾起人们对美好往昔的回忆。在她看来，她们毋宁说是破碎梦想的象征。不过妓女也是实实在在的人，有各自的个性，而荷风笔下的女性则统统没有。她最有名的一部关于烟花柳巷的作品是《青梅竹马》（'たけくらべ'），有些版本译为《长大》和《两小无猜》。小说写于 1895 年，后被翻拍为电影，口碑上佳。故事围绕着吉原附近长大的几个孩子展开，在那里，"护城河上灯火摇曳，河水黑得就像吉原佳丽们用来给牙齿上色的染料"。她对卖淫区的描写充满了讽刺意味，但并不旨在掩盖其龌龊的面目：

> 看着一定岁数的女人穿戴得无比妖娆，系着宽宽的内带是一回事，而眼见十五六岁的小姑娘公然清一色穿得花枝招展，嘴里吮着姑娘果*——人人都知道这是作避孕药用的——则是另一回事。但这就是我街坊四邻的写照。一个姑娘昨天还是沟沿班里的妓女，顶着《源氏物语》里某位女流的芳名，今天却跟一个恶霸私奔了……[29]

小说里的某个主要人物是年轻女孩美登利，她"楚楚动人，精力旺盛，轻声细语"。她的姐姐被当地一家知名妓院买了下来，姐姐走红，妹妹断然不会缺零花钱。美登利时常出入妓院，很快便学

---

\* 姑娘果，即 bladder cherry，亦称菇茑、锦灯笼，具有清热解毒之效，但据妇科医书介绍，又有滑胎堕胎的副作用，孕妇忌食。

会了浮世的那一套，但在起初，这一切似乎只是天真懵懂的玩耍，是她和朋友正太郎和信如之间两小无猜的游戏罢了。正太郎是闹市区帮派的头头，而信如则是神官的儿子。

然而随着年龄渐长，美登利益发觉得不自在："她该如何解释这种生活？要是他们能让她独自一人清静清静……要是她可以和娃娃一块永远玩着过家家，那她会再度喜笑颜开。"虽然起初只是懵懵懂懂的，但她开始明白，为什么姐姐所在妓院的老板总是对她那么好。

一日，正太郎见她站在茶馆门口，"头发上扎着彩色缎带，还别着玳瑁梳子和花式发簪。整个人看起来就像京都瓷娃娃那般光彩照人，气质端庄"。邻里的一个男孩赞颂说她出落得比长姐还漂亮，但衷心希望她莫要步姐姐的后尘。"你这话什么意思？"正太郎回应称，"这可是好事啊！来年我要开个店，攒些钱，然后将她'包夜'！"[30]

"他还不谙世事。"一叶不无讥讽地评价道。

悲哀的是，美登利心里很清楚，这正是她的悲剧所在。孩提时代的梦想逐渐破灭，她不得不接受命运的摆布。一叶并没有挑明这一切，只是做了暗示。故事最后一幕展现了她的一贯文风：几个世纪以来，日本的艺术家一直在运用这种意象，迄今莫不如此，其甚至还出现在脍炙人口的当代影片中（陈规烂俗和高雅艺术之间的界限十分细微）："一个霜冻的早晨，不知什么人把一株纸水仙丢进门内。虽然猜不出是谁丢的，但美登利却怀着不胜依恋的心情，把它插进花瓶中。花儿可真美啊，她想，但它脆弱、孤零零的模样，又几乎令她心生哀怜。"

《青梅竹马》并不是对沦落为娼本身的批判。一叶十分犬儒和厌世，不会径直进行社会批判，而她也断然不是对性遮遮掩掩的假正经。倘若小说真的批判了什么的话，那么批判的应该是日本社会，

96

人们无从自行选择命运。真正悲剧的是，人们不得不被命运裹挟着；而鉴于明治维新早期曾让人看到变革的曙光，这反而进一步加重了悲剧的意味。[31] 过不了多久，社会就会变得和幕府统治时期一样僵化。一叶对此的回应则融合了西鹤式的讽刺和平安时代的悲怆气息。

　　同样创作于 1895 年的《浊流》（'にごりえ'）将我们带进了比美登利注定要去的妓院更加低下的一间窑子。一叶对其间一些窑姐的描写毫无美感可言："她年纪大约有二十七岁到三十岁的样子，拔光了眉毛，在眉梢画了一道深线，并用黑笔勾勒出额头上的美人尖。脸被遮在一层厚厚的官粉之下，双唇涂得殷红一片，色泽之深，反而令其失色，这番装扮，说像官妓，其实更让人联想到一条食人恶犬。"

　　故事专门描写了一位妓女：阿力，她是店家"菊乃井"的花魁。一位名叫源七的商人对阿力一往情深，为她倾其所有，散尽家财，以至生意一落千丈，从此家道中落。阿力还有一位追求者：阔绰而文绉绉的花花公子结城朝之助。"与众不同"的朝之助成了阿力的知己，耐心聆听她倾诉胸中的苦闷。阿力和他讲起所有那些自己不得不以礼相待的男人，讲起他们间或会向她求婚，但她吃不准是否应该答应。换成朝之助可就不一样了；她是真的倾心于他： 97

　　　　"我若一日不见君便会思君，但倘若君要我嫁与你，妾身不
　　　知如何作答……我觉得这门婚事行不通，可要是我俩不长厮
　　　守的话……总而言之，我猜君会说我薄情，那君知道妾身为何
　　　变成这样？端赖我祖上三代都是'不中用'的人。"[32]

　　阿力同美登利和几乎所有日本男女主人公一样，都无法逃遁属于她的命运。

　　唉，烦死了，烦死了，怎样才能走到听不到人声，也听不到别的声音的一片寂静的地方呢？……我什么时候才能摆脱这个烦恼、无聊、苦闷、悲哀的生涯呢？难道这就是我的一生吗？……"没有法子，"她絮语道，"我不得不过那个独木桥，爹过独木桥栽进河里，听说爷爷也跟他一样。我生来便带着几代人的怨咒……唉！爱怎么样就怎么样吧……我一点也不知道自己会有怎样一个下场。不知道就不知道，我就这样作菊乃井的阿力混下去吧。我就是这么个人，背着这样的身世和这样的因果，所以不管怎样挣扎，归根到底还是比不上普通人。那么想这些普通人的心事，自个儿伤心，又有什么用！唉，阴沉沉的，干嘛站在这种地方？跑到这种地方来打算做什么？多无聊！像发了疯似的，自己也不知道怎么回事哩。"她哀叹道："我还是赶紧回去吧。"[33]


　　这是菊乃井里阿力的独白。类似的话，我们也能从夜里喝得醉醺醺的"工薪族"口中听到；这番话也时常挂在他们的妻子嘴边，她们被逼着嫁给几乎从未谋面的男人。实际上，许多日本人在伤怀时刻，都不免发出这样的感慨。

　　与一叶的时代相比，现如今人们对个体命运的选择无疑有了更大的自主权，但仍旧面临严重的限制。日本人比任何西方国家的人都更受社会环境的约束。人们说的命，实际上不外乎这层意思——顺应社会期待的压力。尽管从某种意义上来讲，自甘堕落的妓女比我们其他人都要来得更自由，可她同时也是这一两难困局最悲惨的受害者。这对矛盾十分鲜活地勾起了日本人的想象力：妓女是自我献身的母亲，是命运的牺牲品，但也挣脱了常见的社会规范，所有这些角色都集于一身。

　　1950 年，一位远比樋口一叶年轻得多的作家吉行淳之介表达了类似的看法。吉行继承了青楼文学的传统，在作品《原色的街》中，他笔下的妓女明美努力想要挣脱命运的束缚，可是失败了。随着日本社会自身的变迁，这片红灯区与一叶的时代相比已经大变样了。

　　道路两旁被淹没在鲜艳而俗气的色彩中。一盏红色霓虹灯在荧光灯管中闪烁着。西式房屋门框处垂下桃色的窗帘。门口，几个指甲和嘴唇涂得绯红的女人正漫无目的地来回游荡……

　　一双红唇快速地一张一翕；一口皓齿反射出霓虹灯光。女人们伸出白花花的胳膊，一把揪住路过身旁的男人的手臂、衣角，甚至是帽子。驻足后，男人嘴里支支吾吾，开着无趣的玩笑，仔细打量了一眼身前的女人：每个人的口味不一。之后，他们要么被带进屋内，要么摆脱纠缠，走向下一片猎场……

　　红灯区里的人际关系清楚得很。就女人而言，不管她们长得多漂亮，多么可人，身上还是烙着职业的印迹。男人会盯着她们，甚至不必寻思后者会否对其挑逗做出回应；只需盘算付了钱能获得多大满足即可……

　　有些人被吸引到这片街区，是看中了这里的自由氛围。他们当中就包括那个名叫明美、身居其中一家妓院的姑娘。或者，更确切地说，她的地位决定了她不可能从任何其他地方获得自由。至少这是她为自己行为所找的依据……

实际上，明美落入了几个世纪以来吞噬众多女主人公——无疑也有真人——的那个陷阱。她坠入情网，恋人是轮船公司职员元木英夫。是他，让她第一次感受到了性高潮。然而，不幸的是，"元木英夫在发现明美有着同所有人一样的寻常情感后，立马对她失去了兴趣"。换言之，她不再是纯粹的意象，或者是一件涂了口红的大众艺术品。

明美还落入了另一种经典的社会俗套：她试图与情人殉情。在船只下水的仪式上，她将情人拖入水中，想与其双双淹死。可是他俩得救了，明美醒来后，发现所有人都在盯着她，"她明白自己还是会回到红灯区"。

樋口一叶的小说《浊流》也以殉情结束，而且是一次成功的殉情。爱嚼舌头的邻居们发现了死去的"菊乃井"的阿力，议论纷纷：

> ……背上有一道刀伤，是顺着肩膀砍下来的。脸上有淤青，脖子里有刀痕。遍体鳞伤！很明显，她想要逃跑，可就在这时被他给杀了。
>
> 再来瞧瞧他，做得可真干净利落！切腹自杀，一样不落。谁能想到他这么有胆色？……他死得像个汉子，走得轰轰烈烈。
>
> "菊乃井"这下可亏大发了。
>
> 没错，想想被她迷倒的那些个男人！这下可好，让顾客从手指缝里给溜掉了！[34]

爱情是妓女的催命符。以近松笔下 17 世纪的女主人公为例，她们至少还算死得高贵，表现了爱情的纯洁。即便是最无望的挣扎，也会因为殉情的凄美而变得有意义。在现代日本，这种凄美已经黯然失色，现实肮脏醒龊，人们更加难以逃离。

但是造化为何如此弄人？为何这些女主人公做的每件事都蒙着一层浓浓的悲剧色彩？祖辈的无能拖累了阿力。除了眼前的环境，她无法想象自己还能置身何处。她无能为力。

同一叶一样，吉行具有罕见的心理洞察力。他得出的结论同样可以被视为对日本生活的一种隐喻：

　　　　　女人之所以回到那些街上去，原因得从她们自己身上找　　100
　　　……只要她们的意识没有脱离环境，也就是靠出卖肉体谋生的
　　　生活方式，诸如自由和束缚这样的字眼便毫无意义。关于满怀
　　　理想的男人试图改变这种意识的故事不胜枚举，但这些尝试只
　　　能以失败告终。

　　同样的话还可以用来形容大多数日本人。只要还逗留在日本国
内，他们的生活和自我定位就不可能同其日本气质一刀两断。个体
和集体之间的界限通常难以辨识。实际上，世人或许多半如此，但
是在西方，人们至少会有一种印象——也许仅仅只是一种幻象——
觉得自己是许多人中的一个，既从属于群体，又相互独立，好比群
岛中的单个岛屿。

　　在日本，个体对自我的定位很大程度上似乎取决于社会环境，
他也只对后者负责。这可以是一家摩托车公司、一支棒球队、一个
剧团，甚至是整个国家；全视具体时空而定。重点在于，个体若要
脱离这些群体存在，不可能不面临严重的心理障碍。作家因为他们
的工作性质，有时不得不冒这样的风险。这从一方面解释了为何近
年来出了不少作家自杀身亡的事件。

　　它还解释了为什么许多日本人离开日本一段时间后，再想回到
祖国怀抱会显得如此困难。在日本，离群索居要付出非常高昂的代
价。不遵循既定惯例，基本上就意味着彻底消失。所以，海外的日
本公司经常奉劝旗下的日本员工不要和"当地人"走得太近。因为，
将吉行的话反过来说，日本人的意识一旦脱离了本土化的生活方式，
将使得自由和束缚这类词立刻变得举足轻重。

\* \* \* \* \*

自从 1958 年 3 月 31 日午夜 12 时起，公开的卖淫活动遭到明
令禁止，这在日本历史上尚属首次。全国上下的五万五千名卖淫女
（这还没算上众多未登记在案的暗娼）就此失业。新法颁布后，人
们起初的反应让人眼前一亮，而且具有鲜明的日本特色：就在禁娼      101
令生效前不久，东京各地的妓女和嫖客开始放声歌唱《友谊地久天
长》（"Auld Lang Syne"）这首在日本脍炙人口的曲目。钟情于离愁
的日本人总会在离别的感伤时分唱起这首歌。

当然，卖淫活动并未真正寿终正寝。在许多地方，其照旧存在。
即便是在东京，红灯区也只是在 1964 年奥运会前夕得到了"清理
整顿"，好给全世界留下文明且开化的印象。至于来访的外国人是
否满意这一举措，史籍上并未给出答案。

打击卖淫的法律是好是坏不是我们关心的话题。对此的评价一
句话就够了：日本经济的蒸蒸日上使得卖淫这一实际上的奴隶制成
了一种令人难堪的旧时代糟粕。法律同时还彰显了女权团体——它
们对于该法的通过厥功至伟——在日本政坛中的影响力。然而，这
并不意味着人们对于性的看法发生了本质上的改变。事实上，纵然
新法颁布了，女性在流行文化中供人淫乐的形象基本如故。

陪酒女和夜店女郎依然是日本社会生活不可或缺的一分子，扮
演了同江户时代艺伎类似的角色。那些顶级的从业者可不会随随便
便就委身于人，她们收费高昂，至今依然充当着知名演员和综艺圈
名流的情人，且经常抛头露面。精湛的演技和做作的荤段子调情是
她们的强项，西方男人对此也许不为所动，但却极得日本人的青睐。
不过，最要紧的是，无论是最卑微的按摩女，还是顶尖的艺伎，她
们无不以让日本男人身心愉悦为己任，帮他忘却紧张的公司集体生
活，化解他身为男人的焦虑感，纵容他的胡作非为，并说好话哄他

开心。她们或许越来越像训练有素的母亲。

纯粹的性交易当然也存在。许多新近发迹的日本富豪如今会跟随安排周密的旅行团，饿狼扑食一般奔赴曼谷、台北和马尼拉买春。启程前，他们会把随身携带的高尔夫球杆寄存在机场，待返程时再来取，这么做是为了使旅行目的显得不那么赤裸裸。

其实大可不必远赴马尼拉，虽说法律规定是死的，人情世故却是活的。只要把握分寸——也许还要找对人，拿钱打点打点——很多事都能畅通无阻。举例而言，有着"トルコ"（日语的"土耳其"）之称的按摩诊所——这个词是土耳其浴的缩写——纯粹就是澡堂和妓院相结合的旧传统的一种延续：里面的服务员旧时叫"汤女"，现如今则改叫"トルコ嬢"，即土耳其浴女郎之意。

这些澡堂乍看起来再也无法唤起人们对浪漫往事的回忆。再也见不到姑娘用烟斗柄风情万种地敲打男人的肩膀，嘴里轻声说着淫荡的俏皮话，招呼他们进门。闪耀着夺目霓虹灯光的土耳其浴室门口站着西装笔挺的男青年，对着呼啸而过的计程车高声兜揽生意。以最高两百美元的价钱，顾客可以享受大约九十分钟的全套服务，内容包含搓洗、肥皂浴按摩以及一系列全身泡沫的特技性技巧。这一过程中，男人始终都表现得十分被动。说到底，土耳其浴女郎还是非常娴熟的演员，同插花艺术家一样忘情地工作。表演结束后，她会鞠上一躬，答谢客人的惠顾，再递上她的名片。

除了典型日本式的毕恭毕敬、彬彬有礼外，这套流程同过去还有若干相似之处。首先，不少土耳其浴室过去就坐落在卖淫许可区内：重建妓院的目的仅仅是为了容纳大批澡堂。不仅如此，许多澡堂甚至还沿用了江户时代著名茶馆的名字，就像综艺演员偶尔会借用歌舞伎名家的名号一样。

然而，压根没怎么变的是对幻想的重视及对妇女的态度。倘若说江户时代妓院的幻想世界是借助 10 世纪源氏公子之力而缔造的话，那么一间间按摩诊所便是取材于现代世界的种种意象。澡堂的建筑风格往往代表了这片有偿幻想世界所属的类型。某些土耳其浴室的入口造得就跟大型客机一样，一踏入内，还会响起嗡嗡的噪音，姑娘们自然是穿戴得如同空姐。另有一些澡堂，门面看似银行，小姐们都穿着公司制服。还有"青年女校"，里头的女孩子穿着网球服，胳肢窝下夹着网球拍，在大厅里恭候客人的到来。除此之外，还有以护士诱惑为卖点的"病房"、中式庭阁、美国迪厅，甚至还有一片丛林，里面尽是身穿豹纹装的"简"（Jane）们，等待人猿泰山前来搭救。也许最怪异的当属仿造的日本城楼，一身和服的女侍者在入口处叩头，边叩还边说："欢迎回家，老爷。"

103

　　这类幻想中有不少放眼全世界都有，但像日本人这样孜孜不倦、天真烂漫地想要"圆梦"的恐怕全世界绝无仅有。无怪乎土耳其浴女被人当成是演员，好比她们江户时期的姐妹。甚至还存在一套严格的排名制度，姑娘们竞相争做"头牌"。

　　另一项保留至今的传统是详细介绍各家按摩诊所风俗、价格以及性价比的指南书。人称"土耳其浴专家"的专业评论家在夜间电视节目中高谈阔论，让我们得以领略他们的专业知识。大众报纸杂志每周刊发介绍当地土耳其浴室新人的报道，以及对当前"头牌"的介绍：

　　　　秋子小姐：服务时间，一小时二十分钟；价格：四万日元（约合一百五十美元），身高：一米七五，体重：四十九公斤，三围：83—56—85，她工作努力，口才出众。十分擅长营造浪漫氛围。"我以我们的澡堂为荣，"她说道，"我很乐意为了它的生意兴旺而努力工作。"

　　　　美和小姐：九十分钟，一百八十美元。身高一米六，体重五十一公斤。自从来到吉原后，她对工作充满信心。她喜欢接各种刺激的活儿。"我们的澡堂很干净，"这位清新可人的城里姑娘说道，"只要心情好，我就会提供无休止的服务。我们为自己良好的举止倍感自豪。"[35]

最后登场的一位是小雪小姐，三围83—59—86。她告诉我们，她家擅长营造"日本风情"："我们尽力表现出古风雅韵和举止得体的一面，这是我们日本人十分熟悉的。"

如果撇开她们职业的具体性质不谈，以上这些文字也可以是对汽车厂工人和连锁店店员的介绍："举止得体""本社生意昌隆"……这同英国烟草铺橱窗里干巴巴的叫卖语"想学法语请致电阿妮"以及西方淫秽杂志里的黄色广告一比，可谓天差地别。土耳其浴女郎设法用一种使命感和礼节性来包装她所从事的职业。

据说，不少男人去土耳其澡堂，是为了享受如同孩子般被宠爱的待遇。在个别地方，甚至还有客人会抄尿布，这样即便他们尿了一身，也可以喊"妈妈桑"来处理。[36]"妈妈桑"会打扫干净，给他们洗澡，轻声细语地"哄孩子"。不过这些地方略显小众，虽可视为一种表征，但还不够普遍，不具备典型性。

要想见识隐隐约约的母亲形象，其实不必如此大费周章。野坂昭如的小说《黄色大师》曾被今村昌平翻拍成电影，片中一幕讲述了某位主角去逛土耳其浴室，过程颇为滑稽：

"你像个孩子那样躺在一张按摩台上，然后闭上眼，什么也不想，听凭女人的摆布。她长什么样，脑子里在想什么，这些都不重要。她用手指摸索你身上最敏感的部位，那是连你自己甚至是你老婆都不知道的部位。这就是'特别照顾'最精彩的部分。只有男人能从'特别照顾'中获得快感，女人则不允许有任何感觉。简言之，就好像是你自己的母亲在照顾你……母

爱么，怎么说呢，呃，你明白的，是奉献，是牺牲。这一切略
有些残忍。当你达到高潮时，女人必须假装吃惊的样子，然后
替你擦拭干净。那一刻，她真的就是你的母亲。你将她拥入怀中。
她不会在意你的行为，你们仿佛一对母子。"

需要重申的是，母与子，这是最基本的元素。然而，幻想中的
女人未必只有妓女和母亲两种：她们可以是同一个人；妓女往往就
是圣母玛利亚的化身。正因如此，过去人们有时会将妓女比作佛教
里的女神，譬如大慈大悲的观世音菩萨，可见不是无根无据的。

声名赫赫的漫画家上村一夫曾经创作过一本风靡大街小巷的漫
画，最初发表于 1977 年，书中的故事背景则设在 20 世纪 50 年代
早期东京的红灯区，由此可见作品充斥着怀旧元素。主人公幸子是 105
个母性十足的娼妓，妩媚动人到了极点。同多数命运坎坷的女主人
公一样，她在出生后不久即遭遇父母双亡。美占期间，她还被一个
身材高大的混账美国兵给强奸了。这一俗套的情节几乎成为了象征
主人公勇气的必备标志，与之类似的还有战前德国军校生与人单挑
后留下的伤疤：不可能有比这更惨的命运了，因此，女主人公一上
来就博得了读者最深切的同情。

在难过的时候，幸子常常会想起双亲，唱起自己最心爱的歌谣：

> 我是红灯区里绽放的鲜花，
> 如果月亮是一面镜子，
> 我会站在它面前，
> 已故的双亲就能再度看到我的模样。

幸子是个好女人，她同一些通情达理的日本姑娘一样，既现实，
又富有母性。她折价接待学生，为他们洗脏衣服，寻思着"所有这

些现在享用我肉体的学生当中，少说有一个会当上公司社长吧，那时他一定会照顾我的"。

一天，一位学生走进屋来，跟她打听一位脸色阴沉、财迷心窍的老鸨。幸子在房间里给学生斟上一杯茶，跟他说了有关鸨母的所有事。他的情绪越来越激动，直到最后歇斯底里地脱口而出："是她！是她！十五年了，我终于找到她了！妈妈！妈妈！"

接下来的一幕重现了《记忆中的母亲》中的场景：同忠太郎一样，学生狂性大发。他哭嚎着，喊叫着，可母亲就是不认他，叫他立刻离开。他竟敢耍弄一位老妇人，而且显然是因为贪图她的钱财。学生又如同忠太郎一般狂笑一番，厉声喝道："我怎么这么傻，枉费这么多年寻亲，却落得个竹篮打水一场空！一场空！"也许作者并不是有意要抄袭这段情节，但是其的确显示出，对于被母亲抛弃的恐惧一而再再而三地刺激着人们。

幸子伸出了援手。他把学生带进屋，用最最甜美的嗓音说道："我来做你的母亲吧，我活着就是为了这个。"接着她尽可能地张开双腿，凑近他那布满泪痕的脸颊，身姿恰似脱衣舞馆里的舞娘。"好好瞧瞧吧，"她温婉地低吟着，"这就是人们所说的男人的家。我就是你的家，我亲爱的孩子，我就是你的妈妈。"

"哦，"学生先是喃喃着，继而咿咿呀呀地儿语起来，"我能吮你的奶么，妈妈？"故事最后的一幕特写镜头里，幸子让昏睡的青年将头枕在她的胸口，感慨道："今夜那位老妇人的儿子进入了我的身体。如今他酣然入睡，看着如此安详。此刻我心中也充满喜悦；或许有朝一日我也将当上母亲……"

这本名为《幸子之幸》（'サチコの幸'）的漫画是一部严肃的作品。其感人性大于挑逗性，是一部催人泪下的漫画作，催泪指数达到了"三块手绢"。在日本，它的读者不仅有年轻人，还有受过良好教育的成年人。故事女主人公是妓女这一点丝毫不会让人感到

奇怪；恰恰相反，这被认为是十分恰当的。

真正的交媾行为会有损纯洁和受难的母亲形象。幸子当然会交媾，因为妓女吃的就是这碗饭。不过，正如野坂昭如笔下人物所显示的那样，她什么感觉都没有。性爱不啻为让男人获得满足的一件工作。

在有关幸子的另一部漫画中，一位身穿和服的淑女造访妓院，非常礼貌地问老鸨是否可以在妓院无偿工作，她很乐意将收入捐出来。她只对性爱感兴趣。老鸨对此自然是欣然接受。于是，这位淑女请了木匠和装潢师，将她那间寒酸的屋子改造成了一个十足的享乐天堂。

幸子和其他姑娘对这一变化十分不悦，她们决定罢工。但新来者是个欲壑难填的女人，她只有一条规矩：同一个男人只接待一次。有个因欲望得不到满足而陷入半疯状态的顾客不甘接受被拒绝的现实。事态不可避免地以惨剧收场：他冲进她装了镜子的闺房，疯狂地用大菜刀捅她。她血淋淋的死被描写得十分生动具体，日本漫画读者对此并不陌生：一连串插画里，我们看见刀子进出人体好几次，两页纸上血迹斑斑，仿佛一次恐怖的罗夏墨迹测验（Rorschach test）。女人死的时候，娇好的脸蛋上还挂着一丝天使般的笑容。

她所释放出的情欲之火熄灭了，一切又恢复了正常。妓女们复工了。"我可不想步那个女人的后尘，"幸子想，"我可不想下地狱。"

幸子并不滥情，属于荡妇的对立面。她因为身上那份母性气息及温柔，成了人见人爱的主人公。现实生活中这种现象同样存在。我们再次回到脱衣舞馆，20世纪70年代初，某个名叫一条小百合的脱衣舞娘红极一时。来自大阪的她虽长相平平，倒也讨人喜欢。就在她红得发紫的时候，却突然因为涉嫌猥亵罪被捕。她在舞台上裸露肉体的做法与其他脱衣舞演员别无二致，但她实在是太出名了——时常抛头露面，风头太盛，结果搅扰了社会秩序。她被捕

110

的消息激起了一片抗议狂潮，尤以知识阶层的反应最大。一位爱赶时髦的导演甚至拍摄了一部反映她生活的影片，《百合潮湿的欲望》（'一条さゆり 濡れた欲情'）。

她何以能集万千宠爱于一身？我想，一位影评人给出了答案。他写道："一条小百合如此备受喜爱，纯粹是因为她的温情脉脉。影片有这样一幕，一名卡车司机在脱衣舞馆里一边看小百合裸露下体，一边疯狂地手淫自慰。她凑近他，用最最亲切的嗓音问他是否感觉良好。'好，好！'司机答道，眼神充满感激。这层脆弱的性关系由于小百合的柔情似水而变得富有美感，如今当局甚至连这都想从我们手中夺走。"[37]

说得好像"当局"是保守的严父，想将慈母从百姓手中夺走一样。天真嬉戏的儿童向来面临着社会规范的威胁。关于性的这一看法，或许有助于解释存在于日本社会的那种持久且近乎可以感知的情色张力。不同于弥漫在西方社会性观念中的那种玩世不恭，这是一种属于少年人的紧张感，一团无法化解的矛盾。

社会抑郁和朴素情欲，普遍性欲和深深忧虑，这两对情感纠葛存在了几世纪之久。当然，这或许同人类共有的天性有所关联，但没准日本人对其感受更加深刻，因为日本既是最自然也是最做作的一个国度。日本人一方面高度奔放，另一方面却也极为考究。日本之所以成为表里如一的色情大国，并非因为上述矛盾唯其独有，而是因为它们在日本更加鲜明。

抑郁恐怕是在加剧。社会禁令并未消失，但传统发泄渠道——至少对于男人是如此，女人则本就没多少宣泄的途径——也在愈发减少。过去几年来，一些聪明的商人利用了这点，推出了层出不穷的以性为卖点的服务。其中一种既代表传统态度，又折射出当代社会的现状。扮演主角的仍然是某种日本玩偶女人。

这类幻想中的女性是所谓"ノーパン喫茶"里的明星。[38] "ノ        111

一パン"是英语"no pants"——即不穿内裤——的缩写,而"喫茶"则是喫茶店,也就是咖啡店的简称。顾名思义,这个词便是指由不穿内裤的女招待提供服务的咖啡店。这种咖茶店于1980年夏开始走红,始于大阪这一各种昂贵消遣的发祥地。没过几个月,它们便遍布于日本的各座城市,人们不光能在较为破败的火车站附近觅得其踪迹,最时髦的商业街上也不难见着。这些咖茶店的外墙上通常张贴着杂志里的美女图,以及用宝丽来相机拍摄的光屁股女招待的照片。屋外霓虹灯光昏暗,大幅海报注明了各家特色:"不穿裤子的女服务生!""店内播放黄色录影带!"如此大张旗鼓,只是为了喝一杯咖啡而已。

一位脚蹬漆皮鞋、在西服外套了件廉价绸缎和服的男青年招呼客人入内。他通过一个塑料喇叭吆喝着:"欢迎光临本店!"两位身材丰满的姑娘彬彬有礼地在店内接待客人。她们身着超短裙,脖子里绕着两根精致的丝带,把自己打扮得跟圣诞礼物一样,除此之外,就一丝不挂了。她们用尖细的嗓音说道:"欢迎入内。"

里面的布置别开生面,墙上有常见的美女招贴画,咖啡桌上摆着黄色漫画,屋内还有嗡嗡作响的"侵犯者游戏",供那些可能看腻了女招待大腿的顾客消遣。不仅如此,天花板下还吊着至少一打充了气的避孕套,好似孩子生日派对上的气球。墙上挂着的譬如长筒袜、内裤和吊袜带等女性内衣则更是令其增色不少。此外还有一条标语:"请勿与招待讲话,请勿触摸她们,请勿以任何方式打扰她们。"

顾客为一杯咖啡要支付大约7美金,是不是还有什么暗地里的服务?这倒未必。在日本,肉眼见到的往往就是事物的全部。说到底,正如罗兰·巴特所言,日本是一个符号组成的王国,一块充满着空洞手势和符号的土地,在这里,细节便代表整体。恋物癖者所崇拜的象征物无比重要,以至于实物反而显得累赘。

"ノーパン喫茶"店里，这些男人端坐在黏糊糊的仿皮椅上，身上透射出一股孩子气：他们三五成群坐在一起，西装领带穿戴整齐，年龄多数三十来岁，不时会不自然地笑上几声，每每有女招待俯身端上咖啡，他们的脑袋就会像溜溜球那样上下颤动个不停，似乎根本无意打扰这些姑娘。

拍卖会的开始将咖茶店之行推向了高潮——如果这个词使用恰当的话。拍品是某位姑娘的一条内裤。姑娘这时已穿得严严实实，爬上一张桌子，看表情似乎对这一切略感无趣，仿佛艺术课上供描摹的人体模特。男人们辐辏在其周围，为争得有利地形而互相推搡。

一个男店员通过麦克风开始喊价，与此同时，姑娘缓缓褪下衣服，直至只剩内裤。价格越喊越高，麦克风里的声音也越来越响。最后，花了大价钱竞拍成功的顾客被允许顺着姑娘满是鸡皮疙瘩的双腿脱下她的内裤。他在这么做的同时，还不住地回头，紧张地瞥自己的朋友，他们还在推来挤去。

随后，男人们付清咖啡钱，从店里鱼贯而出。有个姑娘站在门口，一侧的乳房几乎贴着收钱柜，她轻声邀请男人们一个接着一个上前捏上一把，且只能捏一次。接着所有姑娘深深鞠躬，机械式地齐声说道："感谢惠顾本店，衷心期待有幸与您再度相会。"

这也许同平安宫廷里的贵族风范无法媲美，也没有江户时代的浮世来得那般有古风雅韵，甚至还比不上明治时期的风流茶舍，但是咖茶店的存在确实证明了，即便是在性消遣的高潮时刻，日本人也没有完全失掉风度和礼数。

生育之神石像上的猴脸女人。　　　　怀抱男性象征物的生育女神。

阴茎和阴道石雕。

天钿女命之舞，剧照选自稻垣浩执导的《日本誕生》（1955）。

沟口健二的《泷之白丝》中的恋人。

忠太郎认亲时遭到母亲冷落，剧照选自《记忆中的母亲》。

"日本的母亲"望月优子试图挽回儿子，剧照选自《日本的悲剧》。

《日本昆虫记》里的左幸子，她是今村昌平最青睐的女性角色。

"家庭剧"里的悲情时刻（剧照选自《姐姐》一剧）。

《春琴抄》的剧照，这部影片是山口百惠与三浦友和这对荧屏"金童玉女"出演的诸多浪漫爱情片之一。

奈绪美把她那位逆来顺受的恩人玩得团团转，剧照选自根据谷崎润一郎原著改编而成的电影《痴人之爱》，导演为增村保造。

这张剧照描绘了当代日本人与艺伎嬉闹的场面。影片年代久远，名字已不记得。

喜多川歌麿的浮世绘作品，描绘了江户时期的某位艺伎，创作于1796年前后。

宝冢的一部戏《凡尔赛的玫瑰》，剧中多情的男主角由女优饰演。

响当当的年轻"女形"坂东玉三郎盛装扮演一位江户时期的艺伎。

宝冢戏里的儿女情长。

这幅画里，高畠華宵将年轻的义经塑造为一位骁勇善战的美少年。

铃木清顺的作品《暴力挽歌》，片中主角麒六老想着和人打架。

"硬派"的鼻祖宫本武藏，这幅剧照选自稻垣浩执导的《决战岩流岛》。

神风队员等待出征,剧照选自《啊,
特别攻击队》。

判官刺杀高师直。剧照选自稻垣浩于 1962 年执导的电影《忠臣藏》。

身披刺青的黑帮英雄市川雷藏。

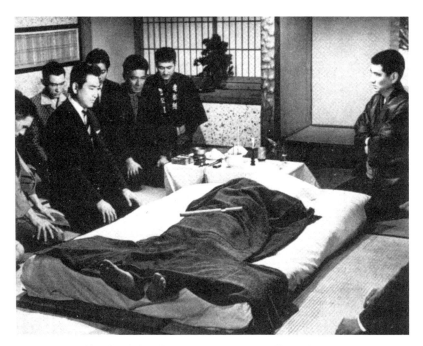

"亲分"之死。鹤田浩二在这一幕里十分罕见地穿上了西装，坐在最右边的是高仓健。

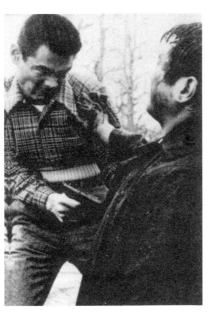

在《无仁义之战》里，菅原文太朝自己的
死对头肚子上开了一枪。

高仓健用清酒洗武士刀。

虚无主义主人公菅原文太。

老好人阿寅。

人们排队观看最新上映的"男人之苦"系列电影。

特别说明：本书插图的图注文字，由王晓霖女士翻译，在此特别感谢！

第七章

# 第三种性别

1914 年春，阪急电铁的前总裁小林一三在距离大阪八十公里、冷冷清清的温泉度假地宝冢打造了一座人间天堂。这座"天堂"很是特别，因为里面的居民清一色都是年轻姑娘。其一大招牌是"宝冢少女歌剧团"。

小林在一座大型泳池附近建了他的第一座剧场，并恰如其分地名其为"天堂"。由于日本的每家集体机构都要有自己的口号，小林于是也想了一个："清纯、端庄、优美"。时至今日，这支全女子歌剧团的成员依然有着全日本最良好的家庭出身，个个清纯、正直而又美丽。她们在宝冢过着与世隔绝的生活，尽可能避开外界肮脏的现实。她们是天堂里真正的天使。

这些天使的实际头衔是"学生"，而非演员或舞者，至于歌舞女郎这一称呼，则连想也不要想。她们在很小的时候就经过严格筛选，作为佼佼者被选送入"天堂"，一般是在十四岁上下，之后便住进严禁男人入内的"堇花宿舍"，学习日本淑女必须掌握的所有技艺，比如插花、茶道以及歌舞。

若有学生想要结婚，就会被逐出天堂。已婚女子固然可以保持
善良和美貌，却不再贞洁。宝冢完全是处女的领地。剧团里最年长
的明星是一位七十来岁的老妇，她可不是平白无故被唤作"永恒的
处女"的。

踏入宝冢，最先令游客吃惊的是满目的粉色。去往剧场的路要
经过一座粉色的桥，剧场本身也是粉色的，而内部的前厅、通往化
妆室的走廊、在舞台"花道"上空滑行的缆车、餐厅售卖的便当盒，
乃至观众席中大多数姑娘的衣着，无一例外都是粉色的。如果我们
打个比方，且不至于显得亵渎的话，可以说宝冢剧场的内部让人联
想起日本脱衣舞馆的粉色内饰；二者都具有形似子宫这一特征。

天堂的建筑同样别有风味：宛如迪士尼乐园中的瑞士山庄：一
栋栋山坡别墅和巧克力盒子模样的小屋有着诸如"淑女客栈"和"瓢
虫咖啡厅"这样的名字，其中最恰如其分的，当属"幻象"。

战时，宝冢的舞台上站满了"清纯、端庄、优美"的姑娘，她
们一身戎装，赞美日本船坚炮利的同时也歌颂亚洲大团结。撇开这
段历史，剧团主打的是浪漫的歌舞轻喜剧，既有本土剧目，也有像《乱
世佳人》和《罗密欧与朱丽叶》这类脍炙人口的外国作品。

剧团里当然没有男人，这是宝冢的一大特色；饰演男性角色的
女演员都是名角儿，崇拜者遍及全国。宝冢的所有团员都留着短发，
像是把自己梳理得干干净净的学童。她们当中每个人都渴望扮演男
性。"男"明星极受追捧，以至于其中一位被勒令去演《乱世佳人》
里的女主角斯嘉丽·奥哈拉时，戏迷们为此还进行了抗议示威。他
们高声大喊："他们竟然把"丸"变成女人了！"

观看宝冢学员排演男性角色是一次很有意思的经历。同歌舞伎
一样，所有一切均以"形"为基础。姑娘们要一遍遍地重复一套规
定的男性动作，直到学会为止。年纪大些的姑娘为年纪小的提供示
范，并充当后者的教练。看得出，这些身法多半定型于 20 世纪 50

年代，那时，剧团的前辈们一度孜孜不倦地模仿过马龙·白兰度
（Marlon Brando）的举手投足。

　　这一切背后有何隐义？为何女演员如此热衷于女扮男装？为
此，我请教了宝冢的一位舞台监督（舞台监督、导演、作曲人和编
舞者一般都是由男性担纲的）。他回答说，姑娘们崇拜宝冢的明星，
总比崇拜那些留长发的流行乐团要更阳光、更健康吧。不仅如此，
他认为，异装也会让妙龄少女更有安全感："她们很害羞，不敢朝着
真正的男人叫喊，尽管也许心里很想这么做。"这种说法有一定道理。
但紧接着他又指出了在我看来更加本质的问题："如今情况有些不同
了，换在战前，要想找到符合我们观众要求的美少年可真是太难了。"

　　不够漂亮，换言之，真正的男人不可能有和女扮男装者一样美
的扮相，就好比女人扮演的女性在震撼力上绝对不及能娴熟扮演女
性的男演员。这就触及了日本美学的核心，同艺伎这种活艺术品一
样，异装反串以去人格化为基本原则。

　　日本曲艺中的异装传统源远流长，这在许多文化中亦是如此。
同戏剧一样，它也起源于宗教。天照大神与其粗蛮的弟弟须佐之男
相遇时就是一身男装。毫无疑问，异装反串在神圣祭祀和节日中占
有一席之地。在各地漂泊行脚的巫女（步き巫女）往往身兼妓女这
一身份，她们就会打扮成男人的模样，与之相似，江户时期的男艺
伎也会学习女子的技艺。[1]

　　性别的含混也是佛教传统的一大要素，正如列维-斯特劳斯
（Lévi-Strauss）在《忧郁的热带》（Tristes Tropiques）中所详解的
那样："（佛教）表达了一种平静的女性气质，其似乎超脱了两性的
争斗。寺庙僧侣身上也散发着这种女性气息，他们剃度后与尼姑无
从区分，并与后者构成了一种第三性……"佛教雕像就经常表现超
乎两性的阴阳合一。[2]大慈大悲的观音菩萨的性别就经历了转变。
她在印度最初是个男神，随着时间的推移，佛教东渐，她成了女神。

性混淆在最早的歌舞伎里举足轻重。17 世纪的大儒林罗山（1583—1657）曾愤怒地批评道："男人穿女人的衣服；女人穿男人的衣服，把头发剪短，扎了个男人式样的发髻，身侧佩剑，还携带荷包。"[3] 1629 年后，政府颁布了针对女演员的禁令，这对性混淆 116 起到了推波助澜的作用，并由之诞生了也许是全世界最高超的一门男扮女装艺术：女形。

歌舞伎里的"女形"想要模仿的，更多的是理想化的女人，譬如浮世绘里的那种，而不是具体的某个人。男伶可以出演理想化的女人，恰恰因为他是男儿身。即便他在日常生活中以女性面目示人——有的"女形"就是这么做的——他依然还是个男人。无论他做什么，性别的紧张感和"女形"艺术所要求的距离感伴随始终，就差去做变性手术了，而这在 17 世纪必定是难以实现的。

理想情况下，性转换最好是尽可能的显得不费吹灰之力。借"女形"扮演名家芳泽菖蒲（1673—1729）的话来讲："如果（演员）刻意表现得优雅端庄，则只会收效不佳。鉴于此，要是他平素不把自己当成是女人的话，就没有资格被称作是娴熟的'女形'。"[4] 吉沢还表示："如果登台表演的是女人，她是没法表达理想中的女性之美的，因为她只懂借助自己的体态特征，因而也就无法阐释男女合一的理想。完美的女人只能由男性出演。"[5]

歌德之所以崇拜阉伶（castrati），也是出于同样的原因："这些男演员不是女人，演的却是女戏，这给人以双重享受。男青年从两性的存在形态和行为模式入手，探究了其属性；他们对此知根知底，并通过艺术语言再现了这些属性；他们表现的不是自己，而是一种完全陌生的天性。"[6]

这门技艺同年龄的关系不大。我曾见过一位七旬老翁扮演武士的妻子，而他那扮演武士的儿子则不是很放得开。由于老者完全掌握了"女形"演出的窍门，他将女子之美诠释得以假乱真。这当然是一种斧凿痕迹很重的美，但恰恰切中主旨："男女合一的理想。"

在 19 世纪欧洲自然主义思潮的影响下，曾有人试图安排女人饰演歌舞伎里的旦角。这自然行不通：她们看着太过自然了；缺乏人造之美；若想达到理想效果，只能通过模仿男扮女装的男伶。

在日本和亚洲其他地方，关于男女反串有一点值得重视：这很少会成为一种逗趣之事；不像巴瑞·哈姆弗莱斯（Barry Humphries）*或酒吧里的变装秀，异装表演从来就不是用来搞笑的。当然，我们必须记住，它在欧洲曾是一门严肃的艺术，直到 17 世纪理性思想发端后才宣告灭亡。[7]

东京有一家夜总会，老板是著名的"女形"艺术家美轮明宏。客人坐在洛可可座椅里，头顶上吊着水晶灯，面前是玛瑙壁炉，四周环绕着大理石裸童雕像和插着孔雀羽毛的花瓶。气氛相当肃穆。某位身穿红色天鹅绒晚礼服的侍者轻声宣布："夫人即将登场。"她果然来了，一袭低胸晚装，光彩照人。

当她操着日语，用 20 世纪 30 年代流行的颤音唱法唱起她最拿手的法语歌曲时，人们显然被感动了。一位老绅士对妻子说："她今晚可真迷人。"一个模样凶狠的"刀疤脸"也淌下一滴热泪，只要一眼就能认出他是当地暴力团的成员。

对西方人来说，这是最最夸张可笑的男女反串，但对日本人来说，这就是美。男同性恋异装的本质是为了讽刺：讽刺一项一本正经试图实现遥不可及之事的努力；讽刺横亘在人类能力和宏伟目标之间的鸿沟。[8] 同性恋表演总是"太过火"，"太花里胡哨"，"幻想让男人变得像女人一样"。人们常说日本人缺乏讽刺精神。总的来说，这句话恐怕没说错。在懂得"娘娘腔式"幽默的西方人看来，日本文化中的类似元素可谓比比皆是：从大街上塑料花，到百货店里的

---

* 澳大利亚喜剧演员，常在节目中变性演出。——编注

电子鸟叫声，甚至还有宝冢的歌舞剧，无不如此。然而，关键在于，无论是在美轮明宏的夜总会里，还是在宝冢的歌舞伎中，都不存在尝试和愿望之间的鸿沟：人们并不会假装理想和现实有何关联。他们乐见歌舞伎名角扮演的麦克白夫人，恰恰因为这是装出来的，因而也就更见功力，一句话，更美。

一定程度上的性混淆会增强性魅力，这是一条放之四海而皆准的真理。一个百分百的真汉子与其说会迷死人，不如说有点可笑。 118
日本人素有追捧女性化美少年的传统。浪漫歌舞伎作品里的年轻小生往往是个瘦条条的白面公子哥，能勾起女人们的护子天性。如今性混淆的魅力似乎一样巨大。某女性杂志最近的一项民调显示，1981年度"最性感明星"是专饰旦角的歌舞伎演员坂东玉三郎，以及喜欢把自己打扮得半男半女、更接近女性姿态的流行歌手泽田研二。

异装表演之所以广为流行，还有社会原因。在日本，学会按照自身性别对号入座似乎是社会训练的一部分，这在哪儿都一样。实际上，我们无时无刻不被人提醒自己的性别，被期待行事本分，不得越雷池。然而刚出娘胎时可不是这样的：在最初百般呵护的阶段，婴儿生活在安全、温暖和母爱的世界里。那时还没怎么要求角色扮演，也不存在真正的区别。套用精神病学专家河合隼雄的话："在母亲全封闭的世界里，是不分人神，不分好坏，也不分男女的。"[9]
在他看来，这解释了为何日本人难以脱离幼童世界，长大成人。

诠释了这一点的有宝冢歌剧团的性混淆，以及为其剧目提供脚本的少女漫画。剧评人今泉文子相信，不想做女人的明确念头常被误认为是某种男性崇拜。以她所见，女孩不想做男人，但"她们最深切的愿望是变得既不男又不女——简言之，就是没有性别"。[10]据今泉表示，这不是因为她们生来就怕做女人，担心一些生理上的禁忌，而是因为她们清楚变成成年女性意味着在生活中得扮演百依百顺的角色。"她们接受这一角色，明白男女有别其实仅限于外貌，出于这一原因，她们还觉得，单靠易容就能把现实和梦境颠倒过来。"[11]

这无疑有助于解释为何宝冢将迄今最脍炙人口的少女漫画搬上舞台后会大获成功。这部戏名为《凡尔赛的玫瑰》，日后被法国导演雅克·德米（Jacques Demy）翻拍成电影，但是奇烂无比，且只在日本上映。看来日本少女的品味要比制片人更高明，因为不同于舞台剧和漫画，这部电影就是场灾难。

故事中的男女角色还真就被颠倒了过来：主人公名叫奥斯卡，是个出生在法国大革命前夕的女孩，但却被当成男孩子养大，以求能在将门世家出人头地。就这样，这位雌雄难辨的金发军人加入了皇后玛丽·安托瓦内特（Marie Antoinette）的私人卫队。故事的最后，奥斯卡为革命献身，这多少有些违和感。但是剧本作者池田理代子为了熏陶读者而糅入的这一拥护共和的情结并不是作品走红的主要原因，更为重要的是女主角矛盾的感情生活。

小时候，假小子奥斯卡最好的伙伴是保姆的儿子安德烈。在他险些杀死玛丽·安托瓦内特后，是她出手搭救，才让他脱离险境。从此，他对她无比忠诚，并以一个真正武士的姿态发誓，若有必要会为她去死。

然而，尽管活得像个男人，奥斯卡还是爱上了一位名叫冯·菲尔森（Von Felsen）的瑞典贵族，并在一个良宵换上裙子，与他翩翩起舞。然而，一日为"男"，终身为"男"，不久后她又换回了军装。这还不算，冯·菲尔森这时已经爱上了玛丽·安托瓦内特。

接着轮到安德烈向奥斯卡表明他炙热的爱意了——而非冯·菲尔森——他反复表明自己愿意，甚至是巴不得为她去死。被这一真挚表白感动的奥斯卡"抛下她的贵族华衣，露出了美丽的真身"。舞台上的合唱团唱道："我爱你，爱你的高贵，爱你的纯洁，爱你的美丽，爱你和善的笑容，爱你白皙的面庞，爱你蓝色的明眸。我

119

爱你，我要为你而死……"

　　显然这是行不通的，她出身显贵，而他只是个卑微的男仆。故事的结尾颇有经典的歌舞伎色彩：先是安德烈出于剧情需要，被安排在起义者与军队的一场战斗中饮弹身亡。但是最慷慨壮烈的死法只能属于真正的英雄。金发飘飘、碧眼闪亮的奥斯卡进攻巴士底狱，结果被一枚巨大的炮弹撂倒，"献血染红了她的胸部，仿佛凡尔赛宫的玫瑰花"。

　　在大结局里，安德烈高高地站在战车上，拉车的飞马鼻子里喷出干冰化成的烟雾。他把奥斯卡的灵魂拽上车，这对命运多舛的恋人肩并肩，一起升向那辉煌灿烂的天堂。他俩的爱情之火在那里永远也不会熄灭。演员的身影在炫目灯光和干冰雾气的作用下依稀难辨，他们全体聚拢在珍珠门旁，爆发出欢闹的歌声：

　　　　金灿灿的光芒闪耀，
　　　　卫兵的军服有如火烧，
　　　　她驾着战车，金发飘扬。
　　　　啊，双眸碧蓝，啊，金发飘扬。金发飘扬

　　歌词乍一听有点像莱妮·里芬施塔尔（Leni Riefenstahl）执导的纳粹宣传片。诚然，日本少女既对维斯康蒂（Visconti）\*的电影青睐有加，也钟情于赫尔穆特·贝格（Helmut Berger）†和奇装异服的大卫·鲍伊（David Bowie）‡，这似乎印证了她们对于条顿式奇幻风格的偏爱。我曾询问一位宝冢的演员，这类剧有什么吸引她的地方。她回答："因为'憧れ'"。"憧れ"这个词通常的意思是"憧憬"、

---

\*　意大利电影导演。

†　奥地利男演员，由维斯康蒂发掘。

‡　英国摇滚音乐家。

"期望"甚至是"爱慕"，用来形容似乎遥不可及的人、地方和理想，比方说"憧れのパリ"，即梦中的巴黎。这是将不可企及的事物理想化的做法，好比在距大阪八十公里处打造天堂一事。

当代少女对幻想中欧洲贵族的看法，没准同江户时代观众看歌舞伎舞台上耀武扬威的武士的眼光是一致的：遥不可及，且被赐予了特殊的力量。倘若像某些人那样仅仅将其视为一种权力崇拜的话，则属于没有看到问题的本质。因为这里面贯穿着深深的悲观思想，或者至少是一种"物哀"思想。

英雄永远都不是赢家。在歌舞伎里，武士的下场几乎无一例外要么战死，要么自尽。安德烈和奥斯卡也只有在天堂里才能终成眷属，反之在我们置身的这片悲惨而无常的世界里则断无可能。与之类似的还有三百多年前近松笔下那些悲情的男女主人公。正如另一册少女漫画结尾处的诗歌所言："看看那些长大的姑娘的梦想：就跟玻璃宫殿一样。"长大意味着不可避免的悲剧。

因此，少女的梦想是尽可能地远离日常现实，这种逃避可以发生在性、情感和地理这几个维度：可以是在外太空，可以在精美绝伦的仿欧式宫殿，甚至可以是兼具以上双重元素的地方，比方说《米尔星小狗历险记》（"ミル星人パピーの冒険'）。这部戏的布景是十足的宝冢式天堂：一座 18 世纪的宏伟宫殿。舞厅里遍布着留着短发、头戴金色假发的长腿高个儿姑娘。她们身穿多瑙王国卫兵的军装，冒充男人的嗓音说着话——此情此景，好似埃里克·冯·施特罗海姆（Erich von Stroheim）<sup></sup>闯进了日本青少年的乐园。

戏中成年人个个腐化糜烂，阴险狡诈，工于算计。少女们受尽煎熬，最终被两个亦男亦女的外星人给救了。这两人能让时间静止，并能依靠佩戴的吊坠看透人的内心。如此一来天下大乱，因为藏在

122

---

\* 美国导演、演员，——编注

肚子里的想法变得众人皆知。正如其中一个外星人所言："这世上的人靠互相欺骗过活。他们晓得自己被骗了，因此转而去骗别人。这就是他们的生活方式。"

由于畏惧长大的绝望情绪和对成人世界的敌意十分强烈，因而往往引人注目。在樋口一叶的《青梅竹马》中，美登利注定要沦为妓女。宝冢的女主角们对此产生了共鸣："要是她能有娃娃陪着，永远都这么玩过家家该多好啊，这样她就又能喜笑颜开了。啊，她真恨，真恨，真恨自己一天天长大啊。"

虽然不想长大的彼得·潘心态无论哪儿的人身上都有，但在一个具有矛盾价值观的国度里，长大成人也许较一般情况更为艰难。我们已经提到过，婚姻是日本人步入成年的必要条件。在传统的包办式婚姻中，门当户对依然比情投意合更重要。与此同时，受众为年轻人的时尚杂志却在宣扬新式的爱情福音。一个可怜的姑娘将何从选择呢？从某种意义上来讲，每个遵循传统的姑娘都会面临美登利的两难困境。宝冢吸引的往往就是这类姑娘，而剧团提供给她们的答案无非是传统姿态的一种翻版：顺应社会的要求，其余的么，继续幻想，少女，继续幻想吧，幻想自己永远都是处女。还有比这更美好的，幻想自己没有性别，生活在欧洲贵族和友好的外星人的世界里。

幻想还有其黑暗的一面，纵然这一点在宝冢的戏中不甚明显。少女漫画显示出对邪恶、恐怖和死亡的强烈关注。毋庸置疑，这部分是由于女孩对青春期有着普遍的恐惧，这一时期的生理变化或许让人痛苦。他们会同情漫画里的恶女也不难理解，因为这个年纪的姑娘每天早上照镜子时都觉得自己是丑八怪。

然而，在这些漫画里，邪恶的事物并不比日本远古神话里来得更绝对。再坏的人只要经过真诚的忏悔，就能洗清他的罪孽。《玻璃城堡》（'ガラスの城'，1970）这部作品以永恒的伦敦为背景，有着"天使般性格"的玛丽莎遭到了同父异母的姐姐伊莎多拉的百

般欺凌、折磨和欺骗。伊莎多拉甚至还谋害了她们的父亲——他虽
与人疏远，但本性淳良，属于最最慈爱的那类日本父亲。但她最后
还是忏悔了，坦白说自己感到孤独，比起自己天使般的妹妹来又是
何其微不足道。

这个办法很灵，她立即获得了宽恕。天使般的玛丽莎像一位真
正的日本女英雄，甚至决定牺牲自己，为姐姐顶包。玛丽莎被关进
监狱，头顶上的气球这时说道："这个世界跟玻璃一样易碎而短暂。"
玛丽莎不久后死在了监狱里。

伊莎多拉可以被看作玛丽莎成年后的自我。玛丽莎生活在包容
一切的童年世界，那片"朦胧的白色梦境"。除了弑父外，伊莎多
拉的行为多少遵从了成人社会的规矩。家庭、婚姻、社会地位，这
些都是她最看中的，然而，正如她最后哀叹的那样："一个小小的
谎言导致了越来越严重的罪行。"玛丽莎，或者说童年，不可避免
地会沦为牺牲品。光阴不会停止，更不会倒流。

这种悲观情绪深深植根于日本文化中。在西欧，尤其在美国，
人们在理想状况下会选择自己的命运，虽然实际情况并不总是如此。
他们需要靠自己去改善一个不完美的世界。因此，许多少男少女的
青春梦想就是要将世界从魔鬼手中拯救出来。世界本身是不坏的，
只是罪孽深重的人类把它变成了这样。起码基督徒是这么看的，或
者更确切地说，新教徒是这么看的。无论信仰如何，不少西方人就
是在这种熏陶下成长起来的。正如一干好莱坞电影主人公向我们展
现的那样，个体改变世界的可能性是无穷无尽的。毕竟，这就是史
密斯先生前往华盛顿而迪兹先生选择进城的理由。*

---

\* 这里的"史密斯先生去华盛顿"背后有一则典故，出自影片《史密斯先生到华盛顿》(*Mr.*
*Smith Goes to Washington*，1939 )，讲述了一名理想化的青年试图改变美国参议院中腐化
枉法的经过。而迪兹先生取自电影《迪兹先生进城》(*Mr. Deeds Goes to Town*，1936 )，
讲述了来自美国偏僻小镇的青年郎佛罗·迪兹从叔父处继承了一笔庞大的遗产，一跃成
为超级富翁的故事。

另外，至少在一定程度上，西方社会对我行我素的行为更加宽容。但在日本，就如一句民谚所言，"冒出头的钉子必须被敲回去"。迫使人们在表面上墨守成规的压力要比西方大得多。日本人多半都很担心自己举止怪异，异乎常人，生怕与自家邻居有何不同。大多数人均视"平凡"为最理想的状态。

这同基督教里做好人的观念不是一回事。西方文学中的诸多人物都在良心天使的面前忐忑不安，内心陷入纠葛。在新教的极端思维中，讲良心意味着人只能把上帝当成知己。我们最终要对上帝负责，而不仅仅是对社会负责。在基督教的语境下，良知凌驾于社会之上。日本人的规矩则不然。

在日本社会，良知、个人道德、忠于内心——或者管它是什么——这些东西似乎不如我们置身的社会环境对我们的期许来得那么重要。事情出问题时，很少是个体的责任。某人也许会担责，甚至自杀谢罪，但这也是社会规范的要求使然；因为自杀者未必是做错事的人。善良的玛丽莎就做了邪恶的伊莎多拉的替死鬼。

因此，至少从小说来看，人永远都是命运的牺牲品，而不是其主宰者。让人变坏的是常被认为肮脏和污秽（日语里有一个相应的词，叫作"污れている"）的社会，而不是人让社会变坏。社会迫使人行动，迫使人随大流，但这或许会违背个人意愿。尽管"忠于自我"并非日本人发明的格言，而且随大流铁定没错，但烦人的冲突依然存在：某人的行为越是出于被迫，就越会偏离儿时的纯真状态。正因如此，不胜枚举的日本故事——包括搬上宝冢舞台的那些——才会极力渲染青春的终结和毁灭，而不是其蓬勃发展。除此之外还有一条出路，就是永葆青春，永保童贞，既不做男人，也不当女人，这和不想长大其实是一回事。

* * * * *

纵然西方的女子漫画里也充斥着长睫毛、亮眼眸的绝世美男子，但他们依然是男人无疑；他们开着跑车在海边兜风，最后邂逅幸运 125 的女孩。正如我们先前所见，在日本，男主人公的性别暧昧不明，有时还会同性相吸。对于这些亦男亦女的年轻主人公，还有一个专门的词用来描绘他们，叫作"美少年"。

少女漫画——甚至有时少年漫画也算在内——的封面上经常出现美少年的形象。宝冢戏里那些令人心跳的万人迷往往都是美少年。穿着褶边衬衫，一笑就泛起酒窝的青少年电视"偶像明星"也是美少年。如今再度走红的著名漫画家高畠华宵除了美少年外，不画任何其他题材，他的作品至今仍能在流行漫画上见到。典型的高畠作品里一般有一个身穿短和服或水手服的美少年，听着年长的小伙子传授骑术或剑术。另一个流行的主题是美少年落难，比如说他被大孩子欺负，或者在海上遭遇了可怕的暴风。每每获救时，向他伸出援手的总是年纪稍大的前辈，后者用坚实的臂膀挽起少年的杨柳腰。当美少年独自出现在画面中时，要么像阿多尼斯那样吹着长笛，要么眼神迷离地举头望月，要么正在沐浴，要么躺卧在草地上，灵巧的手中捧着一本诗集。

这些画的基调似乎带有同性恋色情的成分，事实上也的确如此。一本名为《JUNE》的少女漫画将这点表现得十分露骨。画中，身穿天鹅绒晚礼服、堕落腐朽的英国贵族在水晶吊灯下勾引精致的美少年。这份杂志的独特之处在于它代表了一种极端的少女品味，但它同样充斥着浪漫的爱情故事和惊心动魄的罪恶勾当，这一对结合既令人血脉贲张，也勾勒出部分少女漫画的特色。这些书并不以裸体少年与老淫棍交媾为卖点。

依我之见，有个例子足以说明问题。故事的标题有些神秘，叫

作《钟上的带子》。故事讲述了一个美少年，十二岁丧母，十四岁被妓女收养，后来娶了一位富有的伯爵夫人，却发现自己更喜欢男人，于是做起了牛郎。

很难揣测年轻读者在阅读这部漫画时会有什么想法（这里的读者指那些不公开的同性恋者）。读者来信也没提供什么信息，不过有位姑娘给出了提示。她写道："这个幻想世界让我的脊背因为兴奋而簌簌发抖。"由于日本人十分注重外表，而忽略其背后真正的含义，我们就此或许可以认为，这些青年梦想家中的不少人比他们的淫秽梦境所暗示的要纯洁得多。美国电影《虎口巡航》（*Cruising*，1980）在日本首映期间，成群结队的学生蜂拥前去购买纪念品项链、网眼背心等纽约同性恋地下组织的装束和物件。总而言之，青年梦想家和学生一样单纯。他们觉得这么做很"格好いい"（很帅、很酷之意）。"格好いい"这个词很难译成英语，意大利语里倒是有个近义词：叫 bella figura，意指出尽风头。

许许多多的少女——少男则要少一些——或许觉得成人世界迫使他们变得工于算计，因循守旧，逐渐磨灭了天性，因而在同性恋幻想中寻找宣泄的出口。这种幻想与他们的生活相去甚远，并不令人感到威胁；是一种遥不可及的浪漫理想，比方说"梦中的巴黎"。美少年不管是不是同性恋，下场一如吸血鬼或外星生

我要让沉迷女色的你好好尝尝男人的滋味！

物。他们个个是弃儿，是腐朽的成人世界里纯洁无瑕和青春永驻的牺牲品。

当然了，或多或少有所掩饰的同性恋色情幻想在世界各地的青少年中间都很普遍。它在日本断然不像在西方那般禁忌。同性恋从未被视为是罪恶的越轨，或者是一种疾病。这是生活的一部分，只是较少与人谈及罢了。况且只要社会的礼仪规范（比如说结婚）得到遵守，那同性恋就完全是被许可的。

作为一种理想的爱情形式，同性恋早在少女漫画或宝冢歌剧团出现之前就已存在。几个世纪以来，同性恋不仅受到宽容，甚至因为其象征了一种更为纯粹的爱情而得到鼓励。以斯巴达和普鲁士这两个最显著的代表为例，同性恋是武士传统的一部分：同性恋者可以成为出色的军人，至少人们希望如此。在镰仓时代，武士的势力盛极一时，女人被贬低为下等生物，是用来传宗接代的"借用的洞"。只有男人之间的爱情才被认为配得上真正的武士。

128

到了江户时代早期，也就是 17 世纪初，仗打完了，狼烟散尽。两个半世纪的幕府统治带来了和平，但武士们也因此郁郁不得志。除了教训教训个别无耻的农民或商贾外，他们几乎再无用武之地。然而，理想中的"武士道"在完成其使命后依然绵延许久，并继而进化为一种风流倜傥的做派，其中包括了男男之爱和对美少年的迷恋。这种情况像极了中世纪才出现的骑士精神，后者也是骑士们无所事事，终日只能在马背上比试枪法和追求高不可攀的贵妇之余才蔚然成风的。

折磨人心、没有结果的爱情被看得比什么都要纯洁。借某位末代吟游诗人的话来讲：

> 如今我看着受过甜蜜创伤的爱情，
> 正带着结出的果实一点点地消逝。[12]

　　武士间的同性恋（"少年愛"）也许是日本人所拥有的最接近西方浪漫爱情理想的事物。《叶隐》这部讲述武士道德的 18 世纪作品颇具影响力，它教导道："一旦（向男孩）表白，这份爱情就会失色。只有将秘密压在心底，带进坟墓，这才是最高贵、最圣洁的真爱。"[13]三岛由纪夫就此撰文道："美少年象征了完美的形象——他就是单相思这一理想的化身。"[14]这种说法同近松作品中以殉情告终的炙热情欲很不一样，同有着金子般内心的妓女的母性情怀也是大相径庭。

　　毫无疑问，同性恋者的骑士精神，就像骑士对他们心上人的爱一样，是以自我奉献为基础的，或者更确切地说，在日本，是以死为基础的。由于再也无法在战场上证明一个人忠诚与否，殉情的理想便取而代之。这与近松的殉情戏不同，因为在他的笔下，死往往是恋情为社会所不容时的唯一出路。相反，在男同性恋之间，死更象征着十足的忠诚和荣耀——至少人们是这么看的。

129

　　有关美少年效仿前辈以各种方式切腹自杀的故事可谓不胜枚举，其中一种痛苦万分，死者要用刀在肚子上割出朋友的名字。这种自残做法实际上恐怕十分罕见，但故事之多说明了理想之强大。

　　这种理想至今依旧存在，只是其形式多少已改头换面。诸如高仓健和高桥英树这样的黑帮片主人公（他俩的黄金年代在 20 世纪 60 年代末至 70 年代初）很接近理想中的美少年：年轻、英俊、心灵纯洁、孝敬母亲——尤其是高仓健，总把母亲挂在嘴边——真诚得叫人吃惊，单纯得惹人怜爱，而且还充满了日本人所谓的斯多葛主义，即他们舍弃了对异性的爱。

　　不爱女人，则彼此相爱。他们几乎千篇一律地在与占压倒性多数的敌人做悲壮的殊死一搏时双双殒命，通常，也只有在这种性高潮般的结尾，观众才能看到他们幸福的神情。一部由高桥英树主演的电影片长九十分钟，前八十分钟里，主人公一直是郁郁寡欢，哀伤，低落，陷入深深的迷茫和绝望。他天性中的诚挚和单纯质朴遭到了万恶世道的压抑和践踏。但在最后他终于迎来了救赎：他被获准赴死。

他和好友，另一位忧郁的亡命徒，面对着占尽人数优势的敌人，义无反顾地踏上了一条不归路。录音带上的主题歌越来越激昂，两位英雄互相逗笑，尽情地嬉闹玩耍，仿佛是去赶集的学童。他们边笑边褪下和服，露出骇人的刺青。两人冲进敌人的老巢，在无所畏惧地疯狂砍杀了约五分钟后，双双半裸着身体、浑身是血地栽倒在泥土里。他俩手挽着手，用沙哑的嗓音最后一次互诉衷肠；他们终于收获了幸福。

上述文字旨在说明，日本的同性恋武士精神传统有助于解释为何同性恋色情的影响至今在日本的流行爱情故事中依然十分明显。当然，对美男子的迷恋并不局限于日本少女和同性恋。美少年的理想同艺伎和"女形"一样，均在日本文化中占据一席之地。另外，从某种意义上而言，三者是存在关联的。

作家野坂昭如尝言，一位真正的"女形"演员身上必须有一股邪气。或许因为其脆弱性，纯洁的少年形象会让人感慨世事无常，也就联想到死亡。根据托马斯·曼（Thomas Mann）的小说改编而成的电影《魂断威尼斯》（*Death in Venice*，1971）能在日本长盛不衰，绝非偶然。

在歌舞伎舞台上，饰演美少年的是"女形"，正如彼得·潘的扮演者历来都是女伶一样。以下是三岛由纪夫在一则短篇小说中对某位传统"女形"的描写：

> 增山感到……有股黑泉一样的东西正从舞台上这个人的身上喷涌而出，他是如此温和、脆弱、优雅、娇柔和具有女性魅力……增山觉得，这是一种奇怪而邪魅的存在，是演员最后一

丝感染力，是一股诱人的魔力，让男人误入歧途，使他们溺毙在片刻之美中。这一切，正是他所察觉的这股黑泉的真实本质。[15]

三岛在他名作之一的《禁色》[16]中塑造了邪恶美少年的范本，一位同谷崎润一郎笔下原型相似的男性版"奈绪美"。悠一是完美的男性艺术品。一位厌恶女人的老作家教会他如何佯装感情，虚情假意地去爱女人——"扮演他人是创作的最高境界"（三岛语）——目的是打击她们。他既美得天然，也假得到家，和"女形"的美是一回事。可是这种美无法维系长久，这恰恰是其意义所在。

同性恋问题学者兼专家的稻垣足穗曾写道："女人的美随着时光流逝越来越有味道，而少男的生命仅如夏季里的一天，是花开的前一天。下次再见到他时，他只不过是一片枯叶。他一旦长成男青年，散发出生殖器的味道，一切就都完了。"[17]

在《男色大鉴》（1687）中，西鹤写道："要是少男能永葆青春，那可真是好极了。远州这个老淫棍过去常说，少男和盆栽应该永远都不要长大。"日语里的盆栽指的是人工栽培的矮树，在幼苗阶段因为受到折压和弯曲而停止生长，这一审美符号有时也被拿来形容日本人自己。总而言之，盆栽同将青春定格在纯真瞬间的梦想必然有所关联。然而，不同于只要医学条件许可便竭力维持青春假象的美国人，日本人总体而言较为有风度地接受了青春短暂的本质。事实上，青春之所以美，正是缘于其短暂。在日本，樱花的花期只有一周左右，"樱花热"和迷恋美少年是一个道理，二者还常被拿来做对比。

再往前迈一小步就是死亡崇拜。按照《叶隐》的说法："迷恋少男的终极意义就是崇拜死亡。"西鹤的某部讲述同性情爱的作品开篇写道："最美丽的芳草和树木因为花开得绚烂多姿而枯萎衰亡。而人类也是一样；许多人香消玉殒，是因为他们太美了。"[18]同一

131

则故事里，年轻的主人公身穿绣有秋花的白色丝绸和服，自语道："世间的美无法长久。我很庆幸能在自己芳华绝代、容颜尚未像花朵般凋谢前就死去。"说罢便用匕首剖开了自己的肚子。不管人们如何解读三岛死时极为困苦的表情，他在做出惊人的自杀之举时，脑海里一定闪现过类似的想法。

同理，在大好青春年华便一命呜呼的神风飞行员也会激发大众的想象力。漫画和电影依然对他们大加歌颂，他们也总被人比作樱花。一点不假，载着他们撞向美国战舰的"爆裂的棺材"就叫"樱花"。[19] 其留下的诗文和歌曲也充满了樱花的形象，比方说下面这首俳句，作者是即将最后一次踏上征程的二十二岁神风队员。

　　　　最好我们凋零得，
　　　　就像春天的樱花，
　　　　如此纯洁和绚烂。[20]

死亡是保障青春完美无瑕的唯一纯洁和恰当的结局。史籍、传说和现代流行文化中的美少年主人公几乎都难逃一死。还是以少女漫画为例，当代美少年的一个典范名叫安吉勒斯（Angeles）。他其实是个很具日本特色的主人公，尽管长着一头金发，且一半是人，一半是吸血鬼（人的那一半源自其"神之后裔"的父亲，另一半则来自其德国母亲，是她给了他"不洁之血"）。

唯一懂得安吉勒斯纯洁和美丽的是个"热爱海涅、拜伦、莎士比亚和爱情"的女孩。她的母亲是个恶人，故事的结尾处爆发了一番可怕的争斗，冲突一方是恶母和警察，另一方是女孩和安吉勒斯。美少年吸血鬼死在了心上人的怀抱里，眼看着他的城堡被一团超现实熊熊烈焰所吞噬，临终前吐出一句痛苦的遗言："城堡是我们的青春。"

　　纵观日本历史，公认的最有名的美少年当属日本最具人气的英雄，他在大量戏剧、电影、书籍、漫画和电视剧中都留下了不朽的形象。就在最近，电视艺人中的头号怪人泽田研二还在电影上出演过这一角色。这位英雄出生于 12 世纪，名叫源义经。同许多美少年一样，义经由一位长者抚养成人。他的养父为人慈祥，是在京都附近一座寺庙里修行的和尚——人们相信，僧人特别喜欢悉心照顾美少年。

　　尽管义经生得貌美如花——起码传说如此——但他却成了个技艺高超、热情如火的剑客。他年轻时初识巨人武僧弁庆的故事被传为一段佳话，据说这就发生在距现今京都火车站不远处的五条大桥上。

　　弁庆栖身的寺庙需要用钱，为此他发誓去夺路人的太刀。他靠与人比武轻而易举地劫得了 999 把太刀，就在这时，一个纤瘦、文弱的青年走进他的视线，边走还边用笛子吹奏感伤的小曲。面对着这个睫毛又长又卷、昂首打量着他的娘娘腔少年，弁庆起先并不愿与之较量。但他急需用钱，于是拔出了剑。然而，似乎奇迹降临，他被打得一败涂地。义经只是潇洒地挥动了几下纤细的手腕，就用花扇子把眼前的巨汉打倒在地。

　　这一细节在有关美少年的传说里很是普遍，因为美丽外表的背后总是潜藏着一股邪门的力量，甚至可以说是超自然的法力。少男或痴痴讪笑的"女形"将手握利剑、占据优势的对手打得落花流水，仿佛手中挥舞的不是漂亮折扇，也并非精美短刀，而是仙女的魔棒。这种桥段是歌舞伎中的老套路了。

　　日本观众沉醉于精神力战胜气力、技巧战胜蛮力的想法。柔道是日本人发明的，也就顺理成章了。在少年漫画里，身材矮小的大卫总会遭遇粗蛮的歌利亚，这或许是因为许多日本人乐将自己视为屹立在粗野巨人世界中的智者大卫。不少人相信，神风队员所体现

133

出的纯真气概能让敌人闻风丧胆，败下阵来。因此，东京奥运会期间，当身材高大的荷兰柔道运动员安东·吉辛克（Anton Geesink）战胜了小个子的日本选手时，日本人当真就在大街上哭了起来：一个古老而备受追捧的幻想就此破灭了。

弁庆对他的美少年对手佩服得五体投地，发誓要做后者的家臣，此生效忠于他。这一情节可谓落入俗套：每个堂吉诃德都要有他的桑丘随侍左右，而每一位俊朗的美少年身后也总站着一名大力士。举例而言，歌舞伎作品《铃森》（'鈴ヶ森'）一上来就是两伙人在刑场上的一番恶战。对垒双方是美少年白井权八和一群凶狠的轿夫。白井三下五除二便轻松击败了对手，这把江户贫民的传奇守护者幡随院长兵卫看得目瞪口呆。如人们所言，这次相遇开启了一段美丽的友情。[21]

刚开始，义经和弁庆战绩彪炳，并在 1185 年的坛之浦合战中将平氏一族一举击溃。但这场胜仗也标志着他们开始盛极而衰。义经的蓬勃朝气和血气方刚是他之所以为后人爱戴的原因，却也得罪了他那老谋深算、谨小慎微的哥哥源赖朝。他想置义经于死地。

义经、弁庆和他忠心耿耿的残部被迫撤退，自此也就真正拉开了他至今为人津津乐道的人生篇章。坛之浦合战是确实记载在史书上的事件，义经的衰败则是戏剧小说的素材。这也是他生命中最消沉的一段时光。在"能"剧里，饰演义经的是一个孩子，在歌舞伎舞台上则是一位"女形"。至于这之后上演的英雄事迹，统统出自其门客之手，主要是弁庆。

其中尤以《劝进帐》这则故事在舞台上长盛不衰。[22] 为了通过赖朝设下的路障，弁庆乔装成和尚，义经则假扮成他卑微的脚夫。两人一度引起了某位主事官的怀疑，他让弁庆背诵和尚通常随身携带的化缘名册。弁庆自然不会有这东西，但是他信口开河地胡乱编造了一段东大寺的历史，满口皆是玄奥的佛门用语。

134

这番急中生智的虚张声势唬住了敌人，周围的看客开始散去。但是有人突然认出了跟在弁庆身后的义经。弁庆知道大事不妙，只好铤而走险：他一边骂骂咧咧，一边动手打脚夫（其实是自己的主公），斥责他迁延误事。放在当时来看，这种做法几乎等同于一位虔诚的天主教徒践踏基督圣像一样，当事人内心必定苦不堪言。弁庆不顾一切、忠心护主的表现感动了赖朝手下的官员富樫，后者放他俩走了。对弱者的怜悯(日语里有个对应的词，叫作"判官びいき")让富樫违背了首领的旨意。

可是，结局终究不可避免，只是来得稍晚些罢了。义经在日本东北的奥州陷入包围，就连骁勇如弁庆者也无法一举退敌。关于这则故事的一种说法是，弁庆身中万箭，背靠着门站立而亡。他的死状无比威严，谁也不敢凑近，直至尸首自己倒地。另有一种说法是，弁庆剖腹后，掏出内脏朝来犯者的脸上扔去，以示对他们的极端蔑视。

义经从容地剖腹自尽，"剑从左胸下方刺入，刺得很深，刀尖几乎穿透背部"。[23] 他的妻子和七天大的女儿随后死在了忠心耿耿的家臣兼房手里。

这个故事美就美在消沉的主人公如樱花一般，于盛开之际落英缤纷。不过也有种稀奇的传闻——前提是我们相信的话——称他后来投胎转世，又来到了这个世上，而且变的不是别人，正是成吉思汗。诚如伊凡·莫里斯所言："他逐渐落入了神话英雄的典型模式，以自己的死确保了社会的延续和稳定。"[24] 死是多数日本年轻英雄之所以为英雄的前提条件。

义经让人联想起阿多尼斯（Adonis），那个吹着笛子的美少年，他也是在青葱岁月便殁了。他们都是替罪羔羊，年轻、纯真，在无穷无尽的生死轮回中一次次死而复生；他们象征着庄稼，也象征着人类的生与死。根据某种理论,迷恋阿多尼斯实际就是迷恋死亡[25];

同样的话也可以用来形容对义经的崇拜。

日本人在治史上有着史实和文学不分的倾向，因此将这一普遍传说加诸在一位历史人物身上，可以说是典型的日本式做法。同样典型的还有，一个在当时见证者口中"满嘴龅牙、两眼外凸、肤色苍白的小个子青年"，经过戏说会变成一位绝世无双的美男子。无论是谁，死得这般凄厉，自然得和樱花一样完美无瑕才行。

第八章
# 硬派

　　通往成年男子的道路是坎坷的。在大多数文化中，这种坎坷都会经过某种成人礼的渲染，通常为一次考验或一项探索；其既可以是杀死一头狮子，也可以是寻找圣杯，凡此种种，不一而足。随着帕西法尔（Parsifal）*等中世纪传奇武士的事迹发扬光大，类似的仪式在欧洲也是蔚为大观。

　　在日本，失去童真的创痛与世界各地无异，而对男子气概的考验——遑论对数不尽种类的圣杯的追逐——则是神话和戏剧永不枯竭的源泉。同多数地方一样，通过考验的主要条件是盲目的毅力和压倒肉体的意志。二者在日本人眼里都极具价值，他们热衷于宣扬某种独特的精神气质是日本的文化底蕴。

　　在日本，最接近游侠性质的是行走江湖的武士，他们以干净利落的击杀来锤炼自己的剑法和心性。某位剑客近来蜚声世界：他就是兼具艺术家、杀手和神秘主义者三重身份的宫本武藏。武藏的非

---

* 帕西发尔：亚瑟王传奇中寻找圣杯的英雄人物。

凡建树在电视、漫画和电影中屡有述及，不仅如此，在美国，他还成为了某种大众偶像，据称，那里的生意人为了参透高深莫测的东方商道而拜读他的武学著述《五轮书》。

关于真正的武藏，我们知之甚少，除了知道他生于 1584 年前后，其余的便纯属戏说了。有关他生平的说法众说纷纭，时而严重矛盾，一句话，每个人眼里看到的都是不同的武藏。在此只需描绘出现在当代电影和漫画中的多面武藏即可，反正他至今仍是在通向成人之路上克服万难的青年英雄中的楷模。

同许多日本硬汉一样，武藏幼时便失去了双亲。很快，他便展现出类似义经的杀手禀赋：确切地说，是在十三岁的时候。别看他年纪小，居然用棍子打死了一位武士。1600 年，德川家康打算继丰臣秀吉之后统治天下时，爆发了关原之战。武藏由于与战败的一方并肩作战，进一步奠定了自己典型日本英雄的地位。他的余生一直是四处漂泊，闲云野鹤，常宿于山洞或农舍。

武藏在肉体上一定毫无魅力可言，因为他唯恐一旦刀剑离手会遭人生擒，所以不肯洗澡，这一点很不像日本人。同样反常的是，他始终未婚。实际上他有些厌恶女人——这在日本英雄当中倒并不另类——总在摆脱女人的纠缠，她们会败坏他心无杂念的追求。无论是关于他生平的哪部作品，有一幕总是耳熟能详，再三出现：他赤裸着身子站在冰冷的瀑布下，以此浇灭自己对一位佳人的本能欲望。

从某种意义上讲，他是个虚无主义者。在这点上，他与不少粗犷阳刚的日本英雄别无二致。毫无任何社会牵绊的他只为自己而活。但是，要成为真正的虚无主义者，就得变成厌世的成年人。武藏大半辈子活得像个一心求道、永不衰老的少年。他的故事是一部有关求学的故事。没错，他是违反了一个礼教社会所有的规矩，但只是为了实现一心追求的目标：通过剑道，获得启蒙。

练成剑道固然要杀不少人，但这是一项高尚的事业，不单单是有效的杀戮手段；它首先是一门精神修养。武藏和众多追随他脚步的英雄信奉日本人口中的"精神主义"，意思是精神超越物质。这只能是一种日本精神。"精神主义"一词并不适用于外国人，因为可以推断的是，他们缺乏这种精神。另一个常在这种语境下使用的词叫"根性"，也指精神，但更接近克服困难这层意思。"ガッツ"（guts）这个词亦很常见，泛指气概。一位闻名遐迩的日本拳击手就给自己起名叫"ガッツ石松"。顺便一提，石松二字取自历史人物"森之石松"这位胆色过人的侠客。

有关英雄修行者的故事、电影和漫画——以武藏为首——统称为"根性物"，也就是精神之物。而"精神主义"和"根性"常常包括对理性和个人感情的禅宗式压抑，以及对直接行动的盲目热情和对艰难困苦的无限忍耐。武藏接受的教育其实是某种禅宗训练。不幸的是，压抑个人的——无疑也是虚幻的——感情意味着全然漠视他人感情，这会导致极端的自私自利。然而，有必要指出的是，武藏的刀下鬼多半是他的同路人。

其中最著名的是个叫佐佐木小次郎的少年。某本漫画将他描绘成典型的美少年。他一半时间与武藏决斗，一半时间则在床上与他缠绵。[1] 在 1955 年拍摄的电影里，小次郎由高仓健扮演，留着潇洒的马尾辫，而武藏一角则由擅演单纯年轻主人公的中村锦之助担纲。[2]

观众见识了武藏如何一点点学会杀人的奥义，又如何在斩杀他人时保持心性。小次郎的弱点在于他完全不懂这一切。他太急于求成，太狂妄自大，太……欠缺心性。"只要剑法够强就行。"他表示。小次郎的师傅看着武藏，答道："要锤炼的不是剑法，而是气魄。"

当武藏独自奔赴最终决战的小岛时，那位如影随形、对他爱慕已久的姑娘不让他走。他推开她，就像赶走一只烦人的苍蝇。"剑是不知怜悯的，"他吼道，"武士道不留情面。"

　　岩流岛上的决战很快分出了胜负。武藏握着他在来时路上用船橹刻成的剑，只一击就敲碎了对手的头颅。回程途中，他盯着自己血淋淋的双手，回想起自己杀死的那些人。一阵恶心感袭来，他遂将剑丢入水中。从今往后，他只会用木剑与人决斗。他终于大彻大悟。修行的目的也逐渐清晰：赢得越多，越感到一切毫无意义——或者套用黑泽明电影里某位杰出武士的话来讲："最厉害的剑从不出鞘。"

　　武藏的形象林林总总，不尽相同。在某部影片的结尾，我们看见他从堆积如山的尸骸边奔来，为他的杀戮本领而兴奋得上蹿下跳，嘴里还喊着："瞧，妈妈，我打赢啦！"虽然这一幕十分透彻地反映了青少年的病态心理，而且无疑最接近事实，却并不具备典型性。

　　寻常的武藏是个内向的沉思者，是有着武士外表的哈姆雷特，对人生充满苦闷。我认为，找到他精神苦恼的源头，也就弄清楚了他为何拥有长盛不衰的人气。他的自私和残酷或许可以归因于其身处的残酷年代——16 世纪时战乱频仍。他的书因其哲学思想行销美国，同时也为其往往毫无来由的滥施暴力提供了背书。

　　然而，真正的问题还是武藏面临的困境，也可以说是他的追求本就自相矛盾，这对矛盾在当今日本依然存在：怎样调和自我磨灭同妄自尊大，以及禅宗和刀剑之间的矛盾。[3] 即便撇开剑和禅宗——这二者在当代日本生活中均无足轻重——剩下的依然是每个日本青少年不得不面临的难题：如何不负众望尤其是家里的人的期望，出人头地，与此同时又能做到不露锋芒，循规蹈矩？或者换一种说法，在一个压制个人主张的社会里，何以成为赢家？

　　要战斗手上就不可能不沾血。要想在这个世界上做胜利者，就不能不沾上血污，不能不失去纯真。那人们该如何应对？是完全依赖本能，像头精心驯服的动物那样盲目且不假思索地行动么？还是手持木剑去战斗？要么索性遁世？日本社会的特点让这对矛盾更具戏剧性，但是世上每个少年都要面对它。哈姆雷特和武藏只不过是用不同的方式表达了自我。

　　让我们来看看另一位最近出现在荧幕上的茫然少年：姿三四郎，他在黑泽明拍摄的第一部和翌年拍摄的第二部电影中均是主角。从许多方面来看，该片是黑泽明后期所有作品的样板，因为诸如《生之欲》（'生きる'）、《天国与地狱》、《红胡子》（'赤ひげ'）等多部影片围绕的都是精神改造和面对考验这一主题。

141

　　姿三四郎的故事与宫本武藏的大体雷同，因为其关注的一样是武术的精神层面，这里讲的是柔道。我们再度见识了男孩变身为男人的过程。姿三四郎和武藏一样天赋异禀，随师父在庙里修行——武藏的师父也是僧人，毕竟，他俩所做的事都关乎心性。不久，他的武艺便无人能敌。但师父还是不满意，姿三四郎也许掌握了全部招式，但却不谙真正的"道"；或者根据师父惯常的含糊口吻："道指忠爱之道。这是终极真谛，只有领悟了这点，才能直面死亡。"师父效仿禅宗里"公案"（指不讲逻辑而故意抛出的荒唐问题）传统，喝令徒弟去死。"死吧！"

　　姿三四郎眼睛都没眨，一头跳进寺庙后方的池塘。他整夜盯着月亮，死死抱住一根木桩。这是他的成人礼。黎明时分，他的精神危机结束了：他在自然之美中看到了终极真谛，兴奋异常地从池子里一跃而出，告知了师父这则喜讯。

　　他如今走在通往成年的大道上。然而在成人世界里如何保持纯真？难题很快化为一次考验。他心仪的姑娘的父亲向他发起挑战，他起先避而不战，后来决定应战，但打算故意放水。两种对策都很讨巧，但是实在么？它们难道不正是玷污成人世界的那种弄虚作假的典范么？师父说过，讲求心性的人务必做到心无杂念；而心无杂念就要做到拒斥市侩的虚伪。要保持纯真，他除了直来直去，无从选择，于是，他像扔一袋土豆那样把对手扔来扔去。

　　这种塑造性格的方式同英国旧传统很不同。绅士应能输得起，在面对输赢时会装出一副满不在乎的神态，毕竟，不就是一场游戏么？而在武藏和姿三四郎这类人看来，做一名有风度的失败者不仅毫无必要，而且十分可鄙，因为这是不实在的表现。

　　日本人的理想引出了另一个问题：假使说"忠和爱"涵盖了对他人的同情，那么这如何同禅宗里直来直去、不假思索的行动协调一致呢？答案是也许其不包含同情，至少不是基督教里那种有原则、无差别的同情。一个人有同情心，不是因为出于原则有必要表示同情，否则这种怜悯就会显得虚情假意。（我们常常觉得事实情况并非如此，人们施予的同情总是与所能得到的回报直接相关，在这点上，日本和多数国家均是如此。）

　　关于这种思维方式，近期出现的一则例子引发了激烈的争议，这就是日本对待难民的姿态，尤其是东南亚难民。日本政府在帮助难民一事上素来不情不愿，这还是比较客气的说法。而大多数日本人对此无动于衷的态度使得上述政策可以畅行无阻。只有在面临主要来自西方国家的巨大压力后，少量"船民"才被允许登陆日本，接收过程也是相当冷淡。日本政府和新闻界——通常不亲政府——对这种令人不快的外部施压怨声载道，他们恐怕是真的不理解这么大动干戈究竟是为了什么。外国人的苦难，而且是日本之外的亚洲人的苦难，距离日本的日常现实太过遥远，难以让人发自内心地表示同情。

　　我无意指责日本人刻薄无情。恰恰相反，当事情牵涉亲友时，他们会表现出极大的同情。不过，不同于许多欧洲人，日本人多半并不热衷于展现对素昧平生的陌生人的怜悯。日本人管这叫诚实，别人管这叫麻木。两种说法都对。

　　以姿三四郎及其同道中人为例，爱和忠是一个意思，那就是对师父或领袖要爱。顺从和牺牲是表达爱的语言。因此，这种爱既是

142

高度个人化的，却也反对自我。

禅宗大家主张克制理性思想，这会使人变得益发以自我为中心。被武藏和姿三四郎等人视为不纯净的理性意识，在西方人眼里却是对冲动情绪的钳制。这种情绪不可靠，因而很危险。在日本，虽然某种备受推崇的虚无主义思想以彻底泯灭感情为终极目标，日本人距此目标还相差十万八千里。也许，总的而言，日本人是比其他国家的人更易受情感的左右。西方人在为自己的观点辩护时往往会气急败坏地反问："你难道听不懂我说的意思？"换做是日本人，先是勉强将一腔怒火隐藏在逐渐灰飞烟灭的礼貌外表背后，随后会反诘道："你难道不明白我的感受？"甲诉诸普遍的逻辑思维，乙则诉诸自己的内心情感。

143

* * * * *

并非所有人都甘愿经受成为男人的精神考验。日本同世界各国一样，有巴巴吉诺（Papageno），就有塔米诺（Tamino）*。实际上，大多数日本人恐怕是纵情声色、不愿为"精神主义"苦修所累的"巴巴吉诺"。日语里对这两类人也做了很有趣的区分："硬派"（こうは）和"软派"（ナンパ）。武藏和姿三四郎毫无疑问都属于硬派。

硬派的典型特征便是信奉斯多葛主义，即热爱艰苦，厌恶性爱，为人忠直，外加脾气有些火爆。硬派主角必须在战斗中反复证明自己的男子气概。软派自然是所有这一切的对立面：其成员缺乏气魄，厌恶打斗，好女色。软派不像硬派英雄，极少得到大众文化的赞美。理想的还是硬派，其被灌输了一种奇特的民族主义思想。

举例而言，有部少年漫画叫《我是神风队员》，主人公是个名

---

*　巴巴吉诺和塔米诺均是莫扎特作品《魔笛》里的人物。

叫大和伸晃的铁骨铮铮的年轻英雄。"大和"也是日本（自远古王国之后）的代称，往往带有军国主义色彩，比如说"大和魂"。

年轻的大和具备了他那个英雄角色所必需的所有条件。首先，他个头矮小：这点在精神上可以弥补——日本人的气魄对抗外国人的肌肉。浓眉下一双大眼睛炯炯有神，闪耀着青年人的正直。他半点幽默感都没有——插科打诨的硬派和哈哈大笑的武士一样是稀罕物。当然了，他性子很急，过分坚忍，感情质朴，对事业忠心不二……简言之，他是浪漫的自杀式飞行员的完美写照。

但其实，我们的主人公并不是这样的人。他的父亲倒是的。令当爹的懊丧和羞耻的是，他的飞机摔了，人却活了下来。因此，为了洗刷这份耻辱，他要把自己的儿子培养成彻头彻尾的男子汉。漫画讲的是大和求学的经历，这点同武藏和姿三四郎的故事如出一辙。 145

父亲身兼师父一职的情况并不多见。但是大和的父亲精通棍棒教育的伎俩，精神大师们也是因此而闻名。他用竹剑击打儿子的脑袋，在狂风暴雨中把儿子绑在桥墩上，把儿子从一辆疾驶的卡车上推下去。总之，就差往后者的指甲里钉竹签了。大和是个很坚强的小伙子，对父亲给予的这种训导心存感激。

对他气力的主要考验不是如何躲开父亲的责打，而是逃脱大孩子和田的欺侮。和田似乎十全十美：高大、英俊、聪明、强壮。不过他的精神意志存在不足，因为他在学校作弊，而且习惯躲在自己当地黑帮老大的父亲身后。不幸的是，大和没有和田壮，所以每逢打架必败，可他没有"体面地认输"，而是记起了父亲的教诲："一个日本男子汉一旦决定要做某事，就会拼搏到底，不惜一切代价将其实现。"这番话让人联想起关于神风队员的一首流行歌曲：

　　这孩子多好啊！
　　他战斗到最后一刻，

带着母亲灌输给他的骄傲，

洋溢着日本人三千年来的血性。

——（《神风的母亲》）

大和伸晃最终果然用竹剑实现了以弱胜强。决战地点是……岩流岛，也就是宫本武藏斩杀佐佐木小次郎的地方。大和没有杀死他的对手，尽管在体格上处于下风，但他还是向和田展示了什么叫真正的男子汉之道。

"你坚毅的榜样涤荡了我的内心。"被教训一番的恶霸躺在沙滩上，心怀感激地告诉一旁的大和，两个男子汉的手牵在一起。就在这时，太阳从海平面升起，一时光芒万丈，仿佛帝国海军的旭日旗：大和魂再度获胜，幸存神风队员的耻辱得以洗刷。

将对硬派的崇拜表现得最为激动人心的某个例子不是传说，也不是漫画，而是一年一度发生在大阪一个旧棒球场上的真人真事。自1915年起，每年8月举办的高中棒球锦标赛都会让日本举国欢腾。146

十五岁的硬派英雄站成一排，队列笔直，他们清一色剃了光头，目光严肃地直视前方，神气活现地将旗子举得老高，庄严的歌声回荡在四周。电视评论员探讨着"质朴的青春"和"纯真的气魄"。这一切都令人胆寒地回想起同样队列齐整、面露凶光的德国青年。他们的领袖曾形容他们"如猎犬般纤长，如皮革般柔软，如克虏伯钢材般坚硬"。

这些剃光头的棒球少年在日本是大众崇拜的偶像，这和运动本身关系不大，人们崇拜的是他们身上的青春和质朴。媒体刊载长篇报道，详述他们训练如何刻苦；刺耳的传言不胫而走，说是由于某个队员喝醉了或者和姑娘厮混，导致整支球队被淘汰。著名的批评家和作者竞相使用华丽辞藻描绘这一全国性赛事的"精华"，就连《朝日周刊》这样的左倾刊物也不例外。例子不胜枚举，这里仅举一例：147

导演篠田正浩管高中英雄叫"日本之神",棒球场是"圣地",推动
比赛进行的是"神的力量"。[4]

　　至于是柔道、剑术还是棒球,这并没有什么差别:重要的是
过程,是对意志的淬炼。大肆吹捧这一年度盛会的人中间有个《朝
日新闻》(这可是日本首屈一指的大报)的记者。尽管偶尔被叫作
"神的声音",但他的真名其实是飞田穗洲。飞田在战争结束后不久
曾这样写到自己心爱的联赛:"要是高中棒球仅仅成为一项运动的
话,那它就失去了它的本意。高中棒球赛应该永远都是一种心灵的

教育。球场是培养纯真的教室，是进行德育的道场。缺了这种精神，棒球赛将失去其永恒的价值。"[5]

无怪乎悼念这位大师的一篇讣告提到他"不仅教会了日本年轻人如何掷球和击球，还教会了他们美丽而崇高的日本精神"。[6] 同样不足为怪的是，"日本高中棒球联盟"的现任主席宣布过一项"官方政策"，禁止外国记者进入球场，生怕他们会玷污这项赛事的纯洁性。

不过，这种硬派少年的单纯心智还可以结出比棒球怪得多的果实。让我们再次回到虚构世界中来：铃木清顺于 1966 年拍摄过一部影片，名为《暴力挽歌》（'けんかえれじい'）。该片至今十分流行，主人公高中生麒六是个典型的硬派：留着平头，一本正经，性欲无处发泄。对于成长于动荡的 20 世纪 30 年代的麒六，有两件事令他着迷：一是打群架，二是交一位纯洁的女友。两者紧密关联，因为他的爱绝不仅仅是柏拉图式的，而是对偶像的崇拜。这一偶像纯洁得惊为天人，难以用身体语言表达对她的倾慕。每当她走近时，他就浑身僵硬，像个行进中吓得六神无主的士兵。"道子，啊，道子，"他在日记里写道，"和姑娘在一起没法让我放轻松，我还是去打架得了。"每当同外校的人打群架时，麒六总是一马当先，像个发了疯的野人从树上跳到敌人身上，用竹剑猛击后者的脑壳，要么就是在教室里狂奔，使出他那拙劣的空手道劈砍功夫杀出一条血路。

可他不是一个纯粹的恶霸，因为他的情感一向单纯，内心始终指挥其行动。而且，作为一个地地道道的硬派，他是不会怕疼的。电影里有一幕，讲的是麒六在顶撞一位粗鲁的军队教官后，被勒令赤脚走过一条散落着钉子的路。这位好汉愣是一步没退。

电影以诙谐风趣和平铺直述的手法反映了麒六好勇斗狠的学生生涯，但到了结尾处画风却模糊起来。小伙子明白了，这世上还有更有意义的战斗，就像武藏、姿三四郎和其他战友所体会到的那样。

他越来越感到校园争斗没有意义，也不再满足于仅仅战胜对手；必须有一种精神觉醒来充实这一切。

一日，他走进学校旁的咖啡馆，看见角落里有个陌生人正在读报。他说不上来为什么，但这个人的存在好比一块磁铁，牢牢地吸引住了麒六。此君不是别人，正是激进的民族主义者北一辉，1936年政变幕后的理论家。多位内阁大臣在这场政变中被暗杀。北一辉本人后来也被判死刑。

在下一帧镜头中，主人公的偶像道子要去修道院了，临行前来和他道别（他们来自日本南方，那里迄今仍生活着一些天主教徒）。返程途中她遭遇了大风雪。道子在狭窄的路上步履维艰，这时，一列前往中国传播日本精神的士兵粗鲁地将她从路上推开，她脖子里的十字架被沉重的军靴踏于脚下。紧接着，我们突然从当地火车站听闻一则告示：1936年2月26日当天爆发了那场军事政变。

将所有这些事串联起来的做法未免让人费解，因为导演的真实意图不甚明晰。他是否在暗示说，少年人单纯的暴力在为一个腐化社会所用后（比如行进的军人和政变），会丧失其纯洁性？有这种可能，但倘若是这样的话，影片自始至终没有交代的是，对硬派的崇拜与导致1936年未遂政变的那种怪异的日本军国主义到底有何关联。

149

北一辉的出现是一种暗示，暗示这一事件彰显了青年人的纯真。尽管后文中出现的许多日本人都认同这一看法，铃木本人恐怕不太同意，这么说的依据或许是他说过的一番话："我讨厌'立'的主题，能让人记住的是'破'的景象。"[7] 由此可见，这部影片果真是一曲暴力挽歌，哀叹了青年人爽直的暴力。这也是对那个可以坚持自我而不必受苛罚的人生阶段的一种留恋和怀念。这段美好的光阴逝去后，接踵而至的就是迫使人墨守成规的大锤，生生地将冒头的钉子敲回原位。主人公则依然懵懂，因为他的感情真挚。

　　这份真挚的作用和效果没有感情本身来得重要。正如那个看着儿子大和伸晃如同疯子般打斗的父亲所言："我猜这里面有孩子的意气用事，但至少他全身心投入。"遥想自己当年做神风队员的经历，他对读者说道："是的，这孩子的血管里铁定流着我的血。"

　　挥舞拳头或手持竹剑报仇的单纯学生之所以能唤起这么强烈的怀旧情绪，正是因为日本人比大多数民族都更清楚地认识到：在进入成人的腐化世界后，便再也无法有这样的表现了。另外，不管男人多硬派、多坚忍、多孔武、多阳刚，最终总有个人比他更强；漫画书里，狂热的军事作风信徒举办了一场剑道比赛，唯一打败他的人，是某个最亲切、最柔弱、最温和的人……正是他自己的妻子，大和的母亲。

第九章

# 忠心的家臣

日语世界里最负盛名的一部剧作是《忠臣藏》。但在对这部杰作展开详细探讨前，有必要先思考一下日本人生活中社会义务的含义。

首先，每个日本人一生下来便背负了债：起初是欠了维持家族香火的祖先的债，其次是欠了把他带到这个世界上的父母的债。二战结束之前，他还欠了天皇这位至高无上的父亲的债，但如今这笔债已经一笔勾销了。这种与生俱来的债叫作"恩"。[1]

另一种恩是我们成长过程中逐渐被动积累起来的。我们受恩于老师、热心的亲戚、棒球教练、地主、教授、媒人、中间人、社长，总而言之，任何在生活中助我们一臂之力的人都是恩人。日本人的生活很大程度上受制于这种相互的人情债和义务。人们"讨债"有时表现得很无情，吃了亏的人很轻易就能领教这点。比如说，一位旧相识很有可能会打电话给你，提醒你以前帮过你什么忙，接着就要求报答他。你也许已经淡忘了，而且对方的要求提得很不是时候，然而，如果你想在日本社会立足，就必须回报他人给予的恩惠。

得到好处不仅要回报，而且必须以同等方式回报。这叫作"义 151
理"：这既是一种荣誉感，也是一种责任感，更是一笔人情债。要
是人情太重，会让对方还不清债；要是回礼太轻，则会被认为不到位，
甚至还可能被视为一种侮辱。不难想象这里存在一种互相攀比的情
况，而不少日本人也的的确确将之变成了一门艺术，永无止境地想
高过别人一头，好使自己居于最有利的债主地位。政治家只有精于
此道，才能玩得转政治。日本全国的送礼热情肯定也是这个游戏的
一部分，在日经商的外国人在收到昂贵的手表、珠宝和其他奢侈的
小物件后，应记住送礼比收礼来得容易，因为这会将人情债牢牢地
扣在别人身上。

　　要区分这一风俗和真正的行贿并不总是一桩易事，特别是当有
金钱经手的时候。举例而言，做母亲的常会付给老师一大笔钱，以
求后者帮助自己的孩子进入名牌学府就读。这只是这种半制度化行
贿的一个例证，类似的情况还有很多，从给房东太太塞钱以便租到
一套公寓，到为了促成一笔购买飞机的交易而向政客输送献金，无
不如是。

　　社会也受制于各个等级之间的义务和人情。这不纯粹是个恩惠
的问题，而是更接近于人们欠父母的债。日本团体的组织形式很像
是家庭，年长的成员扮演家长的角色，地位在扮演孩子的年轻人之
上。可是，"子女们"孩子般的顺从是高层用父母式的宽纵换来的。
这会使得高层活得同鞠躬作揖、点头哈腰的底层一样累；或者更累，
因为对任何可能发生的事的责任都要落到家长宽厚的肩膀上，哪怕
完全超出其控制范围。孩子毕竟是不用担责任的。

　　这就是为什么要确定日本组织机构内掌控实权者往往十分困
难；权力被尽可能地分散，这样一来，没有人需要为任何事承担全
部的责任，也就不会因此丢脸。无论是社长，还是天皇本人，名义
上的头目一般是没有实权的象征物，是一种护身符，一幅挂在墙上

的圣像，或者是一片真空，比如神社里最神圣区域的一间空屋。最终的责任落在这间空屋里，换言之，无人需要担责。

　　然而，尽管真正的权力捉摸不定，等级制度本身却并非如此。而且由于人们的自我定位有赖于等级和身处的团体，任何对这一制度的攻击不啻为对他们本人的攻击。从这个意义上讲，一个人对自己也有"义理"，或者更确切地说，对自己的等级地位有"义理"。这二者往往是一回事。一个人丢脸意味着全体人一块儿跟着丢脸。这自然不行，于是人们就会尽力加以避免。这么做的一个结果就是对个体失职的宽容达到了一种令人讶异的程度，而其他人则还会小心翼翼地为当事人掩盖过错。[2]

　　这种由社会责任、义务和人情交织而成的网络，起初带有浓厚的儒家色彩，但随着时间推移，完全日本化了。它比上面干巴巴的概括可要复杂得多。不同级别的人际关系均受制于社会规则，当然也要视人们的地位和年龄而定，而这些规则本身也会随着时间和空间而变。社会规范中有着无穷无尽的细微差别，并非所有这一切都能得到合理的解释。尽管打造这套规范是为了避免出现意料之外的情况——这在日本人的生活中可谓灾祸——但日本人也不纯粹是为礼仪而痴狂的机器人。最终，许多事都可以被归结为日本人所说的"感"，即感情。当一位稀里糊涂的外国人请教一位日本人，询问他如何确定自己对某人讲话时的语气是否正确时，日本人会头一歪，嘴里发出嘶的一声，强调说外国人永远也不会弄明白，并继而提到"感"这个词。

　　从某种角度而言，他没有说错。因为要获得这种敏感性，几乎打小就得是日本人，得将头脑接入社会的"电脑"之中。社会规范已经深入人心，正如基督教道德被多数西方人铭记于心。但如果某个日本人与社会脱节，比方说出国的话，社会"电脑"就会狂躁起来，因为不同于基督教道德，日本社会的规范被认为不具备普适性——

其仅仅适用于日本人。

义务的问题在于有时它们会互相冲突。打个比方，要是欠朋友的情与欠父母和老板的债相矛盾时该怎么办呢？要是一个党派的党魁深陷受贿丑闻，不得不将其开除才能挽救该党时，隶属于这一派系的政客又将承担何种责任呢？这正是前首相田中角荣所面临的局面。答案是，尽管田中先生必须被正式除名，以他名字命名的派系却依旧如日中天（在写作本书时，他本人的势力依然强大，只是藏身于一道安全的屏障之后）。

最坏的情况发生在一个人的义务与其"人情"即人性相悖的时候，或者更确切地说，是在不同的义务相互冲突，从而导致不讲人情的时候。这时，日本社会"电脑"本身也会乱套。歌舞伎作品里充斥着不得不杀子救主或者是把妻子卖进妓院以偿债的人物角色。这种"义理"与"人情"、义务与人性之间的冲突是日本戏剧的一个基本主题。江户时代的传统剧是如此，现如今的电视、书籍、漫画和电影总的来讲仍是如此。不管是在现实中，还是在想象里，日本人依旧与这一问题纠缠不休。

而这最终将我们引向了那部具有样板意义的"义理—人情"戏，也可以说是这类戏的经典 :《忠臣藏》。[3] 但凡以日本为写作对象的作家，从露丝·本尼迪克特（Ruth Benedict）到阿瑟·库斯勒（Arthur Koestler），几乎无一不将这部戏作为他们写作时的一个范例。也许这显得有些执拗，但我也将追寻他们光辉的足迹。对《忠臣藏》避而不谈是不可能的，因为很少有（即便有过的话）一个故事能像它这样牢牢抓住整个民族的想象力，也断然没有一个故事能像它这样多方位且简明扼要地勾勒出日本人的生存状态。

同诸多日本传说一样，这个故事以史实为依据，但如同莎翁的剧作，它经过了各式各样的改编和演绎。这里简单介绍一下事情经过：1701 年 3 月 14 日，一个名叫浅野长矩的大名在为迎接京都来

的天皇特使进行准备工作时，试图刺杀另一名地位在他之上的藩主
吉良义央。结果他只是刺伤了这个老头儿，但这依旧是对礼制的大
不敬，因此将军下令让浅野按惯例切腹自杀。他的领地被没收，家
臣悉数遣散，成了浪人，也就是无主无业的武士。

　　现在他们所能做的只是策划复仇。吉良清楚这一点，因此遣
人严密监视他们。可是，经过了耐心苦等和精心策划后，浪人们在
1703 年的一个不寻常的雪夜冲进吉良的府邸，杀死了他。他们的使
命终于完成，未作抵抗便束手就擒，在经过严肃的讨论后，浪人们
被批准像他们的领主那样切腹自尽。

　　这一决定可谓慈悲为怀，因为切腹是武士才能享有的一种体面
死法，而不是对于一般刺客的惩罚，而他们无疑就是一群刺客。很
明显，将军听了一些人的求情，其中不乏儒教学者荻生徂徕，他说道：

> 　　因为四十六位武士为他们的主公报了仇，这显示出他们走
> 了正道，拒绝腐蚀，他们的行为是正义的……如果判四十六个
> 武士有罪，并按照武士的传统赐他们切腹……这些人的忠诚就
> 不会受到唾弃。[4]

　　这些忠心的家臣死得很惨，肠子都从肚皮上的刀口滚了出来。
没过多久，他们便成了民间英雄，至今依然美名远扬。人们仍会去
他们的墓地祭拜，一边欣赏为纪念他们而栽的四十七棵凄美的樱花
树，一边惯例式地落下一颗泪珠。

　　早在 1706 年，也就是浪人死后三年，他们便成了近松一部文
乐戏中的不朽主角。吉良换成了高师直，而浅野则变成了盐治判官。
这之后几乎历年都会推出一部与此相关的新戏，但是最出色、最著
名的还是《仮名手本忠臣藏》。这出戏于 1748 年由三位作者联袂创
作完成，其中名气最大的是二代目竹田出云。每年元旦，这出戏依

旧在文乐和歌舞伎剧场上演。它还被无数次翻拍成电影，同戏剧一样，一般在元旦这个最有"日本味儿"的节日前后上映。另外，通过漫画、书本和电视连续剧，这个故事依旧在每个日本学童的传说世界中占据着一席之地。

浅野，或者自此应该管他叫判官，为何要杀高师直呢？他竟敢在 18 世纪森严的武士社会中行如此胆大妄为之事，想必一定是受到了无可容忍的挑衅。说到底，这和一个芝麻绿豆大的纳粹小官僚，比方说地方长官（Gauleiter），妄图刺杀希姆莱（Himmler）是一回事。高师直一定是个大恶人，这也确实是不少剧作家的看法，他们将他描绘为罪大恶极之徒，有着一张好色暴力狂的脸和一副如同魔鬼化身的刺耳嗓音。

但是判官为什么要这么干？没人知道。没有史料交代其动机。[5]至于高师直（吉良），有历史证据表明他其实是个非常仁慈的绅士，深受臣民的爱戴。事实上，关于事件本身我们知道的也就这么多了：判官负责接待一位天皇的特使，这么隆重的场合对于那些终日无所事事、只能靠礼仪客套打发时光的武士而言可谓是头等大事。高师直在接待流程上很有经验，本可指导判官。为了答谢这一恩惠，判官理应向高师直赠礼，普遍的猜测——仅仅是猜测而已——是他送的礼太轻。高师直因而对判官不太客气，驱使后者出于对自己的"义理"，狠狠地还以颜色。

不过，这则故事还有许多不同的版本，分别反映出目标受众的态度。这使得我们对日本各阶层的思考方式形成了独特的洞悉。比如说，18 世纪大阪文乐的观众——竹田出云的《忠臣藏》正是为他们而作——多为商人，对腥膻的桥段情有独钟。因此，在戏里，令人厌恶的高师直每每遇见判官的娇妻，就咂吧着他那淫荡的嘴唇，屡次试图勾引她，但被她礼貌而坚定地拒绝了。出于嫉恨，高师直继而挖苦并欺凌判官，把后者逼得忍无可忍——他讽刺判官是井里的鲤鱼，对外界一无所知。

这无疑是一场经典的"义理"冲突。判官该如何是好？对自身名誉和个人主见的"义理"告诉他应该捍卫妻子的名节，但是对于位分比他高的人乃至最终对于将军的"义理"，却又命令他务必极力克制。这就是那种"做也该死，不做也该死"的情形，它使台上的武士一筹莫展，却令台下的庶民观众看得津津有味。

在木匠、房顶工、编席工等城市手工艺者中间人气颇旺的说书人口中，还流传着另一个版本的故事。据说，高师直故意将错误的礼宾知识教给判官，以此羞辱他，害得后者在天皇使节面前出尽洋相。穿错衣服、上错菜的判官就像是身着奇装异服、闯进了正式宫廷宴席的廷臣。说书人滔滔不绝地讲述他如何脸颊涨得通红，窘得结巴起来，还一个劲地向受到冒犯的使节赔不是。

事实却是，这种情况不太可能是真的，因为真要是如此失礼的话，高师直一样脱不了干系。他毕竟是判官的老师。但这其实也无妨。这是很典型的耍阴招，任何日本组织内部都在屡屡上演，那些等级森严、学徒生涯漫长的则尤其如此，举例而言，手工艺行业里无不如是。

正如旧时英国公立学校里的情况，当众出丑是成人礼的一部分。学长通过暴露新生的无知来树立他们的权威。在日本，新老成员和师徒之间的等级关系极为森严，英国校园内以大欺小的现象因而很能引起共鸣。

我本人曾为东京一名摄影师打下手，依照手艺人的传统，我们得喊他师父。可不管是师父，还是别的助手，从来就没人告诉我该干嘛，更别提怎么干了。他们会说，得"身体力行地学"才是，要想学会"形"（正确的套路），就得让自己的"直觉"变得更敏锐，就得去犯错并被羞辱。"但你从来没教过我……"这句借口在日本是行不通的。

日本人和外国人有时称赞这种方式为做事情的精神修炼法：就像禅修一样——别去想，只管"本能地"去做就行了；闭上双眼也能击中目标。说得很好，但这一套也可能演变为说书人口中判官所受的欺凌。不少日本人，尤其是那些身处社会底层或者是尚未忘记这种经历的人，对此心知肚明。光这点就足以使判官成为受人喜爱的英雄。

在大星由良助的带领下（他的原型真名是大石内藏助），忠臣们发动了报复。对这一报复的阐释和故事版本一样种类繁多。战时的说法强调要不假思索地忠于领袖，四十七位勇士就像帝国军人，为了天皇和祖国的荣耀英勇捐躯。

后来的作品则呈现了完全不同的观点。日本放送协会 NHK 基于对原著的改编，于 1964 年和 1975 年分别推出两部不同的电视剧。在剧中，我们看到忠臣可歌可泣地同德川幕府决一死战。他们在民主一词尚未诞生前就是抗击封建制度的民主斗士（demokurashi avant la lettre）。

在另一部电影《工薪族忠臣藏》（'サラリーマン忠臣蔵'，1960）中，故事被嫁接到一个现代贸易公司身上，那里满是着急慌张、汗水打湿西装的上班族。这里自然着重描写贪腐和办公室政治，恶人高师直在片中化身为收受贿赂的大人物。最后需要一提的是一部以狗为主人公的动画片——放在最后讲并无贬低之意——名叫《汪汪忠臣藏》（'わんわん忠臣蔵'，1963）。

所有剧本的一个共同点是"义理"：每个人都履行义务，偿还自己所欠的人情债。家臣出于对主公的义理而必须诛杀高师直，完成他未竟的事业。不然的话，主公的灵魂将无法安息。我们之前已经说过，日本人别有企图时，他们的思想会变得十分危险。

但是，就算判官不死，高师直也会是浪人们的敌人；侮辱主公就是侮辱他们所有人。我记得曾在东京参加过一个知名前卫剧团举办的派对。刚开始一切都很顺利，直到某位喝醉的男演员——非该团成员——对导演说了几句稍有不敬的话。话音刚落，在场的所有男演员便毫不犹豫地扑向他，他最后只能被人用担架抬出去。

关键在于，当领导的未必一定得是对的；他是挂在墙上的圣像，是被当作矛头的兵团旗帜，而不单单是个凡人。高师直很可能是个大善人，同样，有证据表明现实中的判官是个危险的莽汉。他人缘最好的家臣之一堀部安兵卫也承认这点，在信中直言主公行事太莽撞，肯定是有错在先[6]，但随即话锋一转，说是一位武士一旦与人开打，就会血战到底。

忠臣的义理并不基于逻辑、理性或执对执错，而是一种日语里　158
叫作"意地をはる"的迥异心态，这个词可译为"坚持己见"或"展现真诚的力量"。这就是为何判官攻击高师直的真正原因无关痛痒：只要家臣追随主公就行。每个人都能根据自己的意愿解读这则故事，甚至家臣自己也不例外。这就是日本领导力的原则：使目标尽可能含混，这样什么都能往上靠。意识形态可能一天一变样——日本战败后正是如此——这样哪怕老百姓的个人信念再五花八门，领导人也依然能要求他们奉行义理。

判官和他的忠臣们都很"诚"，这个词在英语里通常译为真诚，但并不准确。在英语里，真诚是指诚实、诚恳、开诚布公、心口一致。而"诚"更接近"心地纯洁"，坚信自己事业的正义性，不管其是否合乎逻辑和道理，全然不顾立场是否有错，是否站不住脚：重要的是动机要单纯。

批评家佐藤忠男透过童年的视角，对这一现象做出了分析："当一个孩子做一件他觉得是好事的时候，一位成年人若不知何故说这是不好的，他就会感到很受挫。孩子接着就会靠不守规矩来坚持他的感情立场。他无法说理，唯一知道的就是如果自己不以这种方式坚持立场，那他就成不了忠于内心的人了。"[7]对于一个不习惯对自身行为做出合理解释的民族而言，这么做倒是颇为管用。

＊ ＊ ＊ ＊ ＊

伊凡·莫里斯指出，日本英雄几乎永远都在为失败的事业而战。[8]事业越是不可维系，就越能显出其动机之纯。既然无利可图，损失巨大，那么动机只能是单纯的。很大程度上，四十七位忠心耿耿的浪人之所以铤而走险，实为环境所迫。他们受过教育，但失业了，并与社会脱节。他们自感无用且多余。也许正是因为这样，他们时刻准备赴死。可是，他们的事业在过去，乃至现在，都被认为是很崇高的。同样的话也可以用来形容日本的现代"浪人"（其中不乏女性）"赤军"恐怖分子。一些引领潮流的人当中一样有他们的崇拜者，不是出于意识形态，而是因为钦佩他们在一个腐化社会里还能保持道德毅力。

实际上，"赤军"如今已人心尽失，多数日本人公开宣称对他们的不齿。怎么会这样？再怎么说，他们难道不符合伊凡·莫里斯对于失败的日本英雄的定义么？或许下面这件事，或者更确切地说，正是这件事激起的反响，能够为我们解疑释惑。

1972 年，五名"赤军"成员将十一位同志折磨致死，其中包括某位女性创建人的丈夫，据称是因为后者对组织不忠。他们继而占领了一栋山间小屋，将女主人扣为人质，一千五百名警察随后展开围剿，整整十天，全国的电视观众都在躁动不安地关注事态进展。一名警察在强攻时中弹身亡。长时间的僵持不下后，警方动用了直升机，强行攻入屋内。恐怖分子这才走了出来，个个衣衫不整，蓬头垢面，疲惫不堪。

之后的一个星期，日本三大主流日报之一的《每日新闻》——该报总是谨慎地迎合多数人意见——在其英文版发表了下面这篇名为《对革命者的感想》（'Thoughts on Revolutionist'）的社论[9]，在此有必要一字不差地摘录原文：

> 与其他极端组织不同的是，"赤军"的信条是"直接拿起武器"。据悉，在打光子弹后，他们要么自杀，要么就和防暴警察近身搏斗。
>
> 但他们彻底背叛了这一**信念**（这里的黑体是我自己加的）。警察冲进来时，五个青年……基本未作抵抗。在最后的时刻，他们完全丧失了斗争的意志，乖乖束手就擒。这样的态度暴露出了他们"骨子里的娇气"……
>
> 学生激进分子叫嚣着要顽抗到底，但是没有，大幕落下前他们并非斗志昂扬。为什么？这都要归结于他们被宠坏的思想……在我读高中时，有个朋友立志为自己信奉的事业献身……结果在1941年被"特别思想警察"逮捕了，最后落得命丧黄泉的下场，这在那时是常有的事……
>
> 激进的狂热分子不惧怕死亡；他们是在生命安全有保障的前提下开展的反社会行动……我想到的第二点是存在于家长和子女之间的鸿沟。某个极端分子的父亲在儿子被捕当天上吊自杀，他以如此悲凉的方式，试图为儿子的行径谢罪。
>
> 毫无疑问，其他极端分子的家长的心情大致相仿。但可悲的是，这位父亲的死并不能消除横亘在父子之间的那道精神鸿沟……[10]

160

这段话不是写在1703年，也不是1944年，而是1972年。对于学生们最严正的一项指控并非他们残忍地杀害了十一位朋友和一名警察，或者说他们的事业少说也是荒唐无稽的，而是他们没有为其献身。他们不够真诚，心地不够纯洁。撰写这篇文章的编辑很难说同情"赤军"的宗旨，但是他同不同情无关紧要。重要的还是动机纯洁。倘若他们的态度正确，他们本可以成为英雄。

基于同样的理由，那些根本算不上是军国主义者的人也会为二战期间自杀式飞行员的勇敢而动容：他们"诚"，他们死得"立派"，也就是死得慷慨且堂堂正正。与此同理，四十七浪人的古今支持者也不一定非要信奉武士道。但是他们为事业捐躯了。（有意思的是，高师直的倒霉孙子被没收了财产，原因是他未能拼死保护自己的祖父。）

江户时代曾出现过一种对政府非常有利的传统，人们可以向政府请愿调查某些冤情，比如让乡村饿殍遍野的苛捐杂税。问题在于，只有请愿者甘愿赴死，官府才会对案情展开调查。政府此举可谓一石二鸟：请愿者的真诚被确证无疑，同时官府又摆脱了一名潜在的捣乱者。

当代日本的英雄崇拜依然带有上述烙印。人们崇拜叛逆者和狂热的标新立异者（越狂热越好）。但是最终这类英雄必须自我毁灭，就像近松笔下那些门不当户不对的恋人。叛逆者一头跳进河中时会掀起水花，但是淹死了就确保水面恢复平静。简言之，日本观众喜欢看英雄殒命。不循规蹈矩的人最终必然会受罚，冒头的钉子也势必会被敲回原位，这多少让人感到欣慰。这为那些害怕无着无落的人的生活勾勒出了固定的界限，令他们清楚哪些是无法逾越的雷池。

161

为了进一步说明这点，我们再来看看另一部以历史事件为蓝本的电影，这同四十七浪人的传说多少有些近似。该片名为《动乱》，摄于 1979 年，取材自前文已有述及的"二·二六事件"。

简单说来，事件真实经过如下：继 1930 年代严重的大萧条使农村人口遭受重创后，日本依然处在缓慢的复苏进程中。[11] 人民主要将矛头对准贪婪的实业家和腐败无能的政客。反政府情绪在年轻军官中间十分高涨，他们大多出身自萧条的乡村地区，往往郁郁不得志。其中一些主张日本应一劳永逸地摆脱议会民主制，建立军政，沐浴在无限仁慈的天皇的光辉之下。

1936 年 2 月 26 日晚，东京覆盖着一层皑皑白雪，一如四十七勇士斩杀高师直的那个月黑风高之夜。陆军第一师团的一千四百多名士兵悄悄溜出军营，之后的几小时内，一位首相、一位将军、一位大藏大臣和多名达官显贵在床上遇害，有些死于枪击，有些死于刀捅。这是一起凶残的恐怖袭击。当时就意识到事情闹大了的军部出面镇压了暴动。带头的被依法处决。但经过这一打击，议会制从此一蹶不振，直到麦克阿瑟将军九年后将这一摇摇欲坠的制度重新扶植起来。

饰演右翼狂热分子某位首领的是 20 世纪 60 年代最著名的男主人公，那位纯洁、正直和坚忍的美男子高仓健。难不成这位日本人心目中的"罗伯特·雷德福"（Robert Redford）*突然摇身一变成了电影中的大反派了？压根不是这样。电影的广告词这么说来着："当男人还是男人，女人还是女人的时候"。节目单还介绍道："尽管时代在变，有一样东西永不会变：那就是'日本人的精神'。"

同忠臣一样，这些军国主义者也是英雄。在影片中，暗杀被描绘为青年理想主义者英勇而浪漫的举动，是率直和义理的光辉典范。尽管影片暗示农村人口的疾苦是促使军人行刺的主要动机，但实际上他们笃信的意识形态要抽象得多，迎合了战前教育中的民族主义政治宣传。

在审判中，他们极力表明自己的动机纯洁[12]，重复着自己热爱天皇和满怀一腔爱国热情的笼统口号，还指责说有恶人垄断了和天皇的联系，这些人必须灭亡，才能让无比英明的天皇看到他们这么做的道理。被告迫切地希望天皇能"理解他们的情感"。一句话，

162

---

\* 罗伯特·雷德福，美国著名导演兼演员，作品包括《虎豹小霸王》《往日情怀》《大河恋》等。

整桩审判就是"意地をはる"的一个典型例证，是用暴力手段展现真诚的一次努力。鉴于到了1979年仍有人为此对他们表示赞赏，这些激进派可以说大获成功。

他们英勇行为中的一大要素（四十七浪人也一样）是做事情时说干就干、不假思索。有一类英雄强烈吸引着大众想象力，他与人们对普通日本人的僵化印象截然相反——这也许是他之所以为英雄的部分原因。我们常听日本人说，发脾气等于丢脸出丑。也许是这样，但是这类英雄要不是急性子的话，便一无是处了。判官无疑是个最好的范例：他遇事的第一反应就是拔剑。

《忠臣藏》里还有个叫本藏的人物，他是大名若狭之助的侍从。他的行事风格同判官手下的一干忠臣恰恰相反。他的主公率先遭到恶人高师直的羞辱。同判官一样，若狭助本也想立马还以颜色。本藏劝他冷静，并且瞒着主公买通了高师直，让他不要再欺侮自己的主公。换言之，他是个谨慎的政治家，是救主公于水火的外交家。还是本藏，在判官欲刺杀高师直的时候拦住了他，进一步彰显出他的与众不同。他阻止行刺的目的是希望判官免于最终的惩罚。这些做法在我们看来也许十分体面，但却让他成了除开高师直外，令四十七浪人最为痛恨的人。

本藏的那份谨慎为真正的日本英雄所不容。临近剧终，他故意挑衅四十七浪人中的一位，借他人之手结果了自己的性命，这才算挽回了名誉。在他哽咽着说出遗言后，一切最终得到了宽恕："我拦住（判官），因为我想他的仇家不死，他也就不用切腹了。我考虑得太细了，这是我一生中最大的失策……"[13]

在1936年杀害多位内阁大臣的鲁莽反叛者同反对他们的军官之间的差别也沿袭同样的机理：反叛者属于"皇道派"，处事更谨慎的军官则属于"统制派"。后一类人出自旧军阀，崇尚外交手腕和政治运作，而不是直接行动；反观发动政变的那批军官——这里

163

有必要指出——深感自己被排斥在军队的权力格局之外[14]，因而表现得恰如佐藤忠男提到的小毛孩，通过大声喊叫来引起注意。

直接行动和工于心计的外交手腕之间的对立，同样也是英勇的源义经及其据称十恶不赦的兄长源赖朝之间的区别：事实上，源赖朝是日本历史上最能干的政治家之一[15]，比他那冲动的弟弟成就大得多，但这恰恰是他的罪过所在——政治活动顾名思义就要受到精于算计的社会习俗的腐蚀。

辛格在《镜子、剑和珠宝：日本人特征之研究》(*Mirror, Sword and Jewel: Study of Japanese Characteristics*) 一书中写道，"'诚'意味着准备排除一切可能阻碍人们按照单纯且不可预测的冲动行事的事物，这种冲动来自人们幽暗的内心深处。"这种思想综合了神道教的纯净、禅宗，以及 16 世纪心学鼻祖王阳明的哲学思想。王阳明主张"知行合一"，这一流派在江户时代颇为盛行，启发了包括三岛由纪夫在内的许多有着杀身成仁思想的狂热分子。[16]

这种对盲目、冲动行为的重视揭示了日本文化中某对最为显著 164
的矛盾：具体而言，一个墨守成规、痴迷于礼节和社会规范的民族理应受到内心深处感情的支配。但转念一想也许二者根本没有那般矛盾，因为正是这种倾向才让克制和礼貌变得如此必要。

不过这确实为义理和其他社会义务蒙上了一层有趣的色彩。因为尽管义理在表面上是社会制度的一部分，用来抑制较为狂野和难以预测的情感，它也可以轻而易举地被当成宽纵这些情感的借口。毕竟，任何狂热都能以义理为名获得宽恕，这主要是由于理性不光毫无必要，甚至令人生厌。

然而，日本戏剧中真正的紧张感来自被压抑得一触即发的个人情绪。完美无缺的日本主人公永远也不会说爆发就爆发，他们甚至比老实的莽汉还要受人爱戴。他当然不像本藏那么精于算计，因为他哪怕也渴望直接行动，却设法暂且克制住情绪。主人公，特别是

歌舞伎舞台上的主人公，有点类似嘶嘶作响的高压锅。只有到最终
爆发的时刻，到了他们忍无可忍之际，观众席才会响起掌声。强忍
不可忍受之事让最终的报仇显得酣畅淋漓。

有着坚韧不拔、隐忍不发和忍辱负重之意的"我慢"是同"诚"
一样重要的品质。因此《忠臣藏》里的真英雄是四十七位家臣，尤
以他们的头领大星由良助最为突出。在该剧的某个精彩片段中，大
星假装是个放荡不羁的浪客，在京都一家妓院里喝得醉醺醺的，佩
剑"锈得跟红色沙丁鱼一样"。他甚至在主公祭日当天吃生鱼，这
是一种亵渎逝者和大不敬的行为。[17]可他在做这一切的同时，其实
无时无刻不在想着如何报仇。我们不由联想到乔装成和尚、在路障
边殴打主公源义经的弁庆。这同由良助无视主公祭日的做法一样，
都展现了真正的"我慢"。

这部戏的真正精髓在于急躁的浪人不得不按兵不动，在于他们
所忍受的屈辱，或者简而言之，在于最终诉诸暴力前必须"我慢"（即
忍耐）。最能打动观众的是他们的忍辱负重：抽搐的嘴角、斜视的
眼神、沉闷的低吼均显示出内心的激动几乎难以压抑。判官最初的
暗杀失手（他的自杀倒是一场重头戏）仅仅是个插曲，最终的复仇
也不过是终章。

同样，在《忧国》（1966）[18]这部关于1936年未遂政变的最
杰出、最暴力的作品中，三岛由纪夫甚至对事件本身只字未提。小
说讲述的是一个置身事外的男人的"我慢"。他最好的朋友都参与
其中，身为军官，他被迫与他们对着干。但是武山信二中尉实在是
办不到：他陷入了"义理"与"人情"棘手的矛盾中：义务和个人
感情起了冲突。他自然不能坐视朋友们被处决，自己却还活得好好
的。因此，能做的唯一正确的事是像个传统武士那样切腹自杀。中
尉内心的纠葛只能通过牺牲自我来平息。故事的其余部分详述了武
山自杀仪式的准备和实施过程，而后他忠贞的妻子也追随夫君自杀了。

165

在这个颇有些做作的故事里，死亡和性存在直接关联，而三岛自己在生活中莫不如是。[19] 年轻英俊的中尉"穿着军装的模样英姿飒爽"，"一双又黑又亮、炯炯有神的双眼"传递着年轻人的纯洁真诚。就在他自杀前，武山和妻子最后一次做爱。借着躺在床垫上等候她的工夫，他思忖着这一切的意义：

> 他是在等待死亡么？还是在等待肉体的极度欢愉？二者似乎有交集，就好像说他生理欲求的对象其实是死亡本身。然而，不论如何，可以肯定的是，中尉过去从未感受过如此彻底的自由。[20]

性和死亡的结合很难说是日本特色。另外，这段文字与其被解读为是对日本人思想的一种分析，不如看作作者非典型心理剧的一个缩影。不管我们如何看待三岛其人其书，他的确擅长描写日本文化的某些方面——尽管手法极具戏剧性——而他的不少同胞则倾向于对此避而不谈。

事实上，可以这么说，在一个死板的集体化社会中，性爱和 166
死亡是唯一获得容许的个人行为。我们之前提到过，性在江户时代是追寻自由的一种努力——尽管这要以许多年轻女子沦为奴隶为代价——而时至今日，性依旧被当作一种颠覆社会的形式。死亡在日本还有着西方所不具备的意义：这是脱离集体专制却又不打破它的一种办法。（同样的情况也发生在许多自杀率较高的国家，可惜这些国家的政府不够聪明，没有将自愿求死定性为一种美德。）换言之，死亡也许是终极的自由，是纯洁性的巅峰，但也是终究要偿还的一笔最重要的债。

第十章

# 黑帮和虚无主义者

死亡崇拜在现今的黑帮片中达到顶峰，从很多方面来看，这是对《忠臣藏》精神的一种延续。但在此我们务必小心地对神话和现实加以区分。电影里的黑帮（ヤクザ）是大众想象力的产物，就好比歌舞伎中的武士一样。他们同日本组织严密的黑社会团伙的真正成员之间并无多少相似之处，这一点并不总是显而易见，因为在日本，真正混黑帮的都是最热衷于黑帮片的影迷，常常会模仿电影里黑帮的风格。这也从侧面印证了奥斯卡·王尔德对于以模仿为本质的艺术的看法。（我还必须补充，黑帮片的某位主要制片人是一位如日中天的黑社会头目的儿子 [1]，其父最近遭敌对帮派杀害。这或许为黑社会平添了一抹浪漫色彩。）

与当代日本的许多现象一样，对黑帮的崇拜起源于江户时代。"ヤクザ"这个词的本义是流行纸牌游戏里最小的数字，后指代赌徒、逃犯、盗贼等当时在大城市和码头周围游荡的人群。他们不属于任何特定阶级，甚至连"秽多"也不算，"秽多"指的是宗教信仰不洁、以屠宰牲畜和制革为业的游民（佛教禁止杀生）。他们中的一些人无疑是落魄的武士。

与此同时，德川幕府为了控制城市里的庞大人口，指派了类似村长的里长。这些人必须拥有足够的威望才能维持秩序。他们往往是消防员或建筑工，这在当时是典型的男子汉的营生。特别是消防员，英勇的气概和高度的独立性令他们名声在外。在公众想象中，这些被唤作"侠客"的当地汉子颇具传奇色彩。他们有着同罗宾汉一样劫富济贫的英雄本色。在美少年白井权八落难之际出手相助的幡随院长兵卫就是个典型的"侠客"，成了歌舞伎舞台上歌颂的对象。 168

19 世纪的日本社会越发动荡、腐败，这些硬派头目中的许多人都涉足赌博和犯罪，最后发展到和普通黑帮成员几乎难以区分。但是他们绿林好汉的美名还在，就这样，黑帮豪杰的神话传开了，这些人有着严格的荣誉准则，多半以武士道为依据。诸如国定忠治和清水次郎长这类地方英雄的丰功伟绩成了戏剧、说书人以及日后电影里的流行题材。

当代电影里的黑帮还有另一位先驱：超级武士，后者同样专注于他高尚的事业。虽然这两类人身上有不少共鸣之处，却也有着本质性的不同。矛盾的是，从某些方面来看，与武士豪杰相比，黑帮才是更传统、更地道的日本人。武士借鉴了美国西部片的大量元素，甚至连电影里埃罗尔·弗林（Errol Flynn）驾驶的帅气跑车也不例外，这对早期日本电影有着深远的影响。

和狂野西部的高尚游侠一样，许多超级武士辗转在一座座城池之间，为当地人排忧解难，并"惩恶扬善"。他们的道德观具有浓厚的儒家色彩，植根于江户时代的社会等级制。这类影片的一个突出典范是《旗本无聊汉》（'旗本退屈男'，1958）这部剧。*主人公百无聊赖，于是朝空中抛出一块石头，掉在哪个方向，就朝哪个方

---

\* 旗本是指江户时代德川将军家的直属家臣，石高未满一万石，可进城拜谒将军。——编注

向进发。他总是微服私访，这样就没人能猜出他地位显赫。

他好比约翰·韦恩和加里·库珀（Gary Cooper）*，总喜欢路见不平，拔刀相助。在一部影片里，他与一群勾结日本贪官污吏的中国走私犯狭路相逢，他打败了这一团伙，规劝其中一位女囚投海，这样她就能和"心上人永生永世不分离"。最后，他亮明自己的真实身份，把贪官污吏们吓得半死。这场戏是全片的高潮。只要孤独的游侠一变身将军的臣子，坏蛋们便立刻下跪，连连磕头，口吐白沫，发出惶恐的呜咽声。

169

观众得到了双方面的满足：武士豪杰是个父亲般的传奇人物，他如神兵般从天而降，将普通人从恶人的手中解救出来。但同时他又藏身于老百姓当中，直到最后一刻才亮明身份。我们很少看到他身处与其社会地位相称的环境；他总是打扮得像个市井小民，举手投足也有着这一阶层的习惯。[2]

这些武士豪杰有一项重要的功用。他们令人宽慰，是因为彰显出社会秩序本质上是仁慈的。在表明自己也可为一介布衣后，他们又恢复了天然的等级秩序。他们的存在满足了日本人心中深深的保守主义倾向：宁可自己受罪，也不愿搅扰社会秩序。

虽然超级武士如今已基本淡出银幕，但还是能在夜间电视节目上觅得其身影，他往往不停地改换面目，轮番出现。比如脍炙人口的远山金四郎法官，他的肩上文着庶民的刺青。再比如水户黄门，一个留着白胡子、为人和蔼的贵族。他在每一集结尾处都如同变戏法似的亮明真实身份，而后开怀大笑。

理想化的武士，不管是父亲般的超人，还是自寻死路的替罪羊，几百年来已经为时代所淘汰。但正如伊凡·莫里斯所言，多数日本

---

\* 加里·库珀（1901—1961），美国知名演员，曾经五次获得奥斯卡最佳男主角奖提名，总共夺得两次奥斯卡最佳男主角奖，作品包括《宾虚》《战地钟声》《正午》等。

英雄都是逆时代的。同各类英雄崇拜一样，个中原因也应当从崇拜者身上找。多数人不光害怕社会失序，而且素来坚定地相信，过去就是要比现在更美好、更纯粹（在中国也是一样的情况）。人们似乎永远都在回眸过往，满怀对失乐园的乡愁：在这个乐园里，"男人还是男人，女人也还是女人"，价值观清晰明了。英雄顾名思义就是反动派，他们逆历史潮流而战。

这种老眼光，究其根源，还要追溯至最早期的日本英雄，比方说捕鸟部万，他赖以成名是因为甘愿为一场失败的事业而献身。如先前所述，这点并不稀奇。同样不足为奇的是他在公元 587 年败于苏我氏后用短刀自刎身亡。这之后，苏我氏的武士便成为了早期日本历史中恶人的样板，但放在当时的环境下，他们可是"进步派"。是他们，将佛教这一外来信仰引入日本，并奉为日本宫廷的官方宗教。而捕鸟部万是物部氏的家臣，后者是"反动派"，负责压制异见，主持神道教仪式。因此，他们显然会敌视佛教这类新生事物。简言之，他们是在为一个迅速失落的世界而战。正是因为战斗的无望，才令其显得格外崇高，因为动机更真诚。

类似的情形还发生在 19 世纪中叶，反对德川幕府的派系起事，以求推翻一个腐败且气数已尽的政府，并恢复天皇"现代"国家元首的地位。不过，许多现今仍在电影、小说和漫画中为人歌颂的大英雄并不站在起义者这边，恰恰相反，他们效力的对象是最终的输家幕府将军。其中一些人是彻头彻尾的反动派，比方说近藤勇。近藤是打压民意的国家警察，这一点令他和一千多年前的物部氏十分相似。

新政府于 1868 年甫一成立，其成员之一就摇身一变，成了唯一真正名满天下的大英雄。西乡隆盛因为对抗自己参与建立的政府而名留青史。这又是为何？原来，他憎恶政商阶层推崇的"西化"方式。

170

这最终将我们引向了黑帮：他们很明显是在同腐化的摩登时代背水一战，至少在传说中如此。现代性的势头，在二战结束后，特别是在欣欣向荣的 20 世纪 60 年代，比日本历史上任何时期都来得更加迅猛，也更具破坏性。武士阶层那时已日暮途穷，至少对走进电影院的年轻人而言，已不再具有感染力。黑帮虽尚未在电视节目中崭露头角，但在电影里，他们取代了超人武士的地位，充当信仰的捍卫者，成了现代日本的高尚歹徒。

\* \* \* \* \*

日本的黑帮片和世界各地的通俗类型片一样，严格遵循套路。但鉴于日本社会凡事都注重一个"礼"字，因此日本黑帮片的仪式感要强于西方同类作品。重要的不在于情节，因为情节大体雷同，重点其实落在风格，甚至是礼数上。电影中侠义黑帮的生活——一定程度上忠于事实——既受制于复杂的行为规范，也要遵从 17 世纪的武士准则。黑帮片和歌舞伎一样，是演员展现演技、表现这些规则的一种手段。

我在使用"仪式感"一词时并不是随随便便的，因为这道出了黑帮片的实质：这是一片紧凑、讲究仪式的天地，形成于对过去的神秘化和理想化。这种仪式同死亡也息息相关。[3] 从立意来看，黑帮片更接近西班牙斗牛，而非美国警匪片。当然，黑帮片也从后者那里借鉴了部分元素，主要集中于服饰穿着这一方面。在斗牛仪式中，勇猛的公牛最终被刺死，这起到了一种净化作用。黑帮英雄和公牛一样难逃一死，二者起到的作用大抵相同。

一部典型黑帮片的故事推进大致如下：开场白的时候，观众得以一窥日本的天堂，在这里，传统依然是王道：比方说在东京某旧区举行的宗教节日。肩扛街坊神龛的青年有节奏地喊着号子，音量盖过了节日里刺耳的笛声和杂乱的鼓声。毫无疑问，每个人都穿着传统服饰，要么是如今备受游客青睐的法被*，要么是和服。

突然，一部外国大汽车——通常是美国车——闯入画面，响亮的鸣笛声吓得欢快参加祭典的人群四处逃散。只见车里坐着个身穿艳丽西服、叼着雪茄烟的胖子。观众一下子便明白了，此人就是反派。影片主旨由此确立：天堂遭到了现代世界的入侵。[4]

这个片段的呈现方式多种多样，但寓意从未改变。在一部著名电影的开头，熊熊大火吞没了一个即将分崩离析的旧帮派的所有标记：这象征着旧世界走到了尽头。紧接着，镜头里接连出现一幢幢钢筋和玻璃幕墙结构的高楼大厦、烟囱冒着烟的厂房和炼油厂：邪恶的新世界即将来临。

下一幕中出现的是侠义的黑帮，清一色穿着饰有帮派徽章的素洁法被的好汉们粉墨登场。善良的当地人筹备一些有意义的传统活动时，他们会跑来帮忙：比如搭建街市，或组织庆典。可是一身艳俗的外国西服、夏威夷衬衫、戴着墨镜的坏蛋再度打破了平静。他们踢翻摊位，殴打了三两个瑟瑟发抖的商贩。某位好心人见义勇为，出手教训了坏蛋。这群天生的胆小鬼逃之夭夭，走时还不忘威胁一句："你给我等着！"

摄像机镜头再次扫向胖子，他抽着雪茄，正和另一个同样抽雪茄、穿西装的胖子说着什么：他们一个是恶帮派的头目，一个是腐败的政客，正商量建造一座大型办公楼的事。钱从一只手转到另一只手上。办公楼要建在老实的商贩赖以为生的街市之上。"这事就交给我吧，"黑道大哥皮笑肉不笑地粗声说道，"我来对付他们。"

眼下的情况再清楚不过了，他俩是自苏我氏和物部氏对抗以来

172

---

* 法被是传统和服之一，为外套式的上衣，长度从腰部到膝盖皆可。江户时代多为武家下人或是做工从商的职人所著，上绣家纹，现常于祭典中穿着。——编注

的典型恶人：诡计多端的企业家和与之狼狈为奸的政客。二者均受到了外国歪风邪气的影响，从某种意义上讲，这种风气正是"进步主义之风"。我们几乎不必点破，他们同时还象征着当代日本经济奇迹背后的那些设计师。为了进一步挖掘外来邪恶风气与本土恶势力串通一气这一主题，这些坏蛋就不光是抽雪茄的胖子，还常常是中国人或韩国人。（在以战后不久为背景的电影里，富有而傲慢的日裔美国人也是喜闻乐见的一类恶人。）

随后，我们的视线又回到那些穿着"法被"的善良、忠实和明快的日本汉子身上。他们正在听宽厚的头领训话。日语里的"亲分"字面意思是"父亲式的人物"，一般是个病快快的老头儿，重病缠身的他颤颤巍巍，抖个不停，永远都穿着最朴素的和服。好"亲分"同坏"亲分"有着天壤之别。让我们记住，理想中的日本领袖，与其说是一位强势的老大，不如说是一种象征；他是一面旗帜，或者如某位见解独到的黑帮成员所言，是扛在"'子分'（孩子式的人物）肩上的神龛"。[5] 他的作用如同上帝：永远站在我们这边。鉴于此，他必须保持模糊、隐忍，最好还是年迈体弱的形象——这是受人保护的偶像，而不是希特勒式的元首。一句话，他就像典型的日本天皇。

与此同时，"亲分"不得不表现出近乎母亲般的骄纵，好让"孩子们"高兴。他的意愿向来暧昧不明，可作多种解释。要是1936年发动兵变的那些青年军官得知天皇并不赞同他们的做法的话（据说他并不赞同），他们肯定只会回答说，天皇陛下身边的邪恶幕僚妨碍了他看清真正的大道，随后只会以更加暴虐的方式表达情绪。日本领导人为了换取"孩子们"的忠诚而必须施予后者的娇宠，或许有助于解释为何日军将领在二战期间常常管束不住手下军官。

坏"亲分"恰恰相反：他强势、精力旺盛，身体健硕，是靠

173

铁腕统治的真正领袖。实际上，他更近似于鲍嘉（Bogart）[*]和卡格尼（Cagney）[†]时代的美国警匪片里的主人公，他们洋溢着浪漫气息，贩卖私酒，是对精干的资本家的一种夸张化呈现。

好"亲分"劝孩子们忍气吞声，切勿颠覆社会秩序，要能克制住情绪。他们虽说是黑道，但却是盗亦有道的黑道，不会因为区区小喽啰的一点挑衅就诉诸帮派火拼。年轻的黑帮成员很难咽下这口气，这会儿已经是怒目圆瞪，嘴角抽搐，鼻孔翕张，好似迫不及待想冲进斗场的公牛。但是眼下占据上风的是"我慢"（坚忍）的情绪。

然而，挑衅者有恃无恐，变本加厉：他们踢翻了更多的摊位，有些甚至还被一把火烧了。此外还出了一件事：某人的女友遇害了，她是个有着金子般心地的妓女，同黑帮中的善良之人有些交情。帮派的一个兄弟还被打了。现在，尊贵的老"亲分"再想控制住孩子们可就难了。

接着发生的一件事打破了底线，彻底令他们忍无可忍。好"亲分"在夜里和小孙子散步时，被人开枪击中背部。这个情节很典型，因为坏蛋总是带着枪，这玩意儿也只有胆小鬼和外国佬才会用，真正的日本英雄打起来都是用刀的。

到了好"亲分"临终的一场戏。他被裹在毯子里，对簇拥在床头的孩子们轻声说出遗言，通常是最后一次劝导他们要克制。深夜观影的影迷期盼已久的时刻终于来临，其中一人还对着银幕大喊："你们倒是哭啊，他奶奶的！"果然不出所料，忠心耿耿的帮派分子们哭得稀里哗啦的，一声比一声响，临了都像是原始守灵夜上的专业哭丧人。

174

---

[*] 亨弗莱·鲍嘉（1899—1957），美国著名演员，作品包括《卡萨布兰卡》《马耳他之鹰》《龙凤配》等。

[†] 詹姆斯·卡格尼（1899—1986），美国著名演员，作品包括《人民公敌》《胜利之歌》《一世之雄》等。

　　盛怒之下，"子分"们准备一股脑儿前去杀敌。但就在这时，故事的真正主人公挺身而出："你们怎么能在我们的'亲分'面前如此造次？"他表示："你们留下，我一个人去。""不，让我们跟你一块去！""子分"们望眼欲穿地苦苦哀求。"你们怎么就不懂呢！"主人公吼道。作为日本黑帮，他们不是不懂，只是心里不情愿罢了。秩序高于一切，这意味着，去挽回荣誉的只能是一位死士。

　　主人公脱下饰有帮派徽章的"法被"，算是脱离了组织，成了独来独往的人。他的妻子帮他穿上最好的和服，可以想见，她的内心正无比煎熬。但是她也明白丈夫为什么要去死。她理解丈夫的想法。

　　主人公出发去寻找仇家。他最后的一段路途通常是孤身一人，像极了"道行"，也就是歌舞伎舞台上恋人殉情前的那段旅程。耳旁这时响起伤感的主题歌：

> 你一旦决定要干，那就一干到底，
> 如果我们抛却义理，
> 人生不过就是个黑洞。
> 莫要犹豫，莫要止步，
> 让绵绵的夜雨伴随你。[6]

　　这歌听起来也许没什么杀气，甚至谈不上男子汉气概，但其原本就不是慷慨激昂的歌。神风飞行员最后一次出击前所唱的歌也是这种风格。死士之所以为人称道，不是因为他杀死别人，而是因为他必然要面对死亡。打动观众的正是这一悲怆而苍凉的时刻。深夜观影的影迷们或许会大叫"好啊！上啊！"，这其实有点像西班牙人对公牛的鼓励，为其呐喊呼号，以他者的死来净化我们的灵魂。

以死来获得净化是一种全世界都存在的现象：基督教便以此                   175
为本。但是，神道教这一日本净化仪式的基础极其忌讳死亡以及任
何其他形式的流血。二者皆是污秽。江户时代的学者平田笃胤在
《玉襷》里写道，哪怕"只是流鼻血，也要沐浴净身，去寺庙参拜，
以此获得净化"。

　　《叶隐》一书的作者山本常朝还俗前当过神道教神官，对死亡
深深着迷，他很清楚其中的矛盾。人怎么可能通过死亡这种污秽之
事来净化自己呢？他以一种非常日本式的做法解决了这一矛盾，也
就是索性将其忽略：

　　　　我相信向神祈求，保佑我打胜仗是有用的……要是神仅仅
　　因为我沾上了血污就无视我的祷告，我确信对此也无能为力，
　　因此我不顾污秽，继续敬神。[7]

　　三岛曾暗示过："武士不可能永远忠于这类远古的神道教戒律。
令人信服的说法是，他们以死替代了可用来净化一切秽物的水。"[8]
换言之，如果寻死的动机很纯粹的话，就能自我净化。

　　三岛的话未能使我信服，实际上，这更像是在用审美意识充
当净化物。无论是《叶隐》里描述的死，还是三岛作品和生活中的
死，都是一件艺术品，一种做作的表演，尽管后果甚为极端。如此
说来，仪式解除了禁忌的危险性。三岛曾经写道："人即便是死了，
也应该保持樱花那般绚烂的色彩。在按传统自杀之前，习惯的做法
是用胭脂把脸颊涂红，这样的话死后就不会面无血色。"[9] 在我看来，
这番话恰到好处地概括了一对奇妙的结合体：女性化的风流倜傥和
男性化的装模作样。这对结合体作为死亡的一个重要特征，出现在
武士崇拜、歌舞伎和黑帮片中。

　　孤胆英雄只身对抗群敌的大决战是一场精彩而血淋淋的感情宣

泄，为仪式画上了句号。我们看见主人公——时而由朋友陪同——
露出文身后冲入敌阵，杀出一条血路，坏蛋们拼命向他裸露的上身
开火。他中弹的次数越来越多，但依照最优秀的日本传统，精神 176
是强过肉体的。主人公继续前进，丝毫不顾近在咫尺射来的子弹。
他不停砍杀，直到一刀劈倒始终躲在"子分"筑成的人墙背后的
坏"亲分"。银幕上鲜血四溅，血流成河，像极了大木偶剧＊（Grand
Guignol）里的场面。

　　最终，使命完成了。他跌跌撞撞地走向意料之中的死亡，文身
已被鲜血浸透。这个垂死的男人在影片里始终沉默寡言，但总觉得
此时此刻是发表长篇大论、吐露肺腑之言的恰当时机。在这一感人
至深的高潮，他通常会躺在好友温暖的怀抱中，也就是说，如先前
所述，置身男人的世界。

　　日本戏剧表演——不管是歌舞伎还是黑帮片——的死戏里，慷
慨陈词是重要的一环。这项传统循例也是在江户时代形成的。那时
公开表明想法要冒风险，而且还被认为有些粗俗。这种看法延续至
今。感情只能意会，不可言传；观点可以有，但不应说出口。偏激
的看法有损社会和谐，因此，据称日本社交的一大特色是无言的交流。

　　急于向无知的外国人解释日本文化的热心人士仍然乐于对此大
谈特谈。这就好像说每个日本人都配备了一台无声的感情发射器，
只有其他日本人才能接收到发出的信号。

　　似乎只有在临近死亡关头，才能让先前并不健谈的人打开话匣
子。对此，常见的一种解释是既然注定一死，临终前就会释放自我，
道出真情实感。因此，在日本影视作品中，著名的遗言总是最后的
一段话，因为大段的独白都要留到最后。

---

＊　在法国"恐怖统治时期"，刚由断头台上抬出的尸体在荒谬喜剧中给当作大型木偶操纵，
　　十分血腥，由此得名。

* * * * *

　　不同种类的黑帮英雄代表了日本人极为推崇的品质。由于多数黑帮片都出自同一家公司（東映），饰演其角色的往往就是那几个演员。要是人物性格血气方刚、明快、隐忍，还老想与人打一架的话，那就找高仓健演。而饰演好"亲分"的总是类似岚宽寿郎这样弱不禁风、旧时代的午场电影偶像。若山富三郎则专演暴力分子，因为性情耿直、坦率，所以总是麻烦不断。但是有位演员似乎将完美黑帮英雄所应具备的元素集于一身；他就是众星当中最典型、最传统、最富日本味儿的那一个：鹤田浩二。他在日本人心目中的地位，堪比昵称"杜克"的韦恩在美国人心目中的形象，尽管二者风马牛不相及。

　　两人的共同点在于，他们都像是失乐园里的天使，为仅存于神话往昔的价值观而勇敢地殊死一搏。鹤田浩二的神情伤感而忧愁，仿佛看尽世间沧桑却依然宠辱不惊，好比上了年纪的妓女，或者老资格的赌徒。即便丑恶的新世界里人人都在偷奸耍滑，他却依旧故我，恪守老规矩。他身上高度浓缩了日本人所谓的"粹"——即历经岁月砥砺而形成的那份潇洒和不羁。

　　作为黑帮片明星，他的辉煌如今已成往事，但依旧会上电视，有时身穿全套海军军装，唱起庄重的黑帮老歌，或者是伤感的战时小调。影迷杂志和唱片封套上的文字介绍总不忘告诉我们，神风特攻队的名单上有鹤田。但是这个赢得无上荣耀的机会却因为日本的最终战败而被残酷地剥夺了。鹤田浩二和同胞们被迫忍受难以忍受之事。

　　坚忍构成了他的主要形象。三岛在谈及鹤田时写道："他让'我慢'之美光彩夺目。"[10]此言不虚，鹤田充分体现了"我慢"的精神。他痛苦的主要原因是自己与时代格格不入。由鹤田出演的电影开头一般是这样的：蹲了几年大牢后，一身和服的他获释出狱，却发现周遭的世界变了样：他的老朋友穿起了西装，为一家收受回扣、贿赂政客的建筑公司工作。对此他自然是万分惊讶，并试图唤起友人心中黑帮的道义准则和人性思想。"哈，你还是满口义理啊人情啊是吧？"他们讥讽道，"喏，今时不同往日，再说这些东西不过是骗我们去打仗的花招罢了。""不管是什么，"鹤田回应，"它们就是对我的胃口。没了义理，就什么也剩不下了。"

骗我们去打仗的花招。借恶人之口将光辉的旧时代价值观与军国主义思想等量齐观，该片的拍摄者做出了隐晦的暗示：战时的日本人比今人更高尚。我们会想，啊，原来这是一部右翼宣传片。很显然，没人会指摘黑帮片的制片人是左翼，但实际上，在牵涉到此类问题时，日本的左右之分几乎毫无意义。怀念纯粹而光辉的过去，与其说象征法西斯主义或"封建思想"死灰复燃，不如说是公众对当今社会文化纷乱芜杂的一种不满情绪。黑帮英雄在激进派学生和怀旧的帝国老兵中间同样受欢迎，动荡的 20 世纪 60 年代期间更是如此。1969 年，东京大学的学生隔着路障，激动地挥舞高仓健的照片。这股激进浪漫主义和民族主义之间存在某种关联，关于这一点我在下文中还将谈到。

178

鹤田几乎在每部电影结尾都会一命呜呼，要他命的通常是身着西装的胆小鬼打来的冷枪，有时他则象征性地被安排出现在崭新的炼油厂和冒着滚滚浓烟的工厂前。在血红色天空的映衬下，这番景象仿佛出自某个现代地狱的画卷。鹤田的死和四十七浪人的殉道一样在所难免。现代世界里容不下反动英雄，不管是 6 世纪的捕鸟部万还是 1967 年的鹤田。他就像过去的鬼魂，经过招魂仪式苏醒过来，类似能剧里的活死人。反动英雄的作用同能剧里的鬼魂一样，意在提醒我们人世间稍纵即逝的伤感。仪式一结束，他就得消失。

鹤田痛苦的另一个原因在于他恪守道义准则，这往往同个人情感相矛盾：换言之，就是古老的义理和人情之争，但稍许有所变化。体现在诸如"仁义"和"仁侠"这些字眼中的黑帮道义准则同西方的正义观压根不是一回事。不同于加里·库珀或约翰·韦恩，也不像动身前往华盛顿的史密斯先生，鹤田从没有思考过正义这么抽象的东西。在伦敦或好莱坞，正义是个普世概念，蒙着双眼称天平的女神是正义的化身，对待公正一事一丝不苟。但从日本人的思维方式来看，这种正义观似乎太冰冷，太不偏不倚，因为它没有将人际关系当中的诸多非理性复杂现象考虑在内。在日本英雄眼里，为了公正而公正是没有意义的，他的道义准则只有在自己的社会关系网内才成立。以黑帮为例，仅仅局限在帮派内部。日本英雄的仁侠精神是相当狭隘的。

　　无数日本黑帮片都有一个固定桥段。某黑帮分子为了逃脱法律制裁或敌对帮派的寻仇，暂时栖身于另一个帮派处避风头。他因此成了"客分"，也就是客人的意思。在被接受之前，他必须经历一套繁文缛节般的引见仪式，别扭地弓着腰，向前屈膝，伸出右手，掌心向上，递给对方。"客分"以生硬的古语报上自己的大名以及履历，就好像在背诵祷文一样，这一仪式在银幕上可延续好几分钟，以营造出黑帮神话世界里的那种典型的仪式氛围。

　　为了回报这份得人庇护的恩情，背负义理的"客分"就务必对主人家吩咐的任何事言听计从。比方说，他奉命去杀一位敌对帮派的"亲分"，而后者可能十分光明磊落，清清白白。公正的概念势必会阻止他去执行这项任务，但是仁义不会。他必须去做。"客分"要是个体面人的话，会告诉敌人："我与您无冤无仇，阁下。您貌似是个光明正大的人，可惜对主人的义理迫使我不得不来索您的命。""感谢你这么诚恳，"受害者答道，"那就动手吧！"说罢刀剑出鞘，刺杀任务也如期完成了。

　　然而，随着故事的发展，坏"东家"帮派的行径愈发恶劣，直

179

到"客分"的忍耐（我慢）到达极限，正义感（人情）占据上风。但是一不做二不休、索性投靠敌对帮派的做法会彻底坏了黑道的规矩，怕是今后都不会有人愿意接纳他。这意味着他必须倒戈，但通常这么做会搭上自己的性命。脱离组织后，他就成了孤家寡人，而且正如我们先前所见，这么做的代价就是死。这就是为何在英雄走向生命尽头的最后一段路上，陪伴他的往往是一个原来隶属坏帮派的"客分"。然而，即便是最后这戏剧性的行为，更多也是个人情感，而非正义感在起作用。

　　鹤田浩二在《赌一把总头目之位》（'博奕打ち 総長賭博'，1968）中也面临类似困境，这是他出演的最佳影片之一。这一回，坏帮派成了他所在的帮会。尽管鹤田是"二代目"的人选，但一个恶人却顶了他的位置，辅佐少不更事的"亲分"。鹤田最好的朋友由若山富三郎出演，人称"若富"的他擅长饰演莽汉，在影片里反抗了这种不公平的安排。当然，鹤田只是展现出他惯有的"我慢"。哪怕自己吃亏，规矩也必须坚持到底。

180

　　终于，若富暴烈的叛逆作风严重威胁到了帮派的秩序，鹤田不得已之下，摔碎了见证二人结义的清酒酒杯。拍摄这类影片时普遍会采用浓重的象征手法。这场戏摄于一座公墓，四周又黑又潮，暴雨如注。最后，在若富对年轻的"亲分"动手后，出于义理，鹤田被迫干出了不堪想象之事：他杀死了自己最好的朋友，而后者之所以会以下犯上，也是因为他。

　　鹤田噙着眼泪，将剑深深刺入朋友的心脏。满身血污的他冲下楼梯，正好撞见若富的幼子（再没有比孩子更能制造三块手绢效果的了）。当他用血淋淋的手臂抱起孩子时，脸部因为义理与人情的痛苦纠葛而扭曲了。此刻，也仅仅在此刻，"人情"压过了最后一丝"我慢"。道义准则必须抛在一旁，鹤田不由分说，拔剑追杀那个恶人，尽管后者的位分在他之上。恶人嘴唇上一小绺牙刷型胡须剧烈颤动，他尖声叫道："你是要对我动手么？你的荣誉感哪儿去了？""荣誉感？"鹤田表示，"这玩意儿我可没有，你就把我想成是一般的杀人犯好了。"说罢他便刺死了这个十恶不赦的阴谋家。

正是这种耻感让鹤田更加深得影迷的喜爱。"恥ずかしい"（意指"我很抱歉，我很惭愧"）和"すみません"（意指"对不起"）一定是日语里最常用的词汇之一。尽管像露丝·本尼迪克特那样称日本文化是"耻文化"未免失之简单，但在一个如此讲究外表和社会面子的民族心中，耻感无疑是常有的感情。然而，鹤田的耻感更进一步：他向来明白，自己遵守和为之而死的信条也在压抑个人情感。因此，哪怕是做符合社会规范的事，也可能蒙受耻辱——比方说手弑自己的朋友。

鹤田很为自己的境遇难为情。"我只是个无用的混黑道的"这句话常挂在他嘴边。这份谦逊同武士豪杰身上那种耀武扬威、神气活现构成了反差，也令观众对主人公更有认同感。这也为"义理—人情"冲突增加了一层看点。影片《昭和侠客传》（1963）[11]里，鹤田从一群坏帮派成员的屠刀下救出了两个孩子。他们恳求救命恩人与之交换清酒酒杯，算是拜把子的象征。鹤田拒绝了，原因是他不想让他们沦为同他一样的"社会渣滓"。

其中有个孩子成了鹤田的忠实弟子，说什么也要跟着他。但鹤田还是不同意他加入帮会。鹤田在杀死某个坏蛋后，不得不东躲西藏。这时，徒弟叫人逮住了，并被折磨得半死。鹤田赶到医院时，弟子已是奄奄一息。孩子的姐姐央求鹤田认弟弟做义弟，这样他就能含笑九泉。弟子眼含泪水，抬头望着师父，恳求他答应自己最后的要求。

主人公该怎么办呢？孩子的忠诚理应得到犒赏，但要是认他做结拜兄弟，他死时便是个社会弃儿。"我希望他走的时候，身子是干干净净的，"鹤田说，"别像我这样是个混黑道的。"他不肯满足

181

孩子的心愿，这乍看或许有些硬心肠，但在日本观众看来却不然。鹤田执意要保全死去弟子的名节，此举体现出无上的人性，同时也折射出他的为人谦卑。这是不折不扣的"人情"，至于"义理"，要留待孩子去世之后再去履行。

鹤田只身前去迎敌。他最后自然也死了，死在"亲分"的怀里。这个和蔼的老人同样为自己身为黑帮感到羞愧。他最大的心愿是把女儿嫁给某个"坚気"，也就是从事正派职业的人。（可实际上，女儿爱的人是鹤田，鹤田也爱她，但出于对主人家的"义理"，他不得不克制自我，这让姑娘很难过；当然了，他俩都选择把心事藏在肚子里。）鹤田就这样死去了，临死前还叫着"亲分！亲分！"。他的黑帮义弟在一旁轻声啜泣，"我们活着要像男子汉，死了也要像男子汉"。

鹤田面对的"义理—人情"难题的最后一个看点在于他的感情生活。不同于许多不近女色的年轻主人公，鹤田为人风流，但情感纠葛让他面临一道最痛苦的难题：他将如何选择？女人还是帮派？爱情还是道义？他身上交织着巴巴吉诺和塔米诺的影子，这是最不幸的局面。

这一两难境地在《人生剧场　飞车角》（1963）这部经典黑帮片的开头就得到了清晰的呈现——清晰到令人痛苦。鹤田携女友亡命天涯，成了对帮派无用的人。就这样，他被夹在对兄弟的义理和对女友的爱中间，左右为难。一天，背负着强烈愧疚感的他——"我必须活得像个男子汉"——穿上自己最好的和服，刺杀了敌对帮派的老大。

因为杀人而身陷图圄的鹤田依旧日思夜想着自己的女人，可此时的她却已爱上高仓健。他过去是鹤田所在帮派的成员，尚不清楚她是自己大哥的女人。鹤田最终获释时，一切真相大白。高仓健双膝跪地，恳求大哥的原谅。轮到姑娘左右为难了。鹤田尽管怒火中烧，但还是叫高仓健带着姑娘远走高飞。他将"我慢"和高尚情操发挥到了极致。

现在，高仓健犯愁了。他该如何是好？是忠于黑帮的信条，"兄弟之妻不可欺"呢，还是遵从自己内心的真实想法？他以唯一可能的方式化解了这对矛盾：一心求死的他只身前去挑战过去敌对的帮派。鹤田赶到时，高仓健已经快不行了。大哥将小弟搂入怀中，说道："你总算成为了男子汉。"听罢，高仓健带着欣慰离开了人世。

轮到鹤田了。他知道自己该怎么做，于是欣然赴死，这时背景音乐的歌声激昂了起来。她的女人试图拦住他。"让开，女人！你没看见他终于成为男子汉了么？"

"可我爱你！"

"我也爱你。"

他还是将女人一把推开。在男人的世界里，获胜的必须是义理，正如歌词所唱的那样："没有义理的世界一片黑暗。"就这样，鹤田继续忍受着难以忍受之事，也正因如此，他才能集万千宠爱于一身。

* * * * *

我们在此稍停片刻，探讨一下黑帮的神话世界和大部分日本人身处的现实世界之间的关联。因为正如好莱坞老片同它们所面向的社会有相似之处一样，黑帮电影也折射出日本人生活中的某些重要因素。从很多方面来看，有着义理、情感矛盾和社会痛楚的黑帮世界是日本社会程式化的缩影，一如江户时代的歌舞伎。

帮派忠诚和个人情感之间存在冲突；不得不在所爱的女人和对前辈的义务之间做出选择：这种个体和组织之间的张力依然真实存在。撇开大肆吹嘘的和谐（日语里称为"和"）和共识这层表象，作为个体的日本人依然会而且时而明显会感受到来自集体的束缚，

纵然他们跟鹤田一样，也渴望从集体生活中获得安全感。黑帮豪杰
比起潇洒自在的武士来，更能表现出日本人内心的孤单。

工薪族常常不得不为了公司牺牲私生活。不管是否愿意，他们
被迫与同事相处的时间往往比和家人在一起的时间还久。工厂车间
里的人际关系也受到类似黑帮片里等级和忠诚观念的制约。在一家
摩托车厂里，一个工长甚至告诉我，他看黑帮片，为的是学习如何
应对自己的工作。

在日本，个体永远都是某个大团体的一分子（为数不多的例外
被认为是古怪的独行侠）。很多西方人身上也有这一特征，但他们
不会像日本人那样，将对"自我"的定位同所效力的公司牢牢捆绑
在一起。他们有"私生活"，而且往往受到尊重。日本人则没有"私
生活"，或者就算有，私密性也定不如西方人。事实上，他们不能
脱离团体而存在。这些团体当中的人际关系并不一定建立在友情之
上。无论摩托车公司、剧团，还是黑帮，日本的团体更像是一个个
大家庭，不过一旦脱离家庭的怀抱，就不再是其一分子。

打个比方，一家闻名遐迩的先锋派剧团近日出版了一本有关剧
团历史的书，内容甚是丰富。书中一处遗漏很惹眼：该团的一位大
明星过去十年以来一直充当其台柱，他的名字却一次未被提起。原
因是：他在编写该书前不久决定离开剧团，因此便再没有这个人。
这则故事的一个有趣之处就在于，编辑该书的是日本某位知名剧评
人。他辩称，之所以会有这处遗漏，是因为对剧团团长负有义理。

观众认同黑帮英雄，是因为他骨子里就是个独行侠。他的身份
取决于所属帮派，这也是他的帮会标志从不离身的原因。黑帮片里
的每次谈话、人与人之间的每次交往都是另一种仪式，另一种维护
帮派团结的礼仪训练。除开偶尔爆发的狂躁和高潮时的赴死抉择外，
任何个体情感的表达都会被礼制所扼杀。黑帮兄弟与其说是称兄道
弟的成年人，不如说是表现一系列程式化动作的演员。被禁锢在仪

式表象背后的独立个体始终茕茕孑立。这或许是我们所有人都有的
人性，我也无意过分夸大这种共性，但窃以为，这在日本人身上体
现得尤为明显；总而言之，这足以使鹤田浩二与他的兄弟们成为真
正的日本英雄。

\* \* \* \* \*

　　攻击性被压抑后会将矛头转向自我，这是心理学上的一条金科
玉律。日本没有伸张自我的英雄，倒是盛产自虐的好汉：主人公受
的苦难越深重，就越有英雄风范。在日本，阳刚气概其实是将自虐
发展成一门艺术后的产物。以暴力团为例，这还真就是一门自虐的
艺术：他们中的大多数人——在电影里则是所有人——通体都绘有
刺青，上起脖子，下至膝盖，有时连脚踝处都有。[12] 文身的时候伴
随着切肤之痛，可以想见，他们对疼痛有着多么强大的忍耐力，甚
至甘之如饴。

　　在令人特别难忘的一场戏里，年轻的主人公听从"亲分"的吩
咐，做起了市井书贩。以他的脾气，很难从事买卖交易，因此，每
当地痞前来寻衅滋事，他都会还手，打得对方抱头鼠窜。但这么做
可不行：他现在是个商人了，为了做买卖，必须学会忍气吞声。（传
统社会严禁商贩使用暴力，因为这是武士阶级的特权；如今，黑帮
似乎从武士那里继承了这一衣钵。）

　　意气用事的年轻主人公在市场里遭到一位前辈的掌掴，他从这
一惩戒中吸取了教训。当地痞们再度出现，以日本人常见的方式群
殴他时，他任凭他们对他拳打脚踢：裆部挨了一脚，脸上挨了一拳，
直到被打得昏死过去。但是他很欣慰，聚拢在身旁的其他商贾也很
欣慰：因为他彰显了自己的骨气，基本上算是被人"打"进了属于
自己的社会地位。而在日本，区别男子汉和毛头小子的办法就是看

他们是否接受宿命。这在好莱坞或许难以想象，因为社会流动和凸显自我历来就是一种理想。由米基·鲁尼（Mickey Rooney）*和朱迪·加兰（Judy Garland）†出演的最近一部百老汇音乐剧就释放出这样一条讯息："只要肯尝试，就没有什么做不到的。"

地道的美国主人公从不肯接受社会现状；社会总是会变好的；这说到底也是他当初来到美国的目的。日本人则没有什么旧世界，更别提什么新世界了，甚至连一个可供比照的邻国也没有。此外，几个世纪以来，在听天由命的佛教思想的熏陶和德川幕府统治的洗礼下，日本人很早就对根本性的改变不再抱有幻想。就连那些常常在暗地里对美国乐观主义精神表达钦佩之情的当代日本人——钦佩之中或许还夹杂着一丝妒意——仍会觉得这种态度十分幼稚，甚至还有几分愚昧。

包括黑帮片和歌舞伎在内的日本戏剧讲述的其实是社会悲剧，而社会悲剧自然要围绕着一个无法逃遁的封闭世界而展开。诗人渡边武信曾经说道："黑帮英雄的宿命就是在一个封闭的空间里生活并死去。"[13] 江户时期，日本社会自然是闭关锁国，故步自封。虽然如今情况不同了，但这种心态延续至今；外部世界在不少日本人眼里仍显得不尽真实，大部分人依旧视离开安乐窝为不堪设想之事。这意味着必须忍受从许多方面来看依旧是个封闭社会的种种限制。

正如大众娱乐作品所显示的那样，这种状态既令人欣慰，也十分悲惨。说欣慰，借影评人唐纳德·里奇之语，是因为"其明确限定了人们的选择。在舞台和银幕上让人尤为安心，因为这种对事物的简化处理显示出，在生活中别无其他出路……"[14] 说它悲惨，是因为脱离这一世界的企图——哪怕生活中不是一直能够实现，在戏

---

\* 米基·鲁尼（1920—2014），美国电影演员，作品有《娃娃从军记》《小镇的天空》等。

† 朱迪·加兰（1922—1969），美国女演员、歌手，最有名的作品即《绿野仙踪》。

里试试也无妨——都将不可避免地以灾难收场。套用一部黑帮片里某人的一句台词："混黑道的，面前只有两条路：要么锒铛入狱，要么命丧黄泉。"[15]

对于普通人而言，真实的生活远非这般非黑即白，但个人主义之风若是太盛，则会招致严重的排挤，更有甚者，还会被驱逐出团体。传统日本村落对人最严厉的惩罚莫过于将其流放：日语里管这叫"村八分"，英语里也有类似表达，比如"送你到考文垂"*，意指使某人变成无名小卒。现代日本在很多方面依然像是一个联系紧密的村落。在这个"村落"里，被社会抛弃的下场比死还要惨——事实上可以说生不如死。

\* \* \* \* \*

作为一门注重仪式感的悲剧性艺术，黑帮片高度依赖其符号意义。若是对其往往十分玄奥的象征、仪式、形式、文身图案和手势含义不甚了解的话，那么黑帮片就会和日本这个国度本身一样让人一头雾水，捉摸不透。一切仪式同具体的时间和地点都有着千丝万缕的联系。脱离环境的仪式会丧失其意义。巴厘岛的仪式要是被搬到伦敦或纽约的舞台上，也许会让人大饱眼福，却会丧失其意义，只剩下单纯的民俗。

日本同世界各地一样，共同的符号是维系团体凝聚力的一种黏合剂。符号越是隐秘和复杂，就越容易将外人排除在外，将自己人纳入进来。一个例证是，崇尚传统的日本师傅无论教授什么（从插花到传统烹饪，无所不包），都喜欢祭出那套故弄玄虚的老法子。

186

---

\*    历史上，考文垂由于被用作关押英国保皇党，而衍生出了"送到考文垂"（be sent to Coventry）这一短语，意为流放某人。

与之相似的还有那种认为各行各业都要耗费无穷无尽的时间操练基本功的老思想。尽管这些"老法子"能给包括日本人和外国人在内的大部分人留下深刻印象，但是故弄玄虚总的来说不过是迫使人们服从团体内部等级秩序的一种手段罢了。诚如能剧大家世阿弥在1400 年撰文所言[16]，其作用还在于保护团体本身。

但是当人们脱离熟悉的环境，置身一片无人理解其符号因而也就无人懂得欣赏的新天地后，又将如何是好呢？一种经常采用的对策是假装自己从未离开，就好像躲在一部装了空调的旅游巴士里。另一种办法是夸大象征的意义，似乎是为了说服自己，即便身在异域，这些象征依然适用，结果使它们成为了一种拙劣的生搬硬套：置身热带的英国殖民者依然一身花呢布行头，在非洲的灌木丛里举行——"举行"这个词一点都没有夸大，因为事实如此——考究的野餐："腔调可不能丢，这你懂。"

黑帮片的安乐窝被设在日本城市，时间跨度大致从 19 世纪末绵延至 20 世纪 50 年代。神话般的黑帮人物换个环境便会水土不服。这就使得一部突破自身天然界限的黑帮片显得格外有趣。上文所述的两种对策在该片中都有体现，并为观众深入剖析了日本民族主义背后的原动力。影片的片名起得恰如其分：《大陆流浪者》（'大陆流れ者'，1966），主演是鹤田浩二，故事发生在香港。

简单而言，影片讲的是一伙白人黑帮和一伙华人黑帮围绕争夺日本人建造的水坝控制权起了冲突。旁白介绍说鹤田前去"发扬日本精神"。这种"精神"贯穿全片。黑帮神话成了全体日本人的神话。鹤田的未婚妻为了给帮派筹资，甘愿堕入青楼，卖身为娼。这是最经典的歌舞伎套路。当鹤田表示反对时，她让他尽"日本人的义务——我怎么样都不打紧"。

随便哪部黑帮片里，她都会叫他去尽"作为男人的义务"；正如先前所见，女人牺牲自己，为的是让她们的男人变得像男子汉。

鹤田自己也会想到要尽"作为黑帮"的义务。现在"男子汉"和"黑帮"的概念已延伸至"日本人"：他们和我们、男人和女人、黑帮和"坚气"的世界已经将日本人和外国人一同囊括在内。

片中一个有趣的人物是一位旅居香港的日侨，满嘴都是对日本的痛恨，这一点在海外日本人当中并不罕见。对于跳出了祖国怀抱这一局促空间的人而言，这种怀抱像极了监狱。如今这个可怜人落到了邪恶的白人黑帮手里，受尽折磨而死。就在痛苦的临终之际，他对着认真聆听的鹤田耳语道："这下我总算可以像个日本人那样去死了。"他身为个体和海外日侨的矛盾通过死得到了化解。我们不禁回想起鹤田的黑帮同伙的啜泣声，"我们活要活得像男子汉，死也要死得像男子汉"。从某种意义上讲，这甚至还让人联想到近松笔下通过殉情而永不分离的恋人。只有死了，才能实现活着时无法企及之事。

接着，种族主义露出了真面目：日本人决定和中国人携起手来（后者对此持何看法则并未被当回事），共同对抗白人。鹤田庄严地握着中国黑帮老大的手说："东亚一家。"观众很容易将这句话看成是反讽，甚至是对二战政治宣传的一种嘲弄性模仿。然而事实并非如此，所有人都无心开玩笑，更不要说鹤田。黑帮神话最容不下的就是讽刺。事实情况是，战时神话在日本的大众娱乐节目中远未绝迹，在西方亦是如此。写作本书时，拍摄该片的公司又带给公众一部新片，名为《大日本帝国》，以纪念偷袭珍珠港等事件，这绝非偶然。

正如黑帮信条以及大多数日本公司的准则均立足于朦胧的精神价值一样，身为日本民族一员意味着某人可以宣称自己拥有"独一无二"的大和精神。这和黑帮的"高尚情操"或武士道一样虚妄。同样虚妄的还有其他民族类似的精神主张。然而，这在信仰者眼中却极具说服力。 <sub></sub>188

既然生来这般幸运，日本人自然有责任保护不如他们幸运的人：

在亚洲保护他们免受白人恶徒的侵害。这是一种妄想，因为在现实中，这种保护等同于恐怖行径，却根本不会动摇妄想；无独有偶，真正的黑帮鱼肉普通百姓的一面也不会让他们伟岸的银幕形象受到一丁点的矮化。

黑帮英雄和"日本人"在对待外部世界的态度上有诸多相似之处。二者都意识到自己属于这个世界，却又感与之脱节，被人误解，甚至遭人侧目。他们一方面自信有着独特的精神气质，另一方面却又妄自菲薄："我们的国家又小又穷"；"我是社会的渣滓"。人们对黑帮豪杰身上的这种两面性很认同。他既高傲，又是个异类；既是帮派成员，又是独行侠。黑帮英雄终究是这个世界勇敢的牺牲品，这也恰恰是不少日本人偏爱的自我形象。

在所有黑帮弃儿中，高仓健是浪漫的 20 世纪 60 年代激进派青年心目中的英雄。鹤田代表老一代的黑帮，他历经沧桑，劣迹斑斑，老于世故，不会愤世嫉俗。他明白自己在为失败的事业而战，这正是他的悲剧所在。阿健是青年英雄，爽直、天真且易怒。女人和赌博都与他无缘。他浑身洋溢着革命者清心寡欲的思想。实际上，他是完美的学生激进党，动不动就会大发雷霆。而且不同于鹤田的是，阿健不会因为听天由命而故意寻死。他对现代世界不人道的愤懑郁积良久，在性节制可能的催化下，最终迎来了一次大爆发。

60 年代的激进青年在战后"德谟克拉西"的环境下长大，却从未感受过真正的民主。他们深深困惑于个体在集体社会中的角色，于是效仿心目中的英雄，以集体狂热和个人牺牲相结合的暴力方式，叩开了那扇困住他们的大门。至少一小部分激进分子是这么做的。多数日本青年则同世界各国的年轻人一样，依旧过着波澜不惊的生活，心满意足地看着高仓健为他们宣泄感情。仅仅在银幕上发泄，不需要冒风险。

189

＊ ＊ ＊ ＊ ＊

同所有工业化国家一样，20 世纪 60 年代的结束击碎了许多日本学生的迷梦。1968 年的"五月风暴"在巴黎、伦敦、伯克利和东京都已成为渐渐褪色的幻象。想要轰轰烈烈改造世界的梦想已然黯淡，一个新纪元正拉开帷幕。有意思的是，属于传统黑帮片的时代，也就是高仓健和鹤田的黄金时代差不多也在此时走到了尽头。这部分是因为黑帮片的套路已显得老掉牙，不再吃香。任何像黑帮片那样矫揉造作的艺术形式不可能无休止地重复下去，哪怕是在对重复活动有着高度包容心的日本也做不到。

除此之外，另一个原因是纯洁的神话已经破灭，至少目前是这样。与时空息息相关的象征物已变得多余。这倒不是说黑帮英雄日薄西山了，而是他彻底变了样。甚至连昔日的演员都换了一批。新黑帮和越来越暴戾的学生激进派充分印证了一点：一旦日本英雄挣脱平素束缚其行为的规矩和礼仪，将会发生何种后果。他们会成为虚无主义者。

库尔特·辛格认为，每个日本人都被教育成"某个团体的一员，要为该团体奉献自己的生命和思想，以求获得真正的自我"。他还认为："不论在哪里，这一进程一旦受阻，必将酝酿无政府思想。因为同样的法则告诉我们，有理性自由是教育的一大宗旨，欧洲人曾试图用无理性崇拜取而代之，最终却收获了虚无主义这一结果。"[17]

传统黑帮片的正式称法是"仁侠电影"（仁侠映画），而新型黑帮片则叫作"纪实电影"（実録映画）。醒醒的现实主义取代了神话。鹤田浩二可不想跟这种新潮流有任何瓜葛。他的评价是这些算不上真正的黑帮片，这一评价很符合他的风范。

新型黑帮片中最成功的一个系列是《无仁义之战》（'仁義なき

戦い', 1973）*，该剧颇具典型意义。新主人公不再是为到底履行义
务还是彰显人性而痛苦的义士，而是如同菅原文太这样的粗汉。他
们像芝加哥的流氓那样，在歌舞伎舞台上拖着懒洋洋的步子，戴着
墨镜和黑手套，身穿丝质西服，肩上披着白雨衣，就跟披的是斗篷
一样，领口竖起，总是气鼓鼓的，板着副脸。

　　神话和象征破灭了。包括英雄在内，这个世上的所有人都开始
偷奸耍滑。鹤田为之鞠躬尽瘁的旧仪式几乎已被人忘却。《无仁义
之战》中有一幕搞笑的场景，菅原文太扮演的主角试图斩下自己的
手指。这是黑帮为了挽回丢失的颜面而举行的一种传统仪式：犯事
者会将斩下的一截断指用白纸小心包好，送给被他伤害的一方。但
由于文太是个不讲仁义的黑道分子，不知道该如何正确举行这个痛
苦的仪式。他最终用菜刀砍下自己的小指，却在后续的打斗中将其
弄丢了。接着，身穿西装、满脸愁容的帮派成员全体趴在地上，帮
文太找起断指来。

　　无法想象这一场景会出现在十年前†拍摄的严肃黑帮片中。要不
是因为之后出现了用滚烫的铁钎戳人眼睛、用剪刀将人开膛破肚和
用刀砍人脊背的镜头的话，我们还会以为众人伏地找断指这一幕是
在逗人发笑。文太和同他一样的喽啰就像是在笼子里关了太久、无
比狂躁的困兽。他们从不说话，只会哼哼。这让人感到一种濒于狂
性大发的抑郁病态。《安藤组外传》这部影片记录了嗜血狂徒安藤
昇的冒险行为。不苟言笑的安藤在从影之前还真就是混黑道的。该
片有一段拍得煞是精彩，我们看见文太孤零零地坐在绚烂霓虹灯光
映照的酒吧里，咕嘟咕嘟一口气喝下半瓶威士忌，然后将酒瓶在桌
上摔个粉碎，抄起一块锯齿状的玻璃碴，在自己脸上划出一道长长

190

---

*　导演深作欣二之后又拍了同系列的四部作品及名为《新无仁义之战》的三部续作。
　　——编注
†　本书写于 1983 年，《无仁义之战》电影于书完成十年前的 1973 年拍摄。——编注

的血印子。

这种暴力倾向在极度压抑的人的内心逐渐滋长，并毫无羁绊地突然发作，就像战场上杀红了眼的士兵。尽管这些影片里看似疯狂的行为背后并无多少隐含目的，但是其表现凶狂的手法中却透着某种诡异的美。在《无仁义之战》中，一桩发生在玩具店里的凶杀案特别令人难忘，受害者的鲜血同叮当作响的玩具和节日装饰的艳俗色彩巧妙地融为一体。暴毙身亡和浮华的庸俗艺术之间的反差将此情此景变为了一幕滑稽戏。这种反差，在类似的日本审美意识中是一个重要元素。

让人吃惊的是，暴力行为毫无来由。日本影视喜剧中很少或者191从来不会尝试有条理地将笑料串联起来（过去也叫"无厘头电影"，日语里对应的词是"ナンセンスもの"）。与之相似的是，这些电影里的暴力场面背后并无逻辑可循。暴力行为基本上是被随随便便拼接在一起，就像老掉牙的笑话，或是色情片里的性爱镜头。

但这恰恰是重点：令文太这类主人公沉湎其中的骇人暴行背后并没有合情合理的施暴理由，因为他是个虚无主义者。还不清的人情债和束缚凡人的忠诚对他而言压根不存在。真正的虚无主义者在日本紧密的社会网络里只会横冲直撞。他之所以英勇，是因为坏得彻底。

在日本的英雄传统中，虚无主义占据的地位同一心求死的家臣以及崇高的替罪羊可谓平分秋色。它极有可能受到了禅宗这一最虚无的信条的影响。虚无主义是战胜自我和随心所欲的结果。没有自我的意识是不讲感情，不懂怜悯的。真正的禅宗英雄可以轻易蜕变为一台没有思想的杀戮机器。纯粹的自发性会将其引向一种扭曲的佛陀形象。

虚无主义者可为他人不可为之事；他是压制个性的社会里的超级个人主义者。无疑，在许多工薪族——在这之前则是江户时代的市井小民——的内心深处，都有着成为舞着剑的杀手或者挎着枪的文太的愿望。这就好比在西方，崇尚阳刚之气的传统会鼓动人们认同约翰·韦恩或者查尔斯·布朗森（Charles Bronson）<sup>*</sup>一样。

　　然而，在西方，英雄终究得要站在正义的一边，甚至连反派人物也并不像看起来的那样坏。撇开其粗犷的外表不谈，扮演"逃犯贝贝"这一卡斯巴地区地头蛇的让·迦本（Jean Gabin）<sup>†</sup>其实是个十足的老好人。《一世之雄》（*Angels with Dirty Faces*，1938）里，詹姆斯·卡格尼在电椅前面露怯意，好让街坊邻居的孩子不要记住他。若换成是日本恶人，这种做法则难以想象。日本的恶主人公可以遍寻全身却找不出一丁点的好来；他们表里如一。

　　天照大神的弟弟须佐之男打破了一切禁忌，是个实实在在的虚无主义者。他性情暴戾，怀有病态的反社会思想，而且同不少虚无主义英雄相似的是，他最终落到了被贬为贱民、四处漂泊的田地，好在晚年时洗刷了过去的污名。尽管如此，他却是位人见人爱的神祇。恶作为人性的一部分为人所接受，因此须佐之男是个高度人格化的神。正因如此，我们感到，日本人评价神时更多是从审美角度出发，而非视其道德水平。不管坏蛋的行为多么凶残，只要做事有自己的风格，只要他"格好いい"——也就是帅气，就配做英雄。

　　从某种意义上讲，虚无主义者很像武士豪杰，尽管二者有所区别。后者是在人世间锄强扶弱的神仙，而虚无主义者更像是胡乱发作的复仇天使。某些最负盛名的虚无主义者自己就是武士，其中的大多数，不管是在戏说还是在正史里，都生活在幕末这一最虚无的时代，也就是动荡纷乱的江户末期。

　　19世纪中叶是个战火连天、谍影重重、白色恐怖、激进狂热和

192

---

<sup>*</sup>　查尔斯·布朗森（1921—2003），美国著名动作片演员，作品有《夜长梦多》。

<sup>†</sup>　让·迦本（1904—1976），法国著名演员。他在影片《逃犯贝贝》（*Pépé le Moko*，1941）中饰演主角，一个遭到警察追捕的盗贼，为避风头，流窜到了阿尔及尔。

阴谋不断的时代。外国列强逼迫日本打开门户。军政府在内忧外患中倒台了，阶级藩篱土崩瓦解。多半来自南方、反对幕府统治的武士开始争夺权力。

这种混乱对广大民众并无多大意义，因为他们连谁跟谁斗都搞不清——往往连争斗各方自己也不甚了了，因为忠诚反复无常，刀光剑影之下，盟友说倒戈就倒戈。

幕末时期某位最具典型性的虚无主义英雄是一则故事的主人公。这则故事屡次被翻拍成电影，名为《大菩萨岭》（'大菩薩峠'）*。机竜之助是个云游四方的剑客，他活着的唯一目的就是用精心保养的武器干净利落地杀人。他不支持任何人或任何事；而且对要杀谁也不挑挑拣拣，能练习杀人技巧就行。

公平对他而言如同空气。不少成为他刀下鬼的人都是些上了年纪的香客，毫无招架之力。但滥杀无辜不会令其英雄形象失色；不过是增强了虚无主义色彩。重要的是他有自己的风格。根据这则故事改编的电影中最有趣的版本摄于 1957 年，导演是擅长血腥暴力的内田吐梦，说是血腥暴力，但内田却能将这一主题表现得无比华丽。就这样，走四方的杀手的无来由暴力行径，成就了一部精彩的庸俗剧情片：人头落地，身体被一劈为二，银幕上一片血红。主人公是邪恶的化身，因为一丝狞笑嘴角上扬，他咆哮道："看我的剑快不快！"边说还边带着爱意抚了抚刀刃。但他同时也是一位艺术家，因而受人爱戴。

在这些影片中，暴力是程式化手法和详尽的写实主义相结合的产物，与之相似的是江户末期的歌舞伎。当受害者被人扑倒在地时，还能听到他的骨头咯咯作响——实际上，这一例子出自某部儿童电

193

---

* 此为中里介山（1885—1944）撰写的长篇小说，于 1913 年至 1941 年间在报纸上连载，为四十一卷的未完成作品。——编注

影；甚至还能听见刀捅入腹的吱吱声；此外还有眼球被挖出眼眶，以及人脸被烈焰吞噬的镜头。

之所以滥施暴力，完全是出于艺术考虑。流血被奉为一种美学，这在西方是难以想象的。说到这儿不禁让人想起萨姆·佩金帕（Sam Peckinpah）*的电影，但是他纯属异类，因而谈不上有多大的争议性。我并非在暗示暴力美学唯独日本才有，但是在西方，暴力如同性一样，都是需要打着幌子的，不管如何虚妄。（不然的话，暴力就会沦为纯粹的幻想，就好比童话故事或恐怖小说，归根到底，更多依赖于震撼效果，而不是对真实暴力的生动刻画。）尽管佩金帕被指责不道德，但就连他都不能光以美学理由来为其电影中的残忍画面正名。在他硬汉子的外表下，其实埋藏着一颗美国清教徒的心，他之所以表现人类凶残的本领，目的是为了鞭挞暴力。说他虚伪，是因为他（以及他的观众）很明显在公开抨击暴力的同时，却还对杀戮之事乐在其中。但这种伪善其实是我们的一笔重要的文化遗产。

醉心于杀戮之事的日本美学家并不觉得有必要为自己辩白。他们的审美观同道德无涉，因为他们认同王尔德的看法，即美本身就是不道德的，正如英雄和神明本身就是不道德的一样。另外，他们作品中毫无来由的残忍再次凸显了命运无情之殇。这并不是说日本观众性情残忍，或者是施虐狂。他们或许只是比别的地方的人更能容忍极端暴力而已：电视上暴虐至极的儿童节目似乎印证了这点。其中原因在于，在日本，并不存在与暴力相对立的绝对道德原则。不同于萨德侯爵（Marquis de Sade）†，日本的虚无主义者并没有要与之对抗的基督教道德观。

---

\* 萨姆·佩金帕（1925—1985），美国著名导演，作品多为血腥暴力的动作片。

† 萨德侯爵，法国作家，尤其喜欢描写色情、暴力和施虐等题材，由此诞生了"萨德主义"这个词，专用来形容嗜好暴力和血腥的倾向。

在日本人看来，暴力和性很像：算不上是什么大罪过，却要受社会制约。摆脱这些约束的唯一办法就是玩乐；打压得越狠，游戏的内容便越荒诞不经。在暴力中寻找消遣和去妓院嫖妓或参加宗教节庆一样，都是一种发泄的渠道。典型的幕末艺术家如绘金者，曾创作被用来装点寺庙并在节日期间供人观摩的阴森森的浮世绘，这绝非偶然。他热衷的题材是歌舞伎里最残忍和血腥的戏码，比方说美少年白井权八将对手砍得血肉横飞，或者高尚的家臣松夫眼睁睁地看着自己的孩子被人杀害。绘金的画作发挥的功能可以参考内田吐梦的电影和与他同时代的歌舞伎作品，它们为世人在一个有序且安全的社会里释放遭到压抑的攻击欲提供了一个出口。

194

日本人通过戏剧获得消遣的观念十分接近于阿尔托（Artaud）* 有关残忍戏剧的理论："观众可以把戏看成是一场梦；而非现实的翻版……他们听凭自己在奇妙的、自由自在的梦境中神游。这份自由在经过恐惧和残忍的渲染后，为观众所认可。"[18]

只要在审美上令人开心就好。歌舞伎演员坂东三津五郎曾经说过："歌舞伎是将残忍描绘为美的一门艺术，可以令残忍显得不那么残忍。"[19] 换言之，美能够净化残忍，想必同时也能净化我们。

这一切当中有几分滑稽的意味。在影院或剧院里看到人们因为某人遭到残酷折磨而咯咯大笑，起初会让人略感不适。毋庸置疑，这部分是一种打破紧张气氛的自然反应，同时也是日本人口中常说的"节庆、祭典精神"（祭の精神）。诚然，描绘虚无主义英雄、情节暴力至极的影片在宣传时所打的广告常常是"血祭"（血の祭），而其情节当真是血淋淋的。通常，这类"血祭"都是闹剧。这一传统可追溯至 19 世纪歌舞伎里的荒诞戏法，本质上是某种形式的滑稽戏，戏中人的假腿会折断，血红色的人头会以骇人的方式滚落到

---

* 安托南·阿尔托（Antonin Artaud），法国戏剧理论家、演员、诗人。

舞台上。这种残忍实在是太过毛骨悚然，太程式化，太极端了，因而不像是真的。与之相似的是传统色情作品——旧时称法是"喜剧艺术"——中的性爱元素。人们自然会哄堂大笑，借此驱走真实暴力的威胁。

在谈到铃木清顺这位电影界著名的暴力美学家时，佐藤忠男使用了"无常"这一佛教术语[20]，来形容这类残忍的剧作。铃木的电影有意识地在向歌舞伎靠近，故意将滑稽和暴力糅合在一起。在《东京流浪者》（'東京流れ者'，1966）这部经典作品中，出演虚无主义主人公的是一位风靡一时的青春偶像，身上一袭整洁无瑕的白西装。最终的屠杀发生在一家俗气的夜总会，里面粉刷成明晃晃的亮白色，这同飞溅的血迹构成了美妙的反差。每多杀一个人——这个片段有内田吐梦的影子——闪光灯就由白变黄，再转为紫色，最后是恐怖片里的那种猩红色。

铃木本人将他的虚无主义思想归因于战争期间的经历。据他回忆，他和朋友被送去为天皇捐躯，那时生命不仅如草芥，而且荒唐透顶。一切都没有意义，死亡的景象时而还逗人发笑："他们击沉你的舰船后，就得等其他船前来搭救。我永远也忘不了人们沿着绳索往上爬的景象，他们的身子左右晃动，还不停地磕到脑袋。等到爬上甲板时，已经是青一块紫一块了……有些人铁定没命了，只好海葬。两个水兵会抬着尸体的头和脚，随着哒哒哒的号声响起，尸体被扔进大海：哒哒哒，又一具，哒哒哒，再来一具……"（说到这儿铃木笑了起来。）[21]

这或许是铃木某部电影里的一个片段。他会成为虚无主义者实属必然，因为对于他而言，幽默和审美意识是应对生命无情逝去的唯一办法。只有放声大笑，才能减轻人生无常的悲剧色彩。也只有美，才能净化横死的污秽。

第十一章
# 取笑父亲

　　每个纯正的日本英雄都爱他的母亲，这一点似乎是不言而喻的。那么他的父亲呢？是否也一样受人爱戴，或者至少受人尊敬？鉴于日本人有很强的家庭观念，我们自然会这么认为。然而，流行文化中的许多方面却似乎暗示现实恰恰相反。

　　大约十年前曾有一套名为《无能老爸》（'ダメおやじ'）的漫画问世。书是写给孩子看的，但正如日本常见的情况，其在成人中间也很流行。这套漫画的内容十分特别，因为正如标题所暗示的那样，"老爸"永远都是野蛮欺凌的受害者。"老爸"是个可怜的小个子，戴着眼镜，满口龅牙，有点近似二战美国宣传片里"日本鬼子"的形象，又矮又丑，就跟条长不大的鱼一样。

　　"老爸"白天在梦魇般的办公室里点头哈腰，打躬作揖，回到家里还要受自己老婆的百般虐待。她是个为人泼辣、大呼小叫的悍妇，绰号"鬼婆婆"。他的儿子是个光头"皮大王"，女儿是个抱怨不休的虐待狂。两个小鬼头都开心地帮着妈妈滥施淫威。在典型的一集里，"老爸"像条狗似的被用锁链拴在一根桩子上。他一开口，脑袋就挨了妻子一脚。她训斥道："你要什么就汪汪叫！""好的。"他蜷缩在角落里应了一句。这句话又招来了儿子的一记飞踹，边踹还边幸灾乐祸地尖叫。

接着"老爸"被勒令去买东西，嘴里叼着个篮子，四肢着地，边跑还边"汪汪"地吠叫。当地杂货店主喂了他一把花生，然后给他粘上一对耳朵和一条细尾巴，命令他做猪。无能老爸于是哼哼着回了家。狗变猪了，见此情形，"鬼婆婆"对他又是迎面一脚。"你要是这么想做猪，那我们就用炉子把你烤了。"这一集的最后一幅画里，我们看见"老爸"浑身布满了可怕的烧伤和血淋淋的伤口，蜷曲在自己老婆的大脚下。她站在他身上，仿佛狩猎成功的猎人，身旁的儿子绕着他手舞足蹈，跟个疯狂的食人族一样。197

就这样，"无能老爸"的悲惨故事一再上演，没完没了地遭受凌虐。他被扔进一个爬满了蓟的陷阱，在火葬场里被活活烤熟；生病时被冻在冰冷的浴缸里。有一集里，老婆为了撒气，把他生活中唯一的快乐来源，一只宠物鸟，做成了他的晚餐。我重申一遍，这是给孩子看的漫画。

在一个常常被称作半封建（这么说既对也不对）的国度，人们有着森严的等级观念，再加上深厚的军事传统，按理说应尊敬家长才是。因此，出现上述现象或许会让人心生疑惑。但即便只是对流行文化浮光掠影的一瞥也能揭示出，这部漫画虽说有些极端，但绝对算不上异乎寻常。父亲往往是供人消遣的对象，而随着"德谟克拉西"的新观念进一步撼动其本已摇摇欲坠的地位，这一点变得更加明显。

父亲要不是荒唐可笑的话，便是一副惨兮兮的模样；是个孤零零坐在角落里、借酒浇愁的老头儿。他几乎断无可能是什么英雄。要真有家庭英雄的话，也还是神圣的母亲。举例而言，在美国西部片里，说一不二的父亲是家庭的顶梁柱，可在日本的文娱作品里，几乎全然不见其身影。

　　尽管认为每个日本父亲都是可笑的窝囊废或孤独的酒鬼的想法肯定是不对的，但虚构故事并非与现实全然脱节。许多男人终生都要受到母亲的摆布。母亲的权力越大，儿媳妇吃的苦就越多。这是现代电视剧和歌舞伎的一大主题，上百万富有同情心的家庭主妇都是这些节目的忠实观众。

　　鉴于婆婆对儿子倾注了深厚的感情，她常常有理由嫉妒取代她位置的儿媳。丈夫对母亲的依赖是后者权力的来源。

　　外人对此并不能一眼就看明白。外国人在瞧见温良的日本家庭主妇被丈夫大声地呼来唤去，而后者却什么事都做不了，或者不愿意动手做时，多半会下结论说，在日本，发号施令的是男人。他们举例说，像从封建时代走过来的老夫妻，妻子总是隔着几步跟在丈夫身后，而且拿行李的往往也是她。而当丈夫的却还催促她快点走。

198

　　我还记得，一群外国人参加晚宴时，日本男主人不小心打碎了一个盛满食物的盘子，他动也不动，吩咐妻子起身收拾干净，一刻也不许耽误。这一幕把赴宴的外国人看得目瞪口呆。

　　由于当事人演技高超，这出戏毫无疑问蒙骗了一般的外人。许多情况下，太太温良贤淑的外表不过是一个大权在握的严母在公开场合所戴的面具罢了，而丈夫粗鲁咆哮的背后，其实掩藏着一个紧抓男性特权不放的可怜男人。奴隶和军士长只是公开身份，与个人的真正实力其实并无多大关系。妻子在公开场合表现得对丈夫毕恭毕敬，是因为这是她的本分，但令她恭敬的是丈夫的身份，而不是他这个人。至于他们私底下关系如何则另当别论了。

　　这让人联想起一部名叫《硬派银次郎》的漫画。故事里，坚忍的年轻主人公虽经历反复斗争和反抗，终究还是坠入了一个女子的温柔乡（哦，话说这可是硬派的大忌）。为了显示自己男性气概犹存，他令她隔开几步跟在自己身后，以示恭敬。"好的，先生！"她大声应着，随后狡黠地朝观众使了个眼色，说道，"他难道不是这世上最可爱的小东西么？"

每个日本人都对真实意图和公开姿态之间的差距了然于胸。这既是文明生活的一个公认特征，也是日本人开玩笑时的一大笑料。这类笑话和世界各地的幽默一样，都植根于社会矫饰和现实之间的鸿沟。而若当父亲的自己就是个孩子的话，这道鸿沟就再深不过了。

这方面的例子有很多。一则典型的电视广告，比方说熟奶酪的广告吧，会以一位一言不发、板着脸的父亲作为开头：他是心存不满的军士长。拿着奶酪的母亲这时现身。"这是啥玩意？"父亲嘟囔了一句，五官因为厌恶挤在了一起。母亲说："试试看！"父亲极为勉强地尝了尝，效果出乎意料：突然间，闷闷不乐的爸爸变得跟疯小孩一样，跟孩子们一起尖叫起来，似乎奶酪里含有某种可引起青春期妄想症的药物。我们继而看到母亲的一个特写镜头，她又一次成功了，对着镜头忘情地笑，感叹孩子和孩子他爸都那么可爱。

世界各地的男人在一定程度上都要受公开身份的约束，并且认为有必要视情况决定是去胜任还是辜负这些身份。因为公开身份在日本富有戏剧性，以至于公与私之间的差距似乎分外鲜明。公开身份越高，矫揉造作也就越滑稽。这就是日本人擅长社会讽刺的原因。除了全世界共有的秽物文学（scatology）外，社会讽刺即便不是日本人唯一的喜剧传统，也是最主要的一项。

日本喜剧之所以兴盛，靠的是戳穿自命不凡者的西洋镜，还人以本来面目。江户时期小说中的著名喜剧人物是一些自以为是的学究、腐败而浮夸的官员、傲慢的武士和富有的傻瓜。让他们出洋相的是凡人皆有的弱点。当时一首典型但并不风雅的小诗这样写道："想解手却不知所措，穿铠甲的武士如是说。"[1] 一个庄重的武士为了如此简单的生理需求，不得不卸去一身社会虚饰，这在江户小市民眼里想必一定好笑极了。的确，盛气凌人的武士和傻瓜般的主公殿下时至今日依旧是夜间电视上播放的日式轻喜剧里的主要角色。

自大的父亲回到家后试图维护其在外的形象，这很明显符合上述传统。不少喜剧讲的都是如何让父亲威风扫地。所谓的《社长》系列便是很好的一例。这部剧摄于 1960 年代，但依旧在电视上和脏兮兮的地方电影院里反复重播。根据这类剧的惯例，《社长》系列每一集的剧情都差不多。一向由森繁久弥扮演的社长自始至终都是以傻子的形象示人。但他再怎么说也是个社长，必须以礼相待：比如让谄媚的下属为他揉肩，命令人们做这做那，以及在公开场合发表冗长而啰唆的演讲。当然了，笑点存在于其公开形象和私下面目之间的天壤之别。他差遣起员工来像个将军，可到了女儿面前就任其摆布，任她们无情地嘲弄他，敲他的竹杠，给她们买昂贵的礼物。她们想要什么，他一概满足。社长不同意秘书娶他心爱的姑娘，自己却有着好几个情妇。而情妇更像是忠诚的母亲，在她们面前，他成了个任性的淘气包，让她们替他剪脚趾甲、掏耳朵。

尽管他对人颐指气使，但在剧终时总会显示出自己的善良本质，而这只会徒增笑料。一部影片里，他差点逼死了一个女人，原因是不允许她嫁给自己的某位属下。女人恢复了健康，但社长却受人诓骗，以为她并未康复。对此他深感内疚，并做出了退让。他穿着和服、拄着拐杖，站在医院的病房里，看上去愚蠢透顶。这出精心设计的骗局让他不自觉地显露出了骨子里的正直。

换在过去，父亲的角色或许比如今更受重视。父亲是儿子效仿的楷模，是个疏远的权威形象，常常和实际行使这一权威的人相去甚远。对于许多孩子而言，他可能只是一个模糊的形象，因为家庭教育几乎完全是由女人一手把持的。套用一位美国社会科学家的话来讲，在男孩子眼里，"母亲象征着一生的付出和牺牲，而父亲只是个难以触及的权威偶像"。[2]

在传统社会中，人们扮演的角色多少是命中注定的。木匠的儿子一般也是木匠，演员的儿子也是演员，武士和神官的后代亦复如是。在这样的情况下，"成为像父亲一样的人"是有意义的。很明显，父亲的社会地位越高——但不得突破其阶层——这句话就越有道理，特别是当他是一大家子人的首领时，更是如此。

然而，要是说父亲在武士阶层中享有最大权威的话，恐怕此言不虚。即便是在传统日本，父亲在贫寒人家里的权威也断不是绝对的，因为母亲同样要撑起家庭，有时甚至担负了更重的养家责任。

1868 年明治维新之后，父亲的公开角色得到了强化。这部分是日本社会"武士化"[3] 的结果：武士的价值观渗透进了各个阶层。根据明治政府于 1898 年颁布的民法典，父亲可以全权处置家庭财产，有权决定家庭成员的住址，还可以赞成或反对子女结婚或离婚。[4]

这一现象同天皇的处境存在一层有趣的相似性。天皇几个世纪以来首次走出了他虚位君主的幽室。在那之前，历代日本天皇基本就是模糊的画像，远离公众视线，虽说神圣，但没有一点实权。突然间，他粉墨登场：骑在马背上，一身戎装，留着短硬的军人式八字胡，方寸之间尽是明治严父的风范。他究竟有多大实权有待商榷，不过，在家听父亲的，在外听全体日本人之父天皇的——这份遵从归根结底是一回事；后者是前者顺理成章的延伸。

与之相悖的是，与此同时，社会变革正一点点地削弱父亲对家庭的实际控制权。在一个快速工业化的社会里，子承父业不再是一种常态。一个人的前途越来越取决于考试，而非世袭继承。随着儿子们不断走出乡村，去大城市学习，旧有的阶级体制开始崩塌。父亲不再是必须要仰视的典范，有时只会令人不快地暴露儿子的乡下出身。另外，他还指望成为城里人的儿子能在自己步入晚年时照顾他。

　　随着工业化的推进，工薪族的时代来临了。关于其在当下日本社会中的角色已有大量论述，这里仅需说明，当代日本企业从传统社会里继承了许多等级划分，譬如乡下和城里、武士和商贩；同时又进一步将家庭和工作地分割开来。

　　这样一种区分是全世界工业社会的一个重要缩影，但它对日本的影响略有不同，因为各国家庭制度本就不同。在西方和中国，家庭的立足点是血缘关系。只要能证明亲缘关系，一个身在旧金山的华人会自觉有义务热情款待来自曼谷的某人。欧洲人一般做不到这样。不过，有亲戚关系意味着同属一脉。当然也存在收养行为，但这更多是例外，而非常态。

　　在日本人的传统家庭观念中，区别亲属和非亲属的界限并不十分明晰。日本的家庭除了基于血缘外，部分还基于地点，尤其是工作地。值得一提的是，"亲"（家长）和"子"（子女）最初的意思是指一个工作单位的领导和成员。我们已经看到，黑帮是如何参照家庭模式来组织的，有着自己的父亲式人物（即"亲分"）和"子女"（即"子分"）。[5] 为了巩固彼此的关系，黑帮分子还会举行歃血为盟的仪式。他们作为家庭一分子的归属感，类似于黑手党，但不同于黑手党的是，日本黑帮并不以亲缘关系为基础。

　　根据传统，生活在同一屋檐下的儿媳会被认为比嫁出去的亲生女儿更亲。如今，入赘女婿被过继给妻子家，以延续其家门香火的做法依旧屡见不鲜。有时，在旧制度下，长期员工也会被视为家庭的一员。实际上，这种痕迹在现代日本公司内部可谓俯拾皆是，且管理层对此一贯强调：比如说在山叶家族*和丰田家族。至于普通职员心里到底怎么想的则有待商议，但至少理想状态就是这样。

　　在传统社会——这一社会在匠人间延续其存在——父亲扮演

202

---

*　山叶，即雅马哈（Yamaha）公司创始人山叶寅楠的姓氏。

着一种双重角色:做木工的能工巧匠,是谓"親方",不管在员工眼里,还是在自己孩子眼里,都是父亲般的人物。缘于此,他无论在过去还是在现在都备受尊重。若他还是肩负重要责任的大家族首领的话,那更是万众景仰。现代文娱作品中描绘的供人取笑的父亲形象当中,很少会出现可笑的木匠或建筑工,这一点无疑很能说明问题。拙劣的父亲几乎无一例外都是工薪族。的确有一些惨兮兮且醉醺醺的手艺人在现代世界活不下去,但他们更应博得同情,而不是为人耻笑。

仅仅立足于亲缘关系,也就是对应日语里"家族"的核心家庭是从西方舶来的现代观念(1868 年后)。[6] 现如今的工薪族父亲不再被唤作"亲"或"父亲",而是"爸爸"(papa)。这个英语外来词很难表现出昔日的那种敬意。传统和现代风尚的交融,令工薪族爸爸在两个家庭之间左右为难:一边是公司,是他和别人共事的地方;一边是"家族",也就是妻子儿女。广告商将核心家庭当作一种理想大力推崇,试图借着"我的房"、"我的车"和"我的家"等时髦口号来提振消费热情。英语词"my"(我的)深受广告商和消费者的青睐,因为不知何故,日语里的对应词显得占有欲太强、太自私、太强调个体高过集体。

尽管如此,普通工薪族还是将大部分时间用来陪伴公司这个大家庭。这也许更多是出于同事的压力,而非个人选择,尽管这点还不能肯定——因为我们看到,星期日的下午,许多爸爸穿着便装,拖拖拉拉跟在家人身后,脸上写满了厌倦,说明他们并不乐在其中。然而压力很大——有时甚至来自自己的妻子。人们常拿一些例子来说事,比如某位不肯随大流的丈夫下班后径直回家,而不是选择合群,与同事们外出小酌。他的太太很快予以制止,因为她说邻居们在嚼舌头。"你注意到没有,他每天都早回家……也许他在单位表现不好……这人肯定有问题……"毫无疑问,"'我的家'的爸爸"只有被取笑而不是被高看的份儿。

漫画和电影中描绘的典型工薪族软弱、不负责任，且只对性事（往往不成功）和钱财感兴趣。这一角色的典范是喜剧演员植木等，他是所谓《不负责任》系列（'無責任'）的主人公。作为工薪族，他得不到尊重，却还装得满不在乎。他追求的只是及时行乐。这部剧摄于 1960 年代早期，那时正值经济奇迹升温之际。主题歌这样唱道：

> 苏伊苏伊苏达拉拉
> 社长和课长爱和姑娘玩闹
> 羞耻只是一时，但金钱相伴一生
> 谁愿意较真，我从来不知责任是啥

漫画里的工薪族无一例外都是可怜虫。要不是在拍上司的马屁，就是在偷窥秘书的裙底。对诸如佐藤三平和庄司祯雄*这类漫画家最痴迷的一批读者正是工薪族。

失去了责任也就失去了他人尊重的父亲不再是榜样。这是贯穿黑泽明电影的主旨之一，他敏锐地觉察到武士价值观在现代社会已经沦陷。

有人指出，在黑泽明的电影里，长者和后生之间的关系均是父子关系的变体。[7] 我认为言之有理。说到这，不由让人联想起《野良犬》里经验丰富的警官和警界新人、《泥醉天使》里的医生和黑帮分子以及《姿三四郎》中的柔道师父和小伙子。在黑泽明看来，精神指导是传授技艺的一部分；实际上，真正的启蒙只有通过劳动才能实现。他理想中的父亲式人物均是精神导师。传统的父亲还能胜任这一角色，现代的父亲已难望其项背。黑泽明的电影里，仅有

---

* 庄司祯雄是日本著名漫画家东海林的本名，1937 年生于东京，早稻田大学俄文系肄业。

两部中的父亲无专门技艺可供传授，不过是个现代爸爸，儿子们都不听他的话。在《生之欲》中，身患癌症的低级官员将不久于人世，可爱子却对其不管不顾；《活人的记录》（'生きものの記録'，1955）里的父亲对于核战争的危险惶惶不可终日，被人当成是疯子。

现代爸爸——尤其是工薪族——不但没什么可以教给儿子的（即使有，儿子也不睬他），而且公开和私下地位之间的差距令他难以施展权威。日本电影史上最滑稽同时也最感伤的某部喜剧是小津安二郎执导的《我出生了，但》（'生きてはみたけれど'）。该片虽摄于1932年，但至今仍不显过时。东京市郊一个典型的工薪族聚居区里，一群小孩在争论谁的父亲"最牛"。启二和良一两兄弟一口咬定他们的爸爸比小个子的太郎的爸爸更有权势，但后者其实是两兄弟父亲的老板。最终，他们赢了，因为他们比太郎更高更壮。

一日，他俩受邀去太郎家参加派对。太郎的爸爸骄傲地为众人放映他最新拍摄的家庭录像，这在当时可是象征身份的标志。令所有宾客捧腹的是，启二和良一的父亲突然出现在屏幕上，蹦啊跳啊，又扮小丑，又做鬼脸，靠装傻来取悦老板。哥俩儿极为震惊。这个他们被教育要尊敬同时又是左邻右舍"最牛"父亲的男人，一下子堕落为这么个可怜虫和马屁精，为了一顿晚饭甘愿像个傻子那样手舞足蹈。205

他们的父亲为什么没有太郎他爸那么牛？要是弄到最后还得对一个操场上可以轻易打趴下的小子点头哈腰，那读书还有何用？父亲努力解释说，他得负责家里的开销，一大家子人总得吃饭吧，他能怎么办？世道就是这样。

两个孩子接着开始绝食。宁可不吃饭，也不肯低头。黔驴技穷的爸爸悲切地向妻子倒苦水，说希望儿子今后不要成为"跟我一样不堪的工薪族"。这部影片里，父亲丢脸并不是因为他做错了什么，举例而言，他不同于德·西卡（De Sica）*的电影《偷自行车的人》（*Ladri di biciclette*，1948）里不得不靠行窃为生的父亲。相反，他因为做了某件在当时看来正确的事而遭人讥笑。他的行为完全符合社会期待。要想在工薪族的世界里生存下去，就必须对老板言听计从，尤其是在等级关系远比个人才能更重要的日本。他同偷车贼一样都是社会的牺牲品，都被夺去了尊严。二者的区别在于，偷车贼之子从未对父亲不敬，而且德·西卡很显然认为错的是社会，因而必须改造社会。小津却不会从是非对错的角度思考问题。对于他和许多同胞而言，日本社会就是人性的体现：可悲么？是的。可笑？也许吧，可终究又能怎样呢？……

当然，也有些夸张的父亲努力想要像明治时代的严父那样树立他们的权威，但这种努力无一例外遭到家人的嫌恶。太太经常会护着孩子，一同跟他过不去。反映在战后日本电影中，最著名的一例当属由木下惠介执导、摄于 1949 年的《破鼓》（'破れ太鼓'）。父亲津田军平是个白手起家的建筑公司老板，战后的暴发户多半发迹自这一行。身为严父的他要求家里人绝对服从：他逼女儿与生意靠山之子成婚；不允许大儿子另起炉灶自己创业，也不准小儿子成为音乐家。

木下巧妙地表现出，一旦父亲登场，以完美母亲为中心的家庭气氛何以立刻被愁云惨雾所笼罩。但是时代变了，如今讲民主了，于是长子决心忤逆父亲，离家出走。这之后，他的母亲（她离开了儿子兴许活不下去）和家里其他人也相继出走，包括撕毁包办婚约的女儿。

结果，父亲失去了经济靠山，生意一落千丈。津田军平这个霸

---

\* 维托里奥·德·西卡（1901—1974），意大利导演、演员、编剧，是二战后意大利新写实主义复兴中重要导演。

道的军事作风信徒一下子成了孤家寡人，这个可怜的老头儿曾经对人管头管脚，如今却众叛亲离。但即便是最好大喜功、麻木不仁和专制独裁的父亲也并非一无是处。津田诚心悔过的举动很快换来了一家人的团聚。既然已经显示父亲是个可悲的失败者，那就可以上演圆满的大结局了。

《破鼓》问世之际恰逢人们对新式"德谟克拉西"热情最高涨的时候。木下借电影暗示道，作为父亲的津田的失势，是个极富现代意义的现象；即在崇尚个人主义的日本，再也没有明治时代专制之风的立足之地。家长式权威在法西斯时期一度强势复苏，但从其表象已经落幕这点来看，先前的一句话恐怕没有说错。毕竟，原来的老古板们打了败仗，由之而生的羞耻感难以抹去。

心理学家河合隼雄对现实生活中的这种情况进行过分析：

> 少年犯的父亲曾经是皇军士兵，作战英勇……起初，孩子表现良好，但进入叛逆期后，他变得难以驾驭。于是他要什么，父亲就给什么。面对敌人也毫不退缩的"强悍父亲"却拿自己的儿子束手无策。作为大团体一分子的他是个强者，但成为个体后明显是个弱者。[8]

我不相信这仅仅是战后"德谟克拉西"造成的问题。《破鼓》一片中，全家人在父亲潦倒之际重新聚拢在他身旁的那股子热忱劲儿，也许说明了他们对他的定位：一个受人保护甚至是崇拜的偶像，而不是什么专横跋扈的上司。在日本，理想的父亲式人物从来就不是独裁者，在家不是，在政府里也不是。权力掌握在一个人手里会招致反感。

如果说小津摄于战前的早期影片——比如《我出生了,但》——中的父亲都很凄惨的话，那么他后期执导作品中出现的父亲形象则

既可怜又孤独。这些孤独终老的父亲清一色由笠智众这位出色的性 　207
格演员饰演。在诸如《晚春》等影片中，笠智众都由女儿照顾，从
许多方面来看，他其实更像是一位母亲。

　　同黑帮片类似，理想中的父亲仿佛总是老态龙钟，百依百顺且
身居幽阁。简言之，理想中的父亲也许死了更好。父亲在日本文娱
作品中得到的最大程度的礼遇，无非是成为家族祭坛上摆放的灵位，
或者是临终的黑帮老大。电视肥皂剧中最常见的一幕景象是儿子跪
在家里的神龛前，祈求父亲的灵魂赐他灵感，一旁常有母亲作陪。
因为父亲只有在死后才能获得足够的纯洁性，成为光辉的典范。

第十二章

# 漂泊的灵魂

大多数脍炙人口的英雄都是流浪者，是居无定所的外人，永远都在去往下一个地方。乖张的风神须佐之男的大半生就是在孤独的浪迹天涯中度过的。源义经最早是个独来独往的人，后来流亡至环境恶劣的日本北方后，才终结了这种状态。占了武士英雄大半的浪人则基本凭着性子，四处游荡。《旗本无聊汉》随意地抛出一块石头，掉在哪个方向，就朝哪个方向进发，自然是流浪英雄的典型。更不要说骑在马背上走四方的高仓健了。再比如《候鸟》系列（'渡り鳥'）的主演小林旭。他一身西部片里的行头，肩背吉他，俨然一位东方牛仔。

在日本，哪怕最受追捧的外国主人公也是流浪者。查理·卓别林扮演的流浪汉依然风靡日本，且比任何本土或国外喜剧角色更深入人心。（他的地位如此崇高，以至于日本人在战时曾一度认真考虑过暗杀他，心想这么做铁定能叫美国人放弃抵抗。）在日本，重播率最高的西部片是《原野奇侠》（*Shane*，1953）。这部片子具备了成为重磅"催泪弹"的所有元素，比如某个可爱的小男孩。不仅如此，由艾伦·拉德（Alan Ladd）<sup>*</sup>饰演的孤独浪客在令人心碎地道别后，无奈地骑着马，在落日余晖里渐行渐远。（就在几年前，高仓健在日本翻拍的《原野奇侠》里重现过艾伦·拉德的风采。）

209

这种对漂泊的喜好或许根植于戏剧传统。同多数国家一样，日本俳优最早四海为家，他们的外人身份令人嫌弃，却也因将人们的幻想演绎出来而被奉为偶像。旅行和表演都使我们离开（哪怕只是暂时的，或者仅仅是内心共鸣）自己舒适惬意但又多有限制的社会环境。说书人的段子里因此也少不了异国他乡。

许多早期的说书人和舞者周游四海，表面上是为了传播佛教信仰。时至今日，依然有卖艺的会遍走日本，于节庆期间在寺庙和神社内为人们表演。旅行和宗教自然是密不可分。

同他国一样，日本最早出现的某种旅行方式是朝圣。旅行常被用来比喻人生，且颇具宗教意味。一生中若是有一回能遍访名胜古刹，依然被认为有助于修炼灵魂。而作为曾到此一游的证据，寺庙会为人们盖章留念，并收取一定费用——在日本没有什么东西是免费的。这样，人们就能抱着满是图章的纪念册，溘然仙逝，升上天堂了。

人们希望参观时怎么也要沾点圣地的仙气，这想必是他们会给没跟着一块来的家里人带礼物和纪念品的原因：让别人也沾沾仙气嘛。如今，外国文化似乎取代了宗教的地位，前往伦敦或巴黎旅行所带来的灵魂慰藉堪比昔日的寺庙行，寺庙的手信也换成了路易威登的手袋和博柏利的风衣。

不过，我们关注的不是当代旅客，而是孤独浪子和勇敢流浪汉的命运。事实上，现代日本最著名的流浪汉乍看起来毫无英雄气概：他身形矮胖，年近中旬，穿着打扮得像个战前市场里的销售员。上

---

身一套艳俗的格子西服，束着羊毛腰带，里面是一件汗衫，脚蹬木屐，头戴破帽。他的全名叫车寅次郎，人称阿寅。阿寅无疑是日本电影史上最具亲和力的角色。他虽不讨"知识分子"影迷的喜爱，却总能博得广大普通观众的青睐。那些从来不去电影院的人也会走进影院，看一场阿寅新拍的电影。同一个故事不断翻拍，使得这一系列长盛不衰。阿寅更是凭借一己之力养活了一家电影公司。自从阿寅的首部作品《男人之苦》（'男はつらいよ'，系列又作《寅次郎的故事》）问世的 1969 年以来，拍摄的续集不下三十多部。

　　除开按照传统邀请明星临时客串外，这个系列的演员一直是原班人马，导演则是翻拍过《原野奇侠》的山田洋次。一年出两部新片，发片时间选在日本最重要的两个节日：新年和 8 月的"盂兰盆节"这一祭奠逝者的佛教节日。人们对待这两个节日无比虔诚、恭恭敬敬，阿寅每次都会以新面目出现，仿佛远古时代过节时出现的神。他是独一无二的日本民间文化偶像。

　　阿寅是地道的日本人，就好比布尔维尔（Bouvril）*是地道的法国人，扮演梅因沃林船长（Captain Mainwaring）的亚瑟·罗维（Arthur Lowe）†是地道的英国人一样。他们粗手笨脚，很难算得上是传统意义上的英雄好汉，但骨子里却都很善良，这一点既让人宽慰，却也显得失真。他们是国民小丑，拿观众眼中自己身上的典型毛病开涮。尽管没有英国人会真的像梅因沃林船长，但他身上却有着令英国人产生共鸣的一些元素。

　　法国人布尔维尔既不属于上层阶级，也不是无产阶级，而是资产阶级。这一身份具有典型性，英国人梅因沃林也是如此。然而，日本主人公却是完完全全的工人阶级。他有着金子般的内心，脾气

<hr />

*　布尔维尔（1917—1970），法国著名笑星，他为中国观众所熟知，是因为在《虎口脱险》中扮演的油漆匠奥古斯丁·布韦这一形象。

†　亚瑟·罗维（1915—1982），英国演员，其扮演的梅因沃林是个海盗。

急躁，容易多愁善感。他对生活的热情、他的狡黠、他的失败和他急智的俏皮话都让他成为日本都市中的神秘凡人。同梅因沃林一样，他也与时代格格不入。

阿寅的一切，从他的服饰、他的谈吐，到他的人生观，无一不让人想起那个消逝已久的匠人和小商贩的世界，想起大家族和关系紧密的街坊社区。在那里，警察认识做豆腐的，人们的价值观坚如磐石。阿寅所处的社会是"庶民剧"里的战前世界，这是一种描绘广大劳动阶层人民生活的感伤剧。不过故事背景还可以进一步往前推至江户时代，那是"落语"说书人的天地。这是一门让人自嘲的相声艺术。

阿寅的扮演者渥美清是落语世界中的一员。刚出道时，他从事传统轻喜剧演员这一行，出没在说书人活跃的一些场所，捧他们场的匠人阶层如今几近消失。渥美清妙到毫巅的演技，正是在这些懂行者会心的笑声中练就的。

阿寅这一角色的创作者原本想将他塑造成凶狠的黑帮分子，但是无疑这一硬汉形象随着时间的推移软化了，最终定格为和蔼的流浪汉。他四处游荡，在乡村集市兜售些小饰品。不过在每次动身前，他都会回到自己的落脚处。这是理想中的家园，同阿寅一样与时代脱节（屋里甚至连台电视机也没有，这在当代日本实在是太不寻常）：他把家安在了一爿市井气息浓厚的小饭馆里，房子周边是一排灰扑扑的木屋，紧挨着一座老庙。这是古老英国乡村在日本的翻版：牧师前来喝茶，板球场上永远阳光明媚。

阿寅家里还有他的叔叔婶婶、他的妹妹樱、妹夫和二人的幼子。这座人造天堂里仅有的另外两个角色分别是当地寺庙里一位和蔼可亲的僧人，以及好吹牛的隔壁邻居。他虽常常口无遮拦，但心地善良。这个温馨的小团体无时无刻不在挂念着阿寅，担心他下一次又会捅出什么娄子来。之所以设置这个小团体，就是为了映衬日本"普通人"生活中的所有传统美德。他们勤劳、热情、毫无邪念、心地纯洁，而且还有着日本人独有的敏锐"触角"，可以不用言语，就能体会彼此的心绪。

这里的一个关键词是"優しい"（意为温顺、驯良、和善）。日本人常用这个词来形容母亲以及整个日本民族。英国人骄傲于自己的血统，法国人为本国文化自豪，而令日本人引以为豪的则是他们的"優しい"。阿寅系列的导演常在接受采访时解释说，他的目的是表现日本人身上的"優しい"品质。而在阿寅的世界里，核心情节之一就是每个人都和善、驯良而温顺。

公平地说，甚至连唯一一个在阿寅片中出镜的外国人——他居然在日本集市上贩药，这着实令人意想不到——也是个大善人。顺便提一句，此人和阿寅一样神秘，身上浓缩着日本人对外国人的所有成见。首先他是美国人（所有外国人，至少是所有白种人，都是美国人）；他老是撞到自己的脑袋（因为外国人体型普遍高大）；他心直口快（因为所有外国人都这样）；他还长着一只长得离谱的大鼻子（因为所有外国人都有大鼻子）。尽管如此，他依旧"優しい"，美中不足的是他没有日本人那对发射情感信号的"触角"。正如阿寅自己在片中所言："不像我们日本人，他们（外国人）理解不了无言的情感。"

阿寅的家总的来讲是个自我封闭的小世界，虽然算不上冷冰冰，但是外人休想融入进来。这里没有陌生人的容身之处，因此就连饭馆似乎也总是门可罗雀。这是一片舒适的、子宫般的天地，小而温馨，而且一旦离开就再也回不来了。日本人除"優しい"外，最爱拿来形容自己的词是由英语转译而来的"湿"，以区别于外国人的"干"。这一点或许很能说明问题。"湿"与"干"指的是温暖的人情与冰冷的理性之间的反差。

阿寅那神秘的家仿佛一段儿时的回忆，可是记忆中的事物其实从来就不存在，除非（谁又知道呢？）是在温润的子宫内。许多日本人在谈及童年家园时都会异常多愁善感，并管这个家叫作"故乡"。不少祝酒歌抒发的就是对这一失落世界的惆怅感怀：

> 夕阳红，
> 心头痛，
> 热泪需湿脸颊。
> 再会，我们那湖底的村庄，
> 那是装着我们童年梦想的摇篮。[1]

这份乡愁在城市电影观众中间尤为炽热，他们中的很多人都住在距离故乡很遥远的地方。出品阿寅系列片的松竹电影公司深知这一点。据该公司宣传课课长称："广告主要面向背井离乡、独自生活的商店营业员、手工劳动者和莘莘学子。"[2]

同多数工业化国家（若不是所有国家的话）一样，日本人也在逐渐从乡村迁移至大城市。一位年轻的农民就此撰文表示：

> 出身农家的孩子走出村庄，成为对城市有用的苦工。在他们的脑海里，村庄只是一个承载乡愁记忆的地方。但乡愁记忆是否仅仅象征心灵空虚？……或者是他们尽管栖身大城市却无法成为城里人的后果？[3]

大城市造成的污秽——各种意义上的污秽——不断扩散，人们 213
对此的憎恶在日本政治中发挥过，也将继续发挥重要作用：从战前的"农本主义"，到抗议建造成田机场，莫不如此。这种情绪也是贯穿许多流行影片的主线，比方说小林旭这位东方牛仔主演的《候鸟》系列。同许多日本流浪汉一样，他是个典型的来自小地方的青年，为小地方的价值观而战。

正如影评家波多野哲朗所言：

> 只要任何类似他小地方家园的事物面临灭顶之灾，抗争就
> 开始了。他的动力主要来自对乡村价值观的留恋。招摇的卡巴
> 莱舞厅和赌场这样的人造环境散发着罪恶气息。小林旭的每部
> 影片都在一幕传统的神道教节日场景中走向结束，他也在这时
> 不见了踪影，成了典型的失去故土的浪子。[4]

阿寅家的选址很聪明。虽说在东京郊区，但也可以是任何战时
没被炸平的城镇和村庄里的某条街道，既不"城"也不"乡"——
或者更确切地说，亦"城"亦"乡"。重点在于，这一选址勾起了
上述那种乡愁。阿寅的家只可能存在于世外桃源般的梦境里。

而阿寅之所以浪迹天涯，完全是为了幻想。在具有浪漫眼光的
人看来，失去的或者遥不可及的事物永远都比眼下的平平淡淡更令
人神往。至少在想象中，家是用来向往的，而不是供人住的。对家
的乡愁最终可以归结为对母亲的怀念。

7 世纪的和歌集《万叶集》里的许多和歌都十分唯美地表达了
这种情感：

> 哦，让我再看一眼亲爱的母亲，
> 船即将起航，
> 在津国的岸边，
> 我走向前。[5]

将这首诗同高仓健主演的黑帮系列片《网走番外地》——他骑
马冲出监狱的那一集——的主题曲副歌做个对比：

214

　　　　我的身体漂泊游荡，

　　　　但透过家的朦胧灯光，

　　　　我能看见母亲，可她却消隐而去。


　　时代变了，但人们的情绪却没变。

　　阿寅的母亲已不在人世，但他还有妹妹樱，她是个理想中日本母亲般的女子。他写的所有信都是寄给樱的，笔触古朴而雅致。她是唯一懂阿寅的人，每一集里都因为忧心忡忡而愈发愁眉紧蹙。某个典型的情节是，她的丈夫可有可无，唯一的作用就是在别人笑时也趁机附和，或是在老婆发愁时也装出一副愁容。其余时候他便消失在幛子门后。

　　与家分离，特别是与母亲分离，是通往自由的唯一道路，可这也是日本人能想到的最残酷的命运。因此，孤独的流浪者能博得观众的深切同情。四海为家的主人公往往会像阿寅一样一事无成（当然也不尽然），这一点让人更易对他们产生怜悯。脆弱的游子同消极的情人一样，是无情无常之命运首当其冲的牺牲品。

　　对命运不可预测、转瞬即逝的印象是外出旅行的一大成因，当然也是佛教思想的精髓。物哀，这一日本美学思想中最重要的特征，是构成流浪者生活必不可少的要素。《万叶集》中的和歌创作于佛教成为官方信仰之际，物哀思想不仅为其提供灵感，还有助于解释阿寅何以成为万人迷。

　　原因在于他滑稽、笨拙、伤感且懒惰，但最重要的还是孤独。他开的所有玩笑都带着淡淡的忧伤，是卓别林式的那种笑话，好比是在笑着哭。而这正是制片人希望观众会有的反应。与其描述这到底是怎样一种感伤，我们不如在此举例说明，连同台词一并列出。下面这个片断选自1971年拍摄的《寅次郎恋歌》，讲的是阿寅邂逅了一位名叫贵子的年轻姑娘：

阿寅："啊，今晚的月亮可真圆……"

215

贵子："我打赌您在旅途中见到圆月时定会想家。"

阿寅："是的，我会。"

贵子："游子的生活一定很带劲……"

阿寅："没啥可抱怨的，但是也没你想的那么简单。"

贵子："咦？这怎么说？"

阿寅："嗒，给你举个例子吧：晚上，我独自在乡间小路上瞎逛，突然，我瞧见一间农舍，外面的花园很漂亮。我透过篱笆缝朝里张望，看见一家人其乐融融地聚在屋里吃饭。于是我心想：日子就该这么过。"

贵子："这我理解，您一定很孤单。"

阿寅："是啊，没错，后来我又上路了，来到当地一家酒馆喝酒，之后又住进车站对面一家便宜旅馆。我躺在一张华夫饼那么薄的床垫上，一开始睡不着，就听着夜间火车驶过时的汽笛声。早上，我被木屐的咔嗒声吵醒了，忘了自己身在何处，但接着又想起来了，并想起自己在二股的家。樱一定刚开始准备早餐喝的汤。"

贵子："这可真好……我好羡慕您，真想像您一样去旅行。"

阿寅："你真这么想？"

贵子："真的，自打我还是学生起，就一直渴望能过那样的生活……和自己真正爱的人在一起，也许他是个巡回演出的戏子，在路上漂泊……"

阿寅："此话当真？"

贵子："当真，一起流浪，身无分文，肚子空空，还淋着雨。我一点都不在乎，因为我们会很快活……啊，我现在就想要出发，将一切都抛之脑后。您呢？"

阿寅："嗯，我也一样……"（他的口气里含着一丝伤感的无奈。)

　　贵子："您是不是很快又要上路了，阿寅？"

　　阿寅：(面露难色)"嗯……是啊，是啊……"

　　贵子："真的么，什么时候？"

　　阿寅："什么时候？这么说吧，等风召唤我的时候。没准哪天我就不见了。"

　　贵子："啊，我好羡慕您，真想和您一块去啊。"

不消说，她心里根本不是这么想的。同观众一样，她不过是幻想幻想而已。我们是自己人，而阿寅是外人，就像"飞翔的荷兰人"一样，受了诅咒，被迫一生飘零。他是自由自在，没错，但为之付出的代价却是我们多数人无力承担的。姑娘对阿寅的真实想法一无所知，而我们观众心知肚明，这就进一步加深了这场戏的悲怆气息。 216

作为一名浪子、浪漫主义者和备受好评的家庭系列片里的主人公，阿寅的感情生活是一场不折不扣的灾难。一个传统套路是，每一集里他都会爱上临时客串的女明星，情节又总是雷同。摄于1982年的《寅次郎纸帆船》便是很好的一例。影片开头，我们看到阿寅返乡，参加在母校举办的同学聚会。结果大家不欢而散，因为穿着一身俗气西装的流浪汉阿寅讲着粗俗的笑话，而这遭到了老同学的公开鄙视。他们现在可都是体面人。伤了自尊的阿寅喝得酩酊大醉，头一回向我们暗示出，他这个日本的流浪汉宠儿其实处处受人排挤。

他接着前去探望一位病入膏肓的老友。同我们的流浪汉一样，此人是个潦倒的黑帮成员，央求阿寅在他死后娶他年轻的妻子。心地善良的阿寅答应了。朋友果然去世了，阿寅是第一个向寡妇伸出援手的人。她吸着鼻子，在一出基本以哭取代对话的戏里，很容易看出阿寅再度坠入了爱河。

决心信守承诺的他赶赴家中，行为举止自此开始变得奇奇怪怪的。他成天做着婚后幸福生活的白日梦，还计划要翻修一下家里的房子。生平第一回，他给自己买了件衬衫和一条领带。他找寺庙里的僧人语重心长地谈了一回。他甚至还投简历去应聘工作。然而，所有这些事都是寥寥几句，一笔带过，观众不得不猜测其中原因。只有轻轻颤动着她敏感"触角"的樱，才凭借直觉猜出哥哥到底是怎么了。

终于，大喜之日来临了：寡妇要上门了！阿寅紧张地在屋里来回踱步，准备求婚。一家人热情地欢迎寡妇，但阿寅却结结巴巴的，只能从嘴里挤出几句客套话，那模样，就像是初入舞池而吓得魂不守舍的男学生。阿寅不擅社交的窘样，倒是把观众看得津津有味。在令人尴尬的社交场合，表现得略有些不自然，反而会被认为举止良好。要是过于直率和表现得很自在,会被人说成是"調子がいい"，字面意思是"表现圆滑"，但真正意思是某人不够敏锐、缺乏感受性。 <sup>217</sup>

阿寅根本不是"調子がいい"的人。事实上他一声不吭，这也是心思细密的一种表现。深沉的感情，尤其是爱情，必须藏在心底。开门见山地说"我爱你，嫁给我好么？"，也许对外国人无所谓，但阿寅可做不到。就在他坐在那儿、浑身上下不自在的时候，寡妇讲述了她的一生。她过去是个很不羁的人，但后来又渴望婚姻生活，好安定下来，生儿育女。然而不幸的是，她的丈夫是个混黑道的，总是东奔西走。就在此时，樱打量了一下女人，再看了看阿寅，预感到即将发生的不幸。对此，观众席里看过阿寅作品的许多人也有同感，并且开始掏手绢擦眼泪。

回家的时候到了，樱推了推这时已紧张得发僵的阿寅，让他带寡妇去车站。两人一道走了，她镇定自若，他却焦躁万分，影片在此刻达到高潮。要是在观摩歌舞伎，到了这个节骨眼上，人们会照例大喊"我们等的就是这一刻！"。[6] 这里列出两人的后续对话，供读者细细体会个中滋味：

寞妇:"我丈夫是否拜托过您什么事?"

阿寅:(尽可能不表态)"哦……噢……没有啊。"

寞妇:"他跟我说您答应娶我,可您其实不是真心的,是么?"

阿寅:"哦,噢,这个么……当然不是。我那时是为了迁就一个病人才这么说的。"

寞妇:"哦,那可真是谢天谢地。我有好一会儿还以为您真要娶我呢。"

阿寅:(极度沮丧)"不,当然不是。"

寞妇:"那么……"

阿寅:"那么你自己多保重吧……"

寞妇:"嗯……您也一样。"

阿寅的心碎了。当然了,正是因为那些没说出来的话,才让这出戏透着悲剧气息。这是一种不夸张的通俗剧——假设有这种剧的话——日本人熟稔于此。寞妇明白,她不能再嫁给一个浪子,阿寅也明白。若他向她表白,会陷她于困境,会使两个人都失了面子,尤其是她。尽管她有着日本人的"触角",却对他深沉的爱意一无所知。因此,他像老话说的那样,虽缄默不语,泪却往心里流。爱情仍是漂泊主人公的禁果。 218

他回到家,收到了求职信的答复。毫无疑问,这是一封拒信。他苦笑道:"好吧,看样子又该启程了!"全家人都泪水涟涟,背景音乐里的小提琴拉得撕心裂肺,观众席里的人们掏出第三块手绢。阿寅又上路了,又将去往下一个地方。

电影以一幅全家人围坐在桌边庆祝新年——相当于日本人的圣诞节——的剧照作为结尾,唯独少了阿寅一人;这种部落筵席式的聚会向人们灌输了身为日本人的幸福感。一切都是那般温馨、湿润和亲切。

　　那么阿寅呢？他在别处兜售小饰品，在路旁讲笑话给人听，又一次完成了电影赋予他的使命。人们的情绪好转了些。可怜的阿寅，他是个懒散而没有妻室的窝囊废：他身上有的，普通日本人一概没有。但是他永远受人喜爱，就和江户时代的小市民爱慕妓女和男伶，或者现代电影观众崇拜黑帮、浪人和虚无主义者一样：外人的可悲命运从侧面证实了我们能够过上这样规矩、体面和通常安分守己的生活，实属幸运至极。

第十三章

# 结语：一个温文尔雅的民族

也许是为了应对现代化卷起的文化湍流，日本人痴迷于自我定位：我们是谁？我们是何许人也？我们为什么和别人如此不同？（每一个日本人和多数外国人都将这一点视为理所当然。）在这种举国上下苦思冥想氛围的熏陶下，诞生了数量繁多的图书、电影、杂志和电视节目，所论之事清一色指向"日本人论"。日本人尽管狭隘自闭，却也积极鼓励外国人参与到这场游戏中来。

关于日本人脸谱化的形象则有一定公论。正如计程车司机、学生或工薪族会欣然向身旁的外国人所指出的，日本人很"湿润"，很"優しい"。他们粘在一起，互相依靠，好比日本人喜食的湿答答的糯米。此外，他们"和善、顺从、文雅而温良"。他们表达自我时，靠的是"热乎乎的人情"，而不是"干巴巴、硬邦邦的理性思维"。最后，他们同自然相处融洽，和谐共生，而不是与之对立。

问题是，这样一种和善和顺从的刻板印象（同多数脸谱化看法一样，多少有几分真实），如何能同大众文化中如此惹眼的极端暴力相协调？无疑，不是每个日本人都沉醉于施虐幻想，也不是人人都能接受性和暴力。事实上，存在像强大的"家长—教师协会"这样的压力集团，充当道德卫道士。话虽如此，本书中出现的许多事例虽然在西方读者眼中或许显得荒诞不经，但却是日本日常生活中的寻常特色。

被绳子捆住的裸女的照片会定期登上发行量巨大的报纸；酷刑的场面在电视里司空见惯，甚至儿童节目也不例外；主要商业街上张贴着海报大小的青春玉女的裸体画；大批男性在搭乘地铁上班途中，旁若无人地仔细翻读"施虐—受虐"这一题材的黄色书刊。

这并不是说，东京大街上的景象比起纽约时代广场或阿姆斯特丹市面所售的商品就要更出格（outré）；事实上，后者比前者只会有过之而无不及，只是人们对于前者的公开接受度更高，并且将其视为主流生活的一部分。人们无须在窗户黑漆漆、潮乎乎的小店里鬼鬼祟祟挤在一起，也不觉得有必要假惺惺地表示性和暴力仅仅适合一小撮不道德的人，因为这些幻想既不被看作不道德的，也明显不是一小撮人的专利。不然的话，国家电视台和周刊发表这些内容又算怎么回事？

倘若说日本人果真是一个和善、顺从、文雅而温良的民族，与此同时还抱有对死亡和施虐的幻想的话，那么这些幻想貌似很少会渗透进真实的生活。大街上井然有序的人群、放个不停的音乐、塑料花、丁零当啷的铃声、鲜亮绚烂的色调，这些事物所烘托出的氛围与其说令人胆寒，倒不如说俗不可耐。

那么这是否意味着想象中的残酷不会演变为真实的残酷呢？还是说，只要提供一个发泄渠道，就能使得社会更安定？要知道那些反对审查制度的西方人秉持的也是这一理论。也许是吧。但是，在日本行得通的，换个环境未必也能行得通。（就算能诱导西方工厂的工人每天清早高唱公司司歌，也不见得就能复制"经济奇迹"。）

正如任何观察过日本旅游团的人的看法，当代日本依旧是一个重集体的社会。个体的欲望屈从于他或她所在的集体的意志。个人权利在日本并不是一个很好理解的概念。诚如近年来某位首相喜欢指出的那样，日本之道的重心在于"和"。

严格的等级意识会有效阻碍个人伸张自我，防止出现破坏集体
内部和谐的情况。约束个体之间激烈对抗的，与其说是一种普世道德观（英国人惯用的说法是"正直"），不如说是一种比当代西方所能见到的任何事物都还要僵化的礼仪制度。可是，这一制度完全建立在相熟的人际关系上；要是没有集体可供依附的话，往往会迅速瓦解。

外在的和谐可以不同方式加以维系。在西方，每个人都应有自己的观点，并且可以公开发表这些观点，反观在日本，即使有观点，也应该闷在肚子里，或者是小心翼翼地将其同他人意见中和起来。人们一般根本不会去谈论政治话题。日语的语法结构使说话人听起来像是在不断寻求对方的赞同。即便是反驳，也会以这样一句话开始："毫无疑问，您完全正确，不过……"这让职业批评家的日子不太好过，他们什么都写，不过批评文章除外。就算真的不喜欢某人的作品，通常的做法也是对之避而不谈。

因此，虽然日本人私底下可能持有异议，但矛盾都被掩盖在一层温和而礼貌的薄纱之下。当这层纱再也包不住严重分歧时，往往会导致情感危机，最终以同集体彻底决裂收场。有时，理性辩论这一中间阶段索性会被略过，针锋相对和拳脚相加会严重损害团体的和谐。简言之，意见一致往往只是外在表象，而表象在日本人的生活中却又意义重大。

很少有日本人会将这种公开做戏同现实情况相混淆，但人人都承认其重要性。"忠于自我"和"为坚持的事业而奋斗"并非日本人崇尚的美德，人们务必逢场作戏，不然的话就会被孤立，而这种下场在多数日本人看来简直如同行尸走肉。换言之，装模作样是生

活中的基本要素。日语里还有个相应的词,叫"建前",意思是表象、公众姿态,以及事物原本的样子。要取得意见一致,靠的就是"建前"。与之相对的是"本音",也就是私下感情和想法。一般情况下,"本音"都是被藏着掖着,或是忍住不说。日本人在大谈自己可以进行无言交流时,其实是说可以读懂彼此的"本音",但同时也坚持"建前"。

循规蹈矩、与集体打成一片、从不做"出头鸟"、时时佩戴公司徽章,这些做法令人安心。许多人,还不光是日本人,都追求这份安全感。这在重要性上或许要胜过个体能动性、浪漫爱情或个人原创力,起码我们知道自己的活动范围是有限的,犹如生活在一个塞了填充物的病房内。可是,这样一来,日本人一贯强调自己所富有的温暖人情又将如何表现呢?到哪去寻找情感寄托呢?有必要承认的是,对于妇女,这方面的寄托似乎很少。不管妇女杂志如何吹嘘,浪漫爱情自古就不是日本人婚姻的一个要件,换成是今时今日的现代婚姻亦是如此。就算是最疼老婆的丈夫,只要他大多数时间都不得不和同事厮混,深夜才精疲力尽地回到家中,时而还喝得醉醺醺的,那么他也算不上什么好丈夫。女性因此只能围着孩子转,这也难怪她们不愿撒手了。

对于男人而言,他们还能找乐子。那是另一种以虚幻表象代替现实的做法:不在家里和妻子相濡以沫,而是虚情假意地去狎妓;不在办公室彰显自我,而是沉溺于舞台和银幕上的血腥暴力。找乐子常常是仪式化打破禁忌的一个过程,而禁忌在日常生活中是神圣不可侵犯的。(神道教很忌讳暴力,尤其是任何形式的流血。由此可见,这极可能是日本大众娱乐作品中从不停止流血的原因。)

找乐子是看大戏,是参加狂欢节,是出席化装舞会:人们戴上面具,乔装成异性,发泄暴力欲,纵酒狂欢,为的是摆脱他们那令人窒息的身份,哪怕几小时也好。这种宣泄方式存在于所有文化中,

222

有着这样或那样的仪式化表征。令许多北欧人惊诧不已的西班牙斗牛就是一个很好的例证：对死亡的忌讳面临来自杀死公牛这一惯例的挑战。无独有偶，多数宗教也多半会以某种形式的异装来打破涉及性的禁忌。

这些现象在北欧多已丧失其仪式化内涵，启蒙时代以来更是如此。举例而言，异装如今被视为一种出格的行为；节日里的丑角现在躺在精神病医生的沙发上。但在日本，人们常感到找乐子并未丢失其仪式化内涵。

这不是说，日本统治者和官僚阶级没有尝试过取缔，或至少是对过分的玩乐加以限制。但是不同于西方基督教国家的政府，日本当局从未有过一种至高无上的宗教制度，来为打压玩乐提供合理借口。日本统治者甚至都没有"天命"一说，而这是中国皇帝为其统治正名的道统。他们有的是武力和一系列服务于自我的规定，多半基于儒家思想，并通过限制性律法以及其他部分有效的措施，将之强加给国民。

我们西方人被教育要高度重视的对象，譬如人的生命、尊严、女性身体等，在日本也同样得到尊重，但不会妨碍人们以此取乐。因为，需要重申的是，日本人遵循的并非至高无上的原则，而是涉及人际关系的恰当行为守则。我们同扮演某角色的女演员并无关联，同漫画里的人物也不沾亲带故，凭什么要对他们报以同情呢？

要真有普世道德准则的话，幻想和现实中的一切都必须接受道德的评判。因此，西方的国家级报纸若刊登女性被绳子捆住手脚的漫画，会有许多人认为这是在触犯道德。在日本，哪怕是最骇人的那种暴行，只要是虚构的，就能获得仅仅是美学层面的评价。甚至在暴力行为取材自真实事件时，亦不外乎如是。

一本曾经荣获日本文学最高奖项的小说便是一例。作者唐十郎继承了日本文学的一个旧传统，围绕一起真实事件编织他的文学幻

223

想。《佐川君的来信》（'佐川君からの手紙'，1983）中的事实十分清楚：一个在巴黎的日本留学生从背后枪杀了他的荷兰籍女友，随后用电切刀将她肢解，并吃掉了部分尸体。作者本想记录事情经过，可很快这一念头被抛之脑后。尽管保留了真实的人名和地名，但全书多数时候只是在表达作者的个人臆想，然而读罢依然会有一种轻微的不适感，分不清到底哪部分是在陈述事实，哪部分又是在幻想。说不适，是因为一些人是在视事实为神圣真理的传统中长大的。唐十郎的书对谋杀既没有分析，也没有谴责，而是进行了美化。与之相近的最著名的西方作者是萨德侯爵。有人称他是圣人，也有人骂他是魔鬼，但评价双方的立场均十分道德化。

224

　　而日本的情况并非如此。唐十郎的书招来了一些罕见的批评声，不过这些批评完全是从审美角度出发的。道德和不道德从来就不是问题，同样，是否与事实相符也不是问题。评价作者，看的是他的风格。在唐十郎的书中，一起真实的凶案被完完全全艺术化了。就这样，凶案与现实割裂，并无须受道德谴责。

　　鼓励人们在幻想中释放暴虐冲动，而在真实生活中加以打压，这是维持秩序的一种有效手段。归根到底，戏剧的一大功能就在于将想象中的犯罪付诸实践。只要守住等级、礼仪和规矩的"建前"，郁闷的公司男职员想怎么欣赏被绳子捆住的女人的照片，都是他自己的事。

　　不过，郁积的情绪会爆发，甚至连日本的规矩偶尔也会失灵。但是发展到这一步之前要突破重重阻碍，由之而生的暴力行为几乎向来都是歇斯底里的，也常常只限于自己所属的组织内部。在日本，很少发生胡乱杀人的情况，但是，狂性大发的父亲或母亲将全家灭门的事情却并不少见。

　　有关性和暴力的大众幻想时常也是歇斯底里的。它们让人联想到因为无法表达想要什么而只能尖叫的孩子。不过，尖叫是一种正常的自发行为，而仪式化的尖叫则显然不是。日本大众文化中许多怪诞的非礼之举同茶道、插花等艺术情趣一样，都要受风格惯例的约束。甚至连玩乐也要遵循严格的规范。

这一点在喝酒这一日本男人另一大感情释放渠道中也清晰可见。醉酒后的仪态同饭桌上的规矩，乃至追求异性时的惯例一样，都要受文化期待的影响。下班后和同事们买醉，是释放压力、吐露"本真"的一种传统做法。但同时这也要遵循属于自己的"建前"。在外人看来，这或许就是孩子气的胡闹，但实际上却是一种仪式。

日本公司的每个部门会定期在夜晚外出，以融洽同事间关系。一般刚开始会比较克制，只在就近酒吧喝几杯啤酒，接下来众人就会转战一家有陪酒女的夜总会。这些女人会听人诉苦，并巧妙地用手安抚对方，发出令人宽慰的声音，表示完全赞同男人的看法，以此来让后者放松。当他们完全放开后，就会退化到幼儿时代的做派：几个小时里，不会再有什么廉耻之心。有些人嘴张得大大的，由陪酒女用筷子给他们夹菜，其他的只穿内裤，手舞足蹈；有几个则黯然神伤，哭鼻子不算，还彼此勾肩搭背。个别人甚至有可能借酒撒泼，必须拉住他们，某个同事的脑袋才不至于遭殃。然而，当资格最老的前辈示意要走时，这一切会戛然而止。该发泄的发泄了，该玩的玩了，等级尊卑重新树立，到了第二天早上，除了可能有点头痛外，一切都会成为过去式。就连前一晚互相侮辱过的人，表面上又成了最要好的朋友。人人都很识时务。

本书中选用的较为暴力的例子恰似这些纵酒行为：在遵循"建前"审美原则的前提下，"本音"得到了仪式化的释放。这些事例，是一个被迫变得温文尔雅的民族胸中的狂暴幻想。我们在荧屏里、舞台上或漫画中看到的内容，一般与正常行为背道而驰。这种贯穿日本文化几个世纪之久的病态且时而荒诞的品味，是被迫顺从于严

225

苛、高压的正常行为规范的直接后果。戏剧化的想象力和光怪陆离
的世界是一个同现实平行的空间，或者更确切地说，是现实的背面，
同镜中像一样难以触及，转瞬即逝。

# 注 释

## 第一章　神之镜

1. 这些神话最初被收录进 8 世纪的两部编年史内，分别是 712 年的《古事记》和 720 年的《日本记》。两部历史均用中文撰写，而且很明显受到了大陆文化的影响。《古事记》有两个标准英文译本，今日略显古旧，分别是 1956 年于伦敦出版的 W. G. 阿斯顿（W. G. Aston）译本，以及同样于伦敦出版的 1932 年的 B. H. 张伯伦（B. H. Chamberlain）版。

2. Theo Lesoualc'h, *Érotique du Japon* (Paris, 1978), p. 28.

3. 《古事记》。

4. 同上。

5. John C. Pelzel, "Human Nature in the Japanese Myths," in A. M. Craig and D. M. Shively, *Personality in Japanese History* (Berkeley, 1970), p. 41.

6. Louis Frederic, *Japan, Art and Civilization* (London, 1971), p. 52.

7. Sir James George Frazer, *The Golden Bough* (London, 1922).

8. 根据心理学家河合隼雄的观点，这表明对自我奉献的母亲的崇拜在日本有多么古老。河合隼雄，《母性社会日本の病理》（东京，1976），28 页。

9. Harumi Befu（别府春海），*Japan: An Anthropological Introduction*, paperback (Tokyo, 1981), p. 106.

10. George Bataille, *L'Érotismeî* (Paris, 1957).

11. Ivan Morris, *World of the Shining Prince: Court Life in Ancient Japan* (London, 1964), note on p. 260.

12. 同上。

13. Ivan Morris, *The Life of an Amorous Woman and Other Writings* (London and New York, 1963), pp. 164-71.

14. Ivan Morris, *The Nobility of Failure* (London, 1975), p. 12.

15. 上林澄雄,《日本反文化の伝統》(东京, 1976), 76 页。

16. Theo Lesoualc'h, *Érotique du Japon*, p. 12.

17. 同上, 30 页上有一幅江户时代观音像的插图, 图中的她撩起裙子, 露出会阴。这尊像立于馆林市的观性寺。

18. 胜新太郎因为扮演盲人武士座头市而闻名遐迩。

19. Theo Lesoualc' h, *Érotique du Japon*, p. 34.

20. Ivan Morris, *World of the Shining Prince*, p. 134.

21. Arthur Koestler, *The Lotus and the Robot* (London, 1960).

22. Mishima Yukio (三岛由纪夫), *Confessions of a Mask* (仮面の告白), translated by Meredith Weatherby (New York, 1958).

23. 同上。

24. 美国社会科学家罗伯特·雷德菲尔德 (Robert Redfield) 对乡野民俗文化的 "小传统" 和城市知识阶层的"大传统"曾做出过著名的区分。见 *The Papers of Robert Redfield* (Chicago, 1962)。

25. Sir George Sansom, *Japan, A Short Cultural History* (London, 1952), p. 131.

26. Louis Frederic, *Japan, Art and Civilization* (London, 1971), p. 210.

27. 这对近代日本穷兵黩武的民族主义思想有着巨大影响。特别参见 Maruyama Masao (丸山真男), *Thought and Behaviour in Modern Japanese Politics* (现代政治の思想と行动), expanded edition (London, 1969)。

28. 三岛由纪夫为矢头保的摄影集《裸祭り》所写的序言 (纽约 & 东京, 1968), 7 页。

29. 同上。

30. Audie Bock, *Japanese Film Directors* (Tokyo and New York, 1978), p. 287.

## 第二章　永恒的母亲

1. Kurt Singer, *Mirror, Sword, and Jewel: A Study of Japanese Characteristics* (London, 1973), p. 39.

2. Takie Sugiyama Lebra, *Japanese Patterns of Behaviour* (Hawaii, 1976), p. 143.

3. 土居健郎,《「甘え」の構造》(东京, 1971)。

4. Harumi Befu, *Japan: An Anthropological Introduction*, p. 154.

5. 转引自南博,《日本人の芸術と文化》(东京, 1980)。

6. 摘自谷崎润一郎,《幼少時代》(东京, 1957)。

7. Junichiro Tanizaki（谷崎潤一郎）, *The Bridge of Dreams*（夢の浮橋）, translated by Howard Hibbett, in *Seven Japanese Tales by Junichiro Tanizaki* (New York, 1963).

8. Kurt Singer, *Mirror, Sword, and Jewel*, p. 38.

9. Robert Lyons Danly, *In the Shade of Spring Leaves: The Life of Higuchi Ichiyo, with Nine of Her Best Stories* (Yale, 1981), p. 82.

10. 有关这一话题的详尽分析，参见 George de Vos, *Socialization For Achievement* (London, 1973)。

11. Ruth Benedict, *The Chrysanthemum and the Sword*, new paperback edition (London, 1977), p. 184.

12. 河合隼雄,《母性社会日本の病理》, 54 页。

13. 石子順造,《近代日本の母像》（东京, 1976）。

14. 村松泰子,《テレビドラマの視聴率》（东京, 1979）。

15. 同上, 187 页。

16. 佐藤忠男,《日本映画思想史》（东京, 1970）, 18 页。

17. 同上, 175 页。

18.《文藝春秋》, 1974 年 9 月刊, 103 页。

19. Audie Bock, *Japanese Film Directors*, p. 40.

20. 特别是川端康成的作品。

21.《今村昌平の映画》（东京, 1971）, 101 页。

22. 本书作者和马克思·泰希尔（Max Tessier）共同进行的采访, 发表于 *Le Cinéma japonais au présent* (Paris, 1979), p. 101。

## 第三章 神圣的婚姻

1. 这些数据出现在 *Japan, A Pocket Guide* (Foreign Press Center, Tokyo, 1982) 以及 *The Women of Japan* (Foreign Press Center, Tokyo, 1977) 两部出版物中。

2. *The Women of Japan*, p. 6.

3. Harumi Befu, *Japan: An Anthropological Introduction*, p. 48.

4. 别府春海发明这个词, 是为了表明武士阶层价值观在当今日本社会中日益突出的重要性。

5. *The Women of Japan*, p. 16.

6. Harumi Befu, *Japan: An Anthropological Introduction*, p. 53.

## 第四章 恶女

1. 寺山修司,《犬神家の人々》（东京, 1976）。

2. 歌舞伎版本的《京鹿子娘道成寺》首次公演是在 1753 年。

3. Junichiro Tanizaki（谷崎潤一郎）, *The Tattooer*（刺青）, translated by Howard Hibbett, in *Seven Japanese Tales by Junichiro Tanizaki*.

4. 三岛由纪夫,《谷崎潤一郎》, 再版于《文芸読本》（东京, 1977）关于谷崎润一郎的一辑特刊。

5. Junichiro Tanizaki, *Aguri*（青い花）, translated by Howard Hibbett, in *Seven Japanese Tales by Junichiro Tanizaki*.

6. George Bataille, *L'Érotismei*, 17.

7. 野村尚吾,《伝記谷崎潤一郎》（东京, 1972）, 273 页。

8. 谷崎润一郎,《恋愛及び色情》（东京, 1932）。

9. Audie Bock, *Japanese Film Directors*, p. 52.

10. 原浩三,《日本好色美術史》（东京, 1931）, 64 页。

11. Donald Keene, *World Within Walls* (New York, 1976).

12. 武智铁二,《映画芸術》, 1965 年 7 月刊。

13. 种村季弘,《日本読書新聞》, 1966 年 1 月刊。

14.《日活浪漫色情系列》, 1978 年的宣传材料。

15. 同上。

16. Donald Richie, "Japanese Eroduction," in *Some Aspects of Popular Japanese Culture* (Tokyo, 1981).

# 第五章　卖身的艺术

1.《くるわのすべて》, 1980 年 10 月载于期刊《国文学》的一辑特刊, 42 页。

2. Donald Shively, "The Social Environment of Tokugawa Kabuki," in J. Brandon, W. Malm, D. Shively, *Studies in Kabuki* (Hawaii, 1978), p. 51.

3. E. 鲍维斯·马瑟斯（E. Powys Mathers）曾翻译过《男色大鑑》这本 17 世纪末的作品, 但是英译本不足之处甚多。第一份私人译本完成于 1928 年, 题为《东方的爱情》（*Eastern Love*）; 后来则重新发行平装本, 更名为《武士间的同志之爱》（*Comrade Loves of the Samurai*, Tokyo, 1972）。

4. Donald Shively, "The Social Environment of Tokugawa Kabuki," p. 53.

5. 详细描绘请参见 Robert van Gulik, *Sexual Life in Ancient China* (Leiden, 1961)。

6. Ivan Morris, *World of the Shining Prince* (London, 1964), p. 239.

7. 同上。

8. *Izumi Shikubu Nikki*（和泉式部日記）, translated by Ivan Morris in 1957, quoted in *World of the Shining Prince*, p. 408-10.

9. Donald Shively, *The Love Suicide at Amijima: A Study of a Japanese Domestic Tragedy* (Cambridge, 1953), p.20.

10.《くるわのすべて》, 42 页。

11. 広末保，《辺界の悪所》（东京，1973），150 页。

12. Donald Shively, "The Social Environment of Tokugawa Kabuki," p. 53.

13. 社会学者九鬼周造认为这是日本人审美观念的精髓。参见他的重要著述《「いき」の構造》（东京，1936）。

14. Howard Hibbett, *The Floating World in Japanese Fiction* (London, 1959), p.27.

15. 《くるわのすべて》，25 页。

16. 井原西鹤，《日本永代蔵》，1688 年。

17. Donald Keene trans, *Major Plays of Chikamatsu* (New York and London, 1961).

18. 有名的一例是浪漫派小说家太宰治轰动的自杀，他的作品至今风靡一时，尤其受浪漫女青年的青睐。

19. Thomas Rimer, *Towards a Modern Japanese Theatre* (Princeton, 1974), p.12.

20. Lafcadio Hearn, *Out of the East* (Boston, 1895; London, 1927), p.73.

21. 这方面的大部分资料要归功于爱德华·塞登斯蒂克（Edward Seidensticker）为永井荷风所作的出色传记和译介，*Kafu the Scribbler* (Stanford, 1965)。

22. Kato Shuichi（加藤周一），*Form, Style, Tradition: Reflections on Japanese Art and Society* ()，translated by John Bester (London, 1971), p.27.

23. Edward Seidensticker *Kafu the Scribbler.*

24. 同上。

25. 永井荷风，《冬の蠅》增订版（东京，1935），由爱德华·塞登斯蒂克在 1945 年译为英文 *A Housefly in Winter*。

26. 同上。

27. Robert Lyons Danly, *In the Shade of Spring Leaves*, p. 111.

28. 同上，103 页。

29. 同上。

30. 同上。

31. 同上，134 页。

32. 同上。

33. 同上。

34. 同上。

35. 这个例子取自《アサヒ芸能》1981 年 12 月刊，但其他的杂志里每天也能找到类似广告。

36. 高野宽的图册《猥亵文化》（东京，1981）里就登着这样一张十分做作的写真。

37. 佐藤重臣，《映画評論》，1972 年 12 月刊。

38. 到了 1983 年，"ノーパン喫茶"已经迅速让位给新的窥淫式营销手段，说明了潮流在日本来得快去得也快。

## 第七章　第三种性别

1. Peter Ackroyd, *Dressing Up: Transvestism and Drag: The History of an Obsession* (London, 1979), p.57.

2. 原浩三,《日本好色美術史》, 66 页。

3. Donald Shively, "The Social Environment of Tokugawa Kabuki," p. 6.

4. "The Words of Ayame" ( あやめぐさ ), translated by Charles J. Dunn and Bunzo Torigoe, in *The Actors' Analects* (Tokyo, 1969).

5. 转引自 Earle Ernst, *The Kabuki Theatre* (Hawaii, 1974), p. 195.

6. Peter Ackroyd, *Dressing Up*, p.98.

7. 同上, 57 页。

8. Susan Sontage, "Notes on Camp," in *Against Interpretation: And Other Essays* (New York, 1967).

9. 河合隼雄,《母性社会日本の病理》。

10. 今泉文子刊载于杂志 *Eureka*, 1981 年 9 月刊, 13 号, 135 页。

11. 同上。

12. Richard Barber, *The Knight and Chivalry* (New York, 1970), p.90.

13. Mishima Yukio, *Yukio Mishima on Hagakure*, translated by Kathryn Sparling (New York, 1977), p. 22.

14. 同上。

15. Mishima Yukio, "Onnagata" ( 女方 ), translated by Donald Keene, in *Death in Midsummer and Others Stories* (London and New York, 1976).

16. Mishima Yukio, *Forbidden Colours* ( 禁色 ), translated by Alfred Marks (London, 1968).

17. 稻垣足穗,《少年愛の美学》( 东京, 1974 ), 18 页。

18. Ihara Saikaku ( 井原西鶴 ), *Comrade Loves of the Samurai*, translated by E. Powys Mathers.

19. Ivan Morris, *The Nobility of Failure*, p. 277.

20. 同上, 276 页。

21. 关于同性恋对传统戏剧的影响, 请见堂本正树,《男色演劇史》( 东京, 1976 )。

22. 《勧進帳》改编自三代目并木五瓶所创之能剧《安宅》, 首演时间为 1840 年。

23. 《義経記》是一部诞生于 15 世纪的作品, 作者佚名。文中节选均由伊凡·莫里斯 ( Ivan Morris ) 翻译, 并收录进其著作 *The Nobility of Failure*。

24. Ivan Morris, *The Nobility of Failure*, note 5.70.

25. Sir James George Frazer, *The Golden Bough*.

## 第八章 硬派

1. 这本宫本武藏漫画的作者是个笔名叫吉元"男爵"（バロン吉元）的画家。

2. 《決鬪巌流島》，导演为稻垣浩，1955 年。

3. Alain Silver, *The Samurai Film* (London, 1977), p. 102.

4. 《朝日周刊》，1982 年 8 月 13 日刊，103 页。

5. 同上，109 页。

6. 同上，110 页。

7. 佐藤忠男，《日本映画思想史》，391 页。

## 第九章 忠心的家臣

1. Ruth Benedict, "Repaying One-Ten-Thousandth," in *The Chrysanthemum and the Sword*.

2. 在商界，对这一点有十分智慧的描述，详见 Frank Gibney, *Japan, the Fragile Superpower*, revised edition (New York, 1979)。

3. 《忠臣藏》的译者是唐纳德·金（Donald Keene）。关于最后复仇中到底有多少浪人参与尚不十分明了，似乎是四十六个，但一个不光彩的武士最后自裁，挽回了名誉，因此他就成了参与大仇杀的光荣的第四十七人。

4. 转引唐纳德·金《忠臣藏》译本的前言，见 *Chushingura: The Treasury of Loyal Retainers*( New York, 1971), pp. 2-3.

5. 佐藤忠男，《忠臣藏—意地の系譜》（东京，1976），6—8 页。

6. 同上，18 页。

7. 同上，50 页。

8. Ivan Morris, *The Nobility of Failure*.

9. 畑山博在《每日新闻》中的社论，1972 年 3 月 2 日。

10. 同上。

11. Maruyama Masao, *Thought and Behaviour in Modern Japanese Politics*.

12. 同上，69 页。

13. Donald Keene, *Chushingura*, p.18.

14. 佐藤忠男，《忠臣藏—意地の系譜》，164 页。引发二月政变的事件之一同四十七浪人的传说有着不可思议的相似之处：某个年轻而狂热的中尉在军队司令部刺杀了一位碍手碍脚的少将。这对他的同僚们是一种激励，觉得有必要完成接下来的事。

15. Ivan Morris, *The Nobility of Failure*, p. 104.

16. 同上，182 页。

17. 按规矩祭日当天是不能吃荤的，前一晚更不行，大星由良助故意犯忌，在茶馆里点了活章鱼。

18. Mishima Yukio, *Patriotism* (憂國), translated by Geoggrey W. Sargent (New York, 1995). 三岛后来将这一故事改编为一部异常血腥的电影，并由他自己担纲杀身成仁的男主角。

19. John Nathan, *Mishima: A Biography* (London, 1975).

20. Mishima Yukio, *Patriotism*, p.103.

# 第十章　黑帮和虚无主义者

1. 田冈满是日本势力最大的山口组老大田冈一雄之子，其父于 1981 年去世。

2. 很重要的一点是，所有脍炙人口的武士英雄，从宫本武藏、近藤勇，到堀部安兵卫等人，无一不是出身自寒门。

3. 参见山根贞男在 1982 年 1 月为京桥电影中心的节目所撰写的文章。

4. 渡辺武信，《仁侠映画の世界》( 东京，1969 )，29—55 页。

5.《仁義なき戦い》于 1973 年上映，导演为深作欣二。

6.《人生剧场》的主题歌。

7. 山本常朝，《葉隠》，译文转引自 Mishima Yukio, *Yukio Mishima on Hagakure*, p. 89.

8. 同上。

9. 同上。

10. 渡辺武信，《仁侠映画の世界》，76 页。

11.《昭和侠客传》于 1963 年上映，导演为石井辉男。

12. Donald Richie and Ian Buruma, *The Japanese Tattoo* (Tokyo and New York, 1980).

13.《现代詩手帖》，1966 年 9 月刊。

14. Donald Richie, *Japanese Cinema: An Introduction* (New York, 1971), p.75.

15. Paul Schrader, "Yakuza-Eiga," in *Film Comment* (February 1974).

16.《花伝抄》。

17. Kurt Singer, *Mirror, Sword, and Jewel*, p. 35.

18. Antonin Artaud, *Le théâtre et son double* (Paris, 1938).

19.《残酷の美》( 东京，1975 )，21 页。

20. 佐藤忠男，《日本映画思想史》，393 页。

21. 同上。

# 第十一章　取笑父亲

1. R. H. Blyth, *Japanese Life and Character in Senryu* (Tokyo, 1960).

2. Goerge de Vos, *Socialization for Achievement: Essays on the Cultural Psychology of the Japanese* (London, 1973), p. 480.

3. Harumi Befu, *Japan: An Anthropological Introduction*.

4. Mikosp Hane（羽根幹三）, *Peasants, Rebels and Outcasts: The Underside of Modern Japan* (New York, 1982), p.69.

5. Harumi Befu, *Japan: An Anthropological Introduction*, p. 39.

6. 同上，41 页。

7. 佐藤忠男，《日本映画思想史》，147 页。

8. 河合隼雄，引自《性と家族》，1976 年 8 月 25 日刊，131 页。

# 第十二章 漂泊的灵魂

1. 《湖底の故郷》（编按：这首歌发表于 1937 年，由东海林太郎演唱。作词者为岛田馨也，作曲者是铃木武男。）

2. 转引自沢木耕太郎在《人生读本》1979 年的电影特刊上的文章，114 页。

3. Mikosp Hane, *Peasants, Rebels and Outcasts*, pp. 266-77.

4. 文艺类杂志《美術手帖》，1975 年 6 月刊，237 页。

5. 日本学術振興会翻译的《万叶集》英译本，见 *The Manyoshu: The Nippon Gakujutsu Shinkokai Translation of One Thousand Poems* (New York: Columbia University Press, reissued in 1965).（编按：见《万叶集》卷 20 第 4383 首歌；津の国の海の渚に船装ひ立し出も時に母が目もがも。）

6. 当歌舞伎剧情发展至高潮，观众席里会惯例式地爆发出"我们等的就是这一刻！"（待っていました！）这记喊声。

# 索 引

（按汉语拼音顺序排列，页码参见本书边码）